EL LIBRO PROHIBIDO
DEL CRISTIANISMO

EL LIBRO PROHIBIDO
DEL CRISTIANISMO

Jacopo Fo, Sergio Tomat y Laura Malucelli

Traducción de Guadalupe Saloni

ROBIN
BOOK

Título original: *Il libro nero del cristianesimo*
© 2000, Jacopo Fo.

D.R. © Editorial Lectorum, S.A. de C.V., 2006
Centeno 79-A, Col. Granjas Esmeralda
C.P. 09810, México, D.F.
Tel.: 55 81 32 02
www.lectorum.com.mx
ventas@lectorum.com.mx
En un acuerdo con:

© 2001, Ediciones Robinbook, s. l.,
C/ Industria, 11 (Pol. Ind. Buvisa)
08329 - Teià (Barcelona)
info@robinbook.com
www.robinbook.com

Diseño portada: Jordi Salvany
Diseño de interior: Cifra

ISBN 10: 970-732-190-3
ISBN 13: 978-970-732-190-8

Primera edición: noviembre de 2006
Primera reimpresión: febrero de 2008

Impreso en México - *Printed in Mexico*

Dedico este libro a mi padre, Dario,
que ya de pequeño me contaba locuras
de los cruzados, y que nos ha ayudado
enormemente en la realización
de este libro.

JACOPO FO

Índice

Capítulo primero

¿Los cristianos se comen a los niños?

Creemos que se debe en gran parte al cristianismo si hoy el mundo nos parece menos inhumano, sádico y violento que en el pasado. *Durante dos mil años, millones de creyentes han intentado testimoniar de todas las formas posibles la palabra de paz y amor que Jesús predicó.* Se veían creyentes a las cabeceras de los enfermos, recogiendo huérfanos por los caminos, curando a los heridos tras las batallas y los saqueos.

Cristianos como san Francisco dieron un techo y confortaron a quienes eran devorados por la lepra, y comida a quien moría de inanición. Y muchos como él atravesaban las primeras líneas de las batallas para tratar de poner paz entre los ejércitos.

Eran los fieles quienes socorrían a los supervivientes de las inundaciones, de los terremotos, de las carestías.

Eran cristianos los que trataban de poner un límite a la brutalidad ejercida sobre los esclavos y los siervos de la gleba, oprimidos por los *possessores*. Cristianos que se exponían en primera persona para obtener la gracia de un inocente condenado sin pruebas, sólo a causa de la locura del fanatismo religioso.

Se vio a sacerdotes construir comunidades de indios y morir junto a ellos cuando los conquistadores católicos decidieron que reunirse en comunidades igualitarias y no pagar los impuestos constituía un crimen contra Dios y la corona. Fueron sacerdotes quienes crearon cooperativas y escuelas para los trabajadores, quienes organizaron las casas del mutuo socorro, quienes ayudaron a huir a los judíos y a los cíngaros perseguidos...

Pero estas personas maravillosas, que en dos milenios han contribuido en gran medida a mejorar la condición humana y civil de las minorías, raramente formaban parte de los vértices de la Iglesia.

Como ha sucedido en todas las religiones del mundo, en el momento en que se han convertido en «culto de Estado», los centros de poder de las principales Iglesias cristianas fueron conquistados por individuos sin prejuicios y astutos, preparados para lucrarse a costa de la fe y el desapego místico con el único fin de adquirir riqueza y autoridad.

Es cierto, hemos de estar atentos y no generalizar: ha habido hombres religiosos que han llegado a altos cargos de la esfera eclesiástica y que han actuado con justicia y con notable honestidad, que sobre todo han repartido, arriesgando la propia vida, el derecho a la dignidad y la supervivencia de los pobres, hiriendo con palabras y actos concretos a los ricos satisfechos y poderosos, enemigos de Cristo y de los hombres (de una homilía de san Ambrosio).

Durante siglos, los Papas continuaron vendiendo los cargos religiosos al mejor postor y para ser ordenado obispo bastaba pagar, no era necesario ni siquiera ser cura. Por dinero Julio II consagró cardenal a un muchacho de dieciséis años.

Así, al fin, muchos pillastres se hicieron elegir incluso Papas, y se mancharon con crímenes monstruosos.

Hoy, el papa Woytjla se da cuenta perfectamente de esta nefasta memoria histórica, y ha sentido el deber de pedir perdón a Dios por los pecados cometidos por aquellos que representaban y pertenecían a la Iglesia.

Pero, ah, por extensa que sea la relación de los actos nefastos recordados, no podemos pretender que resulte completa.

Por lo tanto nos hemos encargado de recoger, con abundancia de detalles, el mayor número de documentos que nos den una idea menos vaga del «pecado» con el que se habría manchado la Iglesia. Al hacer esta búsqueda nos hemos encontrado frente a un cuadro terrorífico, salpicado de un número increíble de episodios, a veces grotescos, pero siempre trágicos.

Cristo Pantocrator. Pintura
mural de 1123. Ábside de
la iglesia de sant Climent,
Taüll (Lleida). Barcelona,
museo d'Art de Catalunya.

Hechos en su mayor parte desconocidos, incluso para los estudiantes de las facultades de historia. En efecto, no son historias que se encuentran en todos los libros. Más bien, los textos que recogen estos eventos (salvo raras excepciones) están colocados en un limbo para *superespecialistas* (y nos surge la duda de si están escritos en un lenguaje abstruso y erudito precisamente para que sea casi imposible leerlos).

¿Pero por qué razón nos hemos embarcado en una aventura similar? Seguro que no es a causa de un anticlericalismo maniqueo de especulaciones de fin de siglo. *Hoy en el propio clero se ha abierto un debate muy fértil sobre la investigación histórica de las religiones.* Por suerte, una gran fiebre renovadora recorre toda la Iglesia, y por todas partes nacen grupos de fieles que tratan de practicar la palabra de Jesús y construyen con solidaridad, libertad, paz, oportunidades de afrontar juntos, en el amor, las dificultades de la vida. Superando los obstáculos que aún se oponen a la realización de un mundo donde también la vida anterior a la muerte sea digna de ser vivida.

Pero para que esta renovación sea fértil es indispensable sumergirse profundamente en el clima histórico, político y religioso que determinó el sacrificio de tantos mártires, víctimas de la parte corrupta y autoritaria del clero, a menudo conchabado con los grupos de poder.

Sólo si conseguimos analizar y discernir la naturaleza y la gravedad de los abusos, se podrá construir la conciencia y la cultura que impidan la repetición de tales horrores.

Este libro está dedicado a todos los cristianos y a los hombres de distinta fe, de buena voluntad.

Está dedicado a los ateos que, precisamente por no ser creyentes, tienen la obligación moral de poseer un profundo sentido religioso de la vida.

Jesús amaba a las mujeres

Jesús predicaba el amor, la fraternidad y la piedad en una época en la cual esos sentimientos eran a menudo considerados infamantes signos de debilidad.

Los Evangelios nos dan testimonio de que entre los discípulos más queridos por él se encontraban en primer lugar las mujeres. Incluso los evangelistas narran cómo Jesús despreciaba la riqueza y condenaba violentamente a los que trataban de mercadear con la fe.

Esta filosofía puso, de inmediato, a los cristianos en contradicción con la cultura y los poderosos de su tiempo, y no tardaron en comenzar las persecuciones. Pero apenas tres siglos después de la crucifixión del Mesías, el cristianismo se convierte en la única religión del Imperio Romano, lo que significa que no se permitía a ningún súbdito que profesara otro credo, bajo la condena a la persecución más feroz, o la muerte en el patíbulo.

¡Roma era el imperio del mal!

¡Roma había crucificado a Cristo!

¿Cómo fue posible llegar a un pacto con el diablo?

¿Cómo fue posible?

¡DEL AMOR DE JESÚS A LA IGLESIA DE ESTADO DEL IMPERIO ROMANO! ¡ES UN SALTO ABISMAL!

Para comprender el alcance de esto es necesario analizar qué era el Imperio Romano.

La escuela nos ha llenado la cabeza con historias sobre generales geniales y refinados legisladores.

Pero Roma era algo muy distinto.

Las mujeres se consideraban animales de propiedad de los padres y los maridos, que tenían el derecho de pegarles y ma-

Grabado de J.M. Moreau (1782),
que evoca la penitencia del conde
de Tolosa.

tarlas. Quien no pegaba a su mujer era considerado un asocial. Una digna mujer romana era la que, asediada por un malvado, se quitaba la vida. No tanto para salvar su propio honor, como para glorificar el del marido.

Los niños en la escuela conocían desde pequeños la fusta, y los educadores tenían fustas de varios tamaños y formas, colgadas en clase.

Como sucede aún hoy en algunas zonas de la India, en Roma a menudo se llegaba a ahogar o abandonar a las recién nacidas. Esto sucedía sobre todo en las familias nobles. Las niñas más afortunadas eran recogidas por mercaderes de esclavos, que las criaban, y a los cinco o seis años las hacían prostituirse. SE ANIMABA DE TODAS LAS FORMAS POSIBLES EL ESTUPRO, LA TORTURA DE LOS PRISIONEROS Y VIOLENCIAS DE TODO TIPO SOBRE LOS ESCLAVOS.

Julio César no puede ser considerado el inventor del exterminio de masas. Antes que él conocemos a otros extraordinarios masacradores (hititas, asirios, babilonios), pero es cierto que el divino Julio bien pudo ser erigido como perfeccionador emérito del genocidio organizado. Él, de su puño y letra, en *De bello gallico*, nos cuenta cómo organizó y cómo soltó a las hordas de bergantes galos y germanos contra el pueblo de los eburones, culpables de no querer someterse al Imperio, ofreciendo a aquellos criminales aliados asilo y protección en sus campamentos fortificados. El augusto emperador narra después, con cierta complacencia, cómo consiguió poner en danza todo un muestrario de infamias, traiciones y trampas, hasta eliminar definitivamente de la faz de la Tierra a la raza de los eburones. [1] Es el primer general que mata a todos los habitantes de una ciudad, incluidos los niños, para castigarlos por habérsele resistido. [2] (Moisés, al menos, después de haber conquistado la ciudad de Madian, indultó a las mujeres vírgenes).

¡¡¡ÉSTE ES EL PLANETA DEL MAL!!!

Durante siglos, los romanos se divierten viendo a los prisioneros de guerra degollarse unos a otros en los circos.

En un solo mes, el emperador Diocleciano hace que se maten entre ellos a 40.000 hombres en el Coliseo, más de 1.000 al día, mientras una muchedumbre exaltada bebe vino mezclado con miel y plomo, fuma opio, hace negocios y se aparea con prostitutas y prostitutos preadolescentes. El tufo de la sangre y de las vísceras destrozadas no les da asco y en

Fresco que representa a los primeros mártires cristianos (1457-1458).

parte por el hedor a vómito, ya que los romanos, además de continuar atiborrándose de comida y licores, inventan el recurso de meterse los dedos en la garganta para vomitar la comida apenas tragada. Ésta era la civilización de los romanos: salteadores sanguinarios e inhumanos; su único valor era la fuerza y la ventaja obtenida por cualquier medio. La corrupción y el abuso sin medida eran ley.

El cristianismo había sido cruelmente hostigado y había sufrido durante más de un siglo persecuciones inauditas por parte del poder imperial. *Los cristianos eran llevados a las arenas y allí masacrados entre las chanzas y las carcajadas de un gentío de apasionados por el genocidio lúdico.*

Luego, casi de improviso, los perseguidores se convirtieron en paladines de la Iglesia. Religión de Estado. Teología, rituales, interpretación del Evangelio, fueron hábilmente transformados y adaptados al lenguaje y al pensamiento del poder romano.

El cristianismo no redime a quien había martirizado a los primeros cristianos, se limita a convertirse en su servidor.

---

[1] Julio César, *De bello gallico*, Tascabili Bompiani, libro VI, párrafos 34 y 35.
[2] Julio César, «La città è Avaro» en *De bello gallico*, *op. cit.*, párrafo 28.

Fresco del siglo XIII que representa la donación de Constantino.

Las historias sobre las conversiones de los emperadores son casi siempre patrañas obscenas y colosales.

Constantino es quien adopta el cristianismo como culto oficial del Imperio. Para decir qué clase de persona podía ser, baste recordar que hizo matar a su propio hijo, a su mujer, a su suegro y a su cuñado.

La leyenda afirma, además, que Jesús se le apareció en persona, prometiéndole la victoria en las batallas a cambio de la profesión del culto cristiano como religión única del «mundo civil», y de la adopción del signo de la cruz si salía triunfante de la batalla.

Naturalmente, no todos los discípulos de Jesús estuvieron de acuerdo con este pacto, que implicaba una auténtica abjuración de los fundamentales valores cristianos.

Y así, el primer gesto cristiano de Constantino es el de perseguir a todos los cristianos que pretenden seguir el Evangelio al pie de la letra y que, en consecuencia, por fuerza, se encuentran enfrentados con los devotos del poder. Hizo matar a no se sabe cuántos, otros terminaron en el exilio, desposeídos de toda propiedad, a otros los hicieron esclavos.

Y los primeros siglos del cristianismo están marcados por continuas luchas contra los cristianos que no aceptan ajustes ni versiones en las enseñanzas del Hijo de Dios.

A estas luchas se mezclan otras por el reparto del poder entre Papas y emperadores, Papas y antipapas, Papas y obispos, obispos y obispos, en una sucesión de conjuras, cismas y luchas violentas.

Creo que no se pueden recoger todos los sucesos sanguinarios que sacudieron a Europa primero y después al mundo, que son consecuencia de las luchas de poder en las cuales la Iglesia se alineó virilmente entre las fuerzas combatientes.

MILLONES DE PEQUEÑAS CONJURAS, RENCILLAS Y ABUSOS QUE EN GRAN PARTE NADIE HA CONTADO NUNCA.

En este libro nos limitamos a citar los eventos más macroscópicos, pero confiamos en la fantasía del lector para completar el cuadro de la situación de la fe en aquellos tiempos. Eran tiempos en los que la palabra «brutalidad» tenía un sentido terriblemente incisivo.

Matar, robar, humillar, mentir para aumentar el poder propio, era el primer mandamiento que una parte importante de la población seguía con devoción fanática.

Y, obviamente, los niveles máximos de ferocidad se alcanzan cuando se debe sofocar el renacimiento de las ideas originales de Jesús. Esas ideas nunca han dejado de despertar a las gentes hacia la dignidad y la celebración del valor colectivo del amor cristiano.

Como testimonio de este extraordinario y mágico poder de la palabra de Jesús, durante los siglos se desprenden de sus enseñanzas increíbles utopías sociales y comunitarias, que funcionan la mar de bien hasta que llegan los soldados del Papa y del emperador, excepcionalmente reunificados, para masacrar a los cristianos que viven en paz, en el amor, en comunidad, sin caudillos ni impuestos.

Tras siglos de depravación total y absoluta, se divisa una rendija de luz

Sucede que, tras siglos de esclavitud romana, la maldad y los horrores de aquella sociedad infernal llevan a la ruina de cualquier valor. *Todos luchan contra todos, ya no hay alianza posible, en orgías de sangre y de sexo, a un nivel de violencia, alcoholismo y sadismo increíble.*

Durante siglos, los poderosos dilapidaron riquezas inauditas maltratando a los débiles de todos los modos posibles, empleando todas las formas de corrupción y engaño. Era gente que disponía de esclavas y esclavos de todas las edades para hacer con ellos cualquier cosa, aunque sólo fuera matarlos por aburrimiento.

Así provocaron una depravación mental y espiritual progresiva. La violencia también daña a quien la emplea: mata la sensibilidad y el contacto con la parte sutil, feliz y amorosa de la vida.

En Roma vivían seres humanos que habían quemado con un paroxismo maniqueo toda sensibilidad humana, toda confianza en el amor. Vivían un trauma capaz de aniquilar las conciencias y marcaban a fuego ese dolor en sus hijos, pegándoles continuamente y violándolos en su necesidad de amor y ternura.

MONSTRUOS, HIJOS DE MONSTRUOS. UNA CULTURA DE MUERTE Y ENGAÑO SE GRABA EN EL COMPORTAMIENTO, EN EL LENGUAJE, INCLUSO EN EL MODO DE PENSAR DE AQUELLOS HOMBRES.

Se respira un aire terrible, en Roma.

En Roma ya nadie puede fiarse de nadie.

Al final, al cabo de los siglos, la enfermedad llega a la cumbre. La cultura romana está podrida.[3]

Ya no hay reglas.

EL EMPERADOR PUEDE NOMBRAR SENADOR A SU CABALLO O VIOLAR A SU MADRE.

¿Qué importa? Tras siglos de desatino, la sociedad enloquece totalmente, y el contagio alcanza a todo el que respire el aire de la ciudad.

El Imperio se desintegra rápidamente en una guerra civil total donde todos van contra todos.

Y los «bárbaros» de los confines, fuertes porque tienen valores y cohesión social, llegan en oleadas; pero no tardan en contagiarse de la fiebre de la traición y la desconfianza. Y ningún Imperio resiste demasiado.

Después, en el matadero de los enfrentamientos religiosos y políticos, amplificados por las invasiones bárbaras, sucede a menudo que un rey, traicionado por los suyos y abandona-

---

[3] Entre los esclavos comienza a desarrollarse un núcleo de cristianos que se amplía enseguida incluso entre las personas libres, alcanzando sobre todo a las mujeres del pueblo, pero también a nobles romanas. El cristianismo es acogido por las mujeres romanas precisamente porque eran oprimidas de un modo inverosímil. La palabra de Jesús les atañe por partida doble: porque habla al espíritu de éxtasis, y a la persona, de la igualdad de todos los seres humanos.

do por los mercenarios, recurre a los aldeanos, ofreciéndoles la libertad y la propiedad de las tierras y obteniendo a cambio ejércitos invencibles. [4]

Esta implicación de los aldeanos en la política, la explosión del artesanado, de las manufacturas, de la cultura de los oficios y la profesionalización de estratos de población campesina (gracias a las nuevas tecnologías adoptadas) lleva al pueblo a tener una idea más digna de sí mismo y un sentido de la justicia más profundo.

Así, hacia el año 1000, esta nueva forma de concebir y vivir el mundo se funde con lo que resta de las ideas del cristianismo primitivo.

Se desarrolla un movimiento que une a la idea de retorno al cristianismo puro el intento de organizar una sociedad sin reyes, generales ni esclavitud.

Sustancialmente, el pueblo llano se dio cuenta de las maquinaciones y las mentiras sobre las que se apoyaba el poder sagrado y bendito de los nobles señores, apoyados por el imprescindible clero.

Por otro lado, ese mismo pueblo llano descubrió que los poderosos tampoco valían tanto, ni siquiera como guerreros, desde el momento en que ellos, artesanos y labradores, reunidos en comunidades, armados de largos palos y bien entrenados, eran capaces de vencerlos muchas veces igual que a fantoches.

¡¡¡Herejes!!!

Puesto que los nobles no sirven para nada, ¿por qué no darles de lado? ¿Y para qué sirven los curas que a menudo son obispos y condes al mismo tiempo?

Ya nadie cree en su santidad, visto que a los ojos de todos cometen toda clase de pecados.

Es así como nace la idea de que los sacramentos administrados por personas indignas no tienen valor. «*No tengáis en cuenta su ejemplo indigno*», exclama a menudo un teólogo genial, «*atended a lo que dicen los ministros de Dios, no a lo que hacen*». Aplaudimos la hipocresía del excelso: ¡Amén!

---

[4] El primero en aplicar esta estrategia y desarrollar su funcionamiento, dictando en cierto modo reglas revolucionarias, tanto en el plano técnico-legal como en el de la solidaridad inhumana, fue el rey godo Totila, en el 451. Con referencia a esto, ver el libro de Darío Fo *La vera storia di Ravenna*, Modena, Franco Cosimo Panini, 1999.

A principios del siglo X nacen en toda Europa grupos de fieles que predican y aplican la comunidad de bienes, la fraternidad, y rechazan la autoridad eclesiástica. Las jerarquías de la Iglesia y los nobles (que a menudo eran lo mismo) se emplean a fondo contra estos movimientos, exterminando a los habitantes de comarcas enteras, condenando al suplicio público a los supervivientes, que eran abrasados con hierros candentes, sufrían amputaciones y después eran quemados cuando aún vivían.

En el peor momento de esta persecución, se torturará y matará de forma horrenda a muchas buenas personas, sólo por haber sostenido la tesis de que Jesús y los apóstoles no poseían riquezas ni bienes materiales.

Incluso bastaba que fueran descubiertos con una Biblia en casa para ser sospechosos de ser enemigos de la Iglesia. Si encima esta Biblia estaba traducida en vulgar, es decir, en lengua comprensible para el pueblo, la condena por herejía estaba asegurada.

Y atención: los poderosos efectúan una sutil conversión en el uso que hacen de los textos sagrados. En efecto, la prohibición hecha de traducir la Biblia tiene la finalidad de evitar que los fieles sepan qué dijo Jesús. Así se hace preponderante la lectura del Antiguo Testamento, lleno de masacres, lapidaciones y brutalidades de diversa índole.

Los poderosos hacen de ello un escudo y se disfrazan de nuevos Moisés, encargados por Dios de masacrar a los infieles.

Es en el Antiguo Testamento donde encuentran justificación moral para las persecuciones y las masacres.

Al contrario, los cristianos comunitarios quieren inspirarse en el Evangelio. Y por esto, a menudo, muy a menudo, pagarán con su vida.

Un martirio que hace palidecer al de los primeros cristianos bajo el Imperio Romano.

Además, llegados a un punto, fue inventado contra los herejes un instrumento represivo de perfección diabólica: **la Inquisición.** Los inquisidores eran al mismo tiempo policía, carceleros, acusadores y jueces. Bastaba una nimiedad para hacerte terminar en sus garras: un rumor, una carta anónima, un comportamiento un poco más extraño de lo normal. Incluso ser demasiado devoto se consideraba un comportamiento sospechoso. Además, el sospechoso era considerado culpable

Grabado que
muestra la
quema de
brujas (1555).

a menos que lograra demostrar su inocencia. Y quien testimoniase a favor de un presunto hereje podía a su vez ser sospechoso y sufrir un proceso.

Ni siquiera los antiguos romanos, ni siquiera los bárbaros (que además no eran tan bárbaros), habían alcanzado tales niveles de monstruosidad jurídica.

Es imposible de hacer un balance de estas guerras y persecuciones, y ciertamente son millones las personas muertas en más de mil años de crueldades inhumanas. En efecto, las persecuciones contra los herejes comienzan inmediatamente tras convertirse en Iglesia de Estado, y terminan en 1700, con las últimas llamaradas de la caza de brujas.

Las crónicas de los procesos y de las persecuciones llevadas a cabo por la organización eclesiástica y el «Santo Tribunal» son tan absurdas y contradictorias que no permiten ningún análisis creíble: estamos en el mundo de la locura más total y perversa.

La Iglesia odia a las mujeres

En los últimos años se han publicado miles de ensayos que documentan la ferocidad de que han sido objeto las mujeres y su cultura. Esos escritos nos dan testimonio de cómo quien practicara la medicina sin ser un médico, quien ayudase en un parto, quien contrastase la autoridad de los curas, era acusado de brujería, y son las mujeres quienes en mayor número fueron procesadas y, por tanto, quemadas en las hogueras.

Resulta difícil decir cuántas murieron. Hay quien habla de 70.000, otros de 300.000, y son estimaciones prudentes. Seguro que alrededor de un millón de personas fue sometido a

Miniatura del siglo XIV en donde se representa a Cristo conduciendo a los caballeros cruzados.

tortura, encarcelado y despojado de cualquier posesión... ¿Cuántas murieron por penurias y humillación?

Pero la caza de brujas no es más que el vértice de la persecución a las mujeres. Había violencia cotidiana, total, contra las mujeres, no reconocidas como seres humanos, consideradas como animales de carga y máquinas reproductoras. Olvidando incluso, en este caso, el Antiguo Testamento que, seguro, no era tierno con las mujeres pero al menos salvaguardaba algunos derechos elementales.

El crimen del colonialismo.
El crimen de la esclavitud.
El crimen del racismo.
El crimen de la segregación racial
(¡y pensar que Jesús era un moro!)

Todo este horror resulta poca cosa en comparación con el genocidio que la Iglesia patrocinó fuera de Europa.

Fueron los Papas quienes anunciaron las cruzadas y después la colonización de las «nuevas tierras» y las masacres que vinieron a continuación.

Pero vayamos por orden. En principio hubo tentativas de invadir Palestina, Líbano y Siria con el pretexto de liberar el Santo Sepulcro. Hace casi veinte años, el historiador Gabrieli publicó un texto que recogía los testimonios de cronistas medievales del Medio Oriente; el título era *Historiadores árabes en las cruzadas*. Gracias a estos escritos podemos saber que hasta más allá de la segunda mitad del siglo XII, es decir, antes que comenzara la invasión de los cruzados francos, los cristianos libremente Palestina por miles visitaban y todos los lugares donde había vivido y actuado Jesucristo. Así pues, nos preguntamos: ¿qué necesidad tenían los Papas y los emperadores católicos de liberar un sepulcro completamente libre para los fieles de todo el mundo?

Las cruzadas fueron un proyecto criminal con todas las de la ley y basta indagar sobre el desarrollo de los hechos que llevaron a Tierra Santa turbas de incontrolados al grito de

«¡DIOS LO QUIERE!»

para que al fin veamos aflorar las verdaderas motivaciones de aquella campaña, que indignó hasta el disgusto a san Francisco, hasta el punto de hacerle exclamar: «*¡Había venido para convertir a los infieles y he descubierto que los necesitados de fe y sentido de la piedad no son los guerreros musulmanes, sino los combatientes de Cristo, y antes que ninguno los obispos que los conducen!*». Por añadidura, las «armadas de Dios» mataron seguramente a más cristianos que infieles.

Los ejércitos cristianos dirigidos a Palestina tenían un largo camino que recorrer, sin provisiones y sin campamentos organizados. Así que tenían la costumbre de procurarse aquello que necesitaban saqueando las poblaciones cristianas que atravesaban durante el viaje.

A veces lo conseguían, dejando atrás un rastro de muertes y destrucción. *Por ejemplo, la famosa «Cruzada de los Pobres», en 1096, causó la mortandad de 4.000 personas sólo en la ciudad húngara de Zemun.*

Pero también, a veces, los cruzados eran aniquilados por los mismos cristianos a quienes habían atacado. Le sucedió, por ejemplo, al contingente guiado por el noble alemán Gotts-

Grabado que muestra a los jefes de la I Cruzada: Godofredo de Bouillon, Raimundo IV de Tolosa, Bohemundo de Taranto y Tancredo de Altavilla.

chalck: más de diez mil hombres destrozados en 1096 por haberse abandonado a los saqueos. Como dice un antiguo refrán napolitano: «Partieron con estacas y canciones, y regresaron apaleados sin calzones».

¡Hubo incluso quienes partieron a las cruzadas siguiendo el paso de la oca! Estos devotos terminaron por unirse a una cruzada dirigida por un noble-bandido llamado Emich, que de hecho no salió nunca de Alemania, sino que se limitó a hacer un tour durante el cual masacró a miles de judíos, quitándoles sus bienes.

Pero muchos otros cruzados que participaron en posteriores expediciones consideraron adecuado entrenarse para la guerra contra los infieles musulmanes comenzando por atacar a los infieles judíos desarmados.

En 1212, 30.000 niños centroeuropeos partieron a las cruzadas, solos y sin armas. El grueso de esta «armada» se embarcó en Marsella creyendo que iban a liberar el Santo Sepulcro. En lugar de ello, los muchachos (al menos los que habían sobrevivido a las fatigas del viaje) fueron vendidos a los turcos como esclavos.

La IV cruzada, declarada en 1202, sufrió una pequeña desviación y en vez de ir a Tierra Santa tomó al asalto la cristianísima Constantinopla, la conquistó, saqueándola y exterminando a buena parte de la población.

Al final, quien sacó provecho de las cruzadas seguro que no fueron los combatientes y sus capitanes, sino los mercaderes de las repúblicas marinas italianas y la Iglesia de Roma.

Por otra parte, el retorno a Europa fue una aventura trágica para los cruzados. A menudo tuvieron que ceder el fruto de sus saqueos y sus rapiñas a cambio de un pasaje.

Las epidemias fueron
unas de las causas
más comunes de
mortandad infantil.
Grabado (1700).

Es bien sabido que los cruzados, precisamente por el modo en que habían sido reclutados, no brillaban precisamente por su disciplina y organización. Sus campamentos se montaban sin ningún planteamiento estructural. En pocas palabras, no gozaban de ningún servicio higiénico, no había enfermerías ni médicos organizados, y en cada aguacero las tiendas eran arrasadas sin excepción por una mezcla de orina y estiércol. En resumen: Dios no estaba con ellos y los castigó matando a una gran cantidad de ellos de cólera, infecciones gastrointestinales y enfermedades venéreas locales y exóticas.

A propósito de esto, no debe olvidarse la enorme cantidad de prostitutas que seguían al ejército.

Unamos a esto que los cruzados, por costumbre, no se bañaban más de dos veces al año, y muchos habían hecho voto de no lavarse hasta la liberación del Santo Sepulcro. El hedor era por tanto su modo inequívoco de sentirse cerca de la santidad.

Por otro lado, despreciando los hábitos alimentarios de los pueblos que vivían en aquellos climas desde hacía milenios, nuestros héroes se atiborraban de carne de cerdo asado o en salmuera en cantidades bíblicas y se emborrachaban de la mañana a la noche.

El resultado fue que a las epidemias se añadieron otras mucho más horrendas, que se manifestaban con bubones de cualquier forma y dimensión, disenterías con diarrea continua y vómitos, seguido del famoso aullido de la hiena monacal.

Además, como ya hemos señalado, estos desgraciados eran asistidos por médicos y cirujanos *serial killer* cuya ignorancia sólo era comparable a su fanatismo. El resultado era que si uno resultaba herido en la batalla o enfermaba de cierta gravedad, tras la intervención médica tenía la seguridad de una muerte inevitable.

Con referencia a esto, reproducimos el comentario de un médico oriental cristiano durante la visita a un caballero herido y a una mujer enferma:

...Me presentaron a un caballero que tenía un absceso en una pierna, y una mujer afligida de consunción. Hice un empasto al caballero, y el absceso se abrió y mejoró, prescribí una dieta a la mujer, refrescándole el temperamento. Entonces llegó un médico franco, que dijo: «¡Ese no tiene ni idea de cómo curarlos!», y dirigiéndose al caballero le preguntó: «¿Qué prefieres, vivir con una sola pierna o morir con dos piernas?», y habiendo respondido aquél que prefería vivir con una pierna, ordenó: «Traedme un caballero gallardo y un hacha afilada». Vinieron caballero y hacha, estando yo presente. El médico acomodó la pierna sobre un tronco y dijo al caballero: «¡Dale un gran golpe de hacha que la parta netamente!». Y aquél, ante mis propios ojos, descargó un primer golpe y, no habiéndola separado, descargó un segundo golpe; el tuétano salió disparado, y el paciente murió al instante. Examinada también la mujer, dijo: «Ésa tiene un demonio en la cabeza que se ha enamorado de ella. ¡Cortadle los cabellos!». Se los cortaron y ella volvió a comer sus alimentos, ajo y mostaza, por lo que la consunción aumentó. «El diablo ha entrado en su cabeza», sentenció, y tomó una navaja y le abrió la cabeza en cruz, extirpando el cerebro hasta hacer aparecer el hueso del cráneo, que frotó con sal...; y la mujer murió al instante. Llegados a este punto, pregunté: «¿Necesitáis más de mis servicios?». Respondieron que no, y me fui, después de haber aprendido de su medicina lo que antes ignoraba.[5]

Y NO TERMINA AQUÍ.

Añádase que muchos cruzados presentaban una bajeza moral increíble: auténticos aventureros listos para pasar armas y equipo al enemigo por dinero, vender a la mujer para pagar las deudas de juego, engañar a los compañeros para robarles.

No hay que olvidar que muchos de aquellos campeones emprendieron el viaje a Palestina, más que por impulso de la fe, por una condena a causa de horrendos crímenes que pendía sobre sus cabezas, incluyendo órdenes de ahorcamiento.

[5] Francesco Gabrieli, *Storici arabi alle Crociate*, Torino, Giulio Einaudi, 1957 y 1987, pág.-76.

Y sus jefes no eran menos. A menudo se trataba de nobles sin feudo y ambiciosos, cuyo único interés era obtener posesiones personales y que no se detenían frente a nada con tal de alcanzar sus fines. Hubo enfrentamientos entre ejércitos cruzados rivales por la toma de una ciudad, alianzas entre príncipes cristianos y emires turcos. Hubo incluso nobles cruzados que dejaron que sus propios compañeros de armas cayeran en manos de los turcos sin mover un dedo, sólo por motivos de rivalidad.

Imaginad que ambientillo.

Pero el modelo de las cruzadas hizo escuela. *Y así, cuando el papa Inocencio III decidió detener la herejía cátara y valdense, proclamó en 1209 una auténtica cruzada en el sur de Francia. La cruzada duró veinte años, y acabó con decenas de miles de personas.*

Los cátaros eran culpables de promulgar una vida comunitaria pacífica y solidaria, en el respeto de las enseñanzas de Jesús, y de negarse a reconocer «el poder por voluntad de Dios» de la Iglesia. El pontificado de Inocencio III representa también el momento más culminante del poder temporal del Papado. En ese momento, el Papa era un soberano a todos los efectos, y el Estado de la Iglesia era una auténtica potencia europea. Como todos los soberanos, el obispo de Roma poseía territorios y ejércitos, declaraba guerras y establecía alianzas. Numerosos reinos se reconocían vasallos de la Santa Sede y entregaban a Roma sustanciosos tributos.

Además el Papa empleaba también su poder espiritual para orientar la política de los Estados. Si un rey era excomulgado, perdía automáticamente cualquier derecho a esperar obediencia de los propios súbditos y vasallos. Puede imaginarse, pues, que los soberanos cristianos se lo pensaban dos veces antes de pisar el juanete a la Santa Sede. En esencia, el Papado recogió ampliamente la herencia criminal del Imperio Romano. Además, hubo un Papa, Julio II, que se hizo construir una armadura para guiar personalmente a sus ejércitos en la batalla.

Papa Inocencio III representado en un fresco del siglo XIII. Monasterio de san Benito en Subiaco, conocido con el nombre de la Sagrada Gruta.

Llegados a este punto, parecería que la fantasía criminal del clero ya no pudiera inventar nada más, pero no estamos más que en los preliminares. La Iglesia, hambrienta de expansión, se pone al frente de las conquistas coloniales.

LOS PRIMEROS COLONIZADORES DEL ÁFRICA NEGRA SON SACERDOTES.

Encontramos curas encabezando a los conquistadores españoles que masacran a los indios en América.

LOS PRIMEROS EN ORGANIZAR LA TRATA DE ESCLAVOS SON CURAS.

En efecto, fue el Vaticano quien ordenó, en 1344, la conquista de las Canarias. Y fue probablemente el obispo De las Casas, tras la conquista de América, quien sugirió sustituir a los indígenas, que no resistían el trabajo agotador y las enfermedades llevadas por los colonos, por esclavos africanos.[6] Además, desde comienzos del siglo XVI, los misioneros de África organizaron una auténtica trata de esclavos en América, con numerosas embarcaciones de «misioneros» acondicionadas para ese fin. Se habla de decenas de millones de nativos americanos muertos en las batallas y en las prisiones, exterminados por las enfermedades y la escasez.

EL DESASTRE FUE TAL QUE SE CALCULA QUE SÓLO EN MÉXICO LA POBLACIÓN PASÓ DE 25 MILLONES DE INDÍGENAS EN 1520 A MENOS DE UN MILLÓN Y MEDIO EN 1595.

Y había curas bendiciendo los Winchester que diezmaron a los nativos americanos del norte. Incluso para la trata de esclavos resulta impensable cuantificar el desastre.

Se habla de, al menos, veinte millones de personas deportadas a América. Para ellos, la expectativa de vida desde el momento de llegada era de siete años. Siete años de fatiga y miseria.

Pero por cada negro que llegaba a América como esclavo, nueve prisioneros morían durante la captura, el viaje hasta el puerto de embarque o la travesía.[7]

SE PUEDE HABLAR POR ELLO DE 190 MILLONES DE MUERTOS.

[6] Algunos autores comentan que De las Casas era contrario a la esclavitud de los negros. Con respecto a este tema, consultar el libro de Fernández Ortiz, *Contrapunto cubano del tabaco y el azúcar*, Venezuela, Biblioteca Ayacucho, 1978.

[7] Este tema se desarrolla en el libro de próxima publicación, escrito por Jacopo Fo y Laura Malucelli, *Li schiavi che non si arresero mai!*, donde se cuenta entre otras cosas cómo los negros lograron en muchas ocasiones desafiar a los blancos y cómo nuestra idea sobre África y la esclavitud es una falsedad culpable de minimizar la gravedad de los horrores cometidos por los europeos.

Pero la cuenta es mucho más dramática, las continuas incursiones de los esclavistas, que duraron casi trescientos años, destruyeron la economía de vastas áreas de África, privando a poblaciones enteras de sus mejores elementos, de modo que murieron por millones por las carestías, las epidemias y el hambre.

Se podía viajar a lo largo de centenares de kilómetros en medio de las ruinas de lo que habían sido civilizaciones florecientes y culturalmente evolucionadas y no encontrar un solo superviviente, sólo huesos que relucían al sol.

EL HORROR DEL COLONIALISMO TUVO EN LOS MISIONEROS A LOS DEFENSORES MÁS FEROCES.

Fueron ellos quienes se dedicaron a extirpar las religiones tradicionales de los pueblos sometidos mediante la violencia y la tortura.

Incluso impidieron a los niños hablar su lengua, a base de castigos corporales.

Y para comprender cuan inhumanos pudieron llegar a ser en ocasiones los sacerdotes blancos, basta recordar que a menudo eran enviados como misioneros aquellos religiosos que se habían manchado con graves crímenes y se consideraban indignos de su oficio en Europa.

Este hecho explica la fama de maniacos sexuales y violadores que se ganaron los sacerdotes en todo el mundo colonizado.

Bendijeron las formas más infames de apartheid. Entre ellas, en muchos países de África existía la que prohibía a los negros comerciar con los blancos o cultivar hortalizas o cereales en las zonas donde era obligatorio el monocultivo de los blancos. *Cultivar calabazas costaba la mano la primera vez, un pie la segunda y la cabeza la tercera.*

El motivo de tales brutalidades era simple: así se imponía a los nativos el monocultivo que después se vendía a los propietarios blancos a cambio de comida. De este modo, si querían vivir debían vender a los blancos sin poder discutir el precio. O aceptaban o morían.

Y fijémonos en la condición en que se encuentran hoy muchos países del Tercer Mundo. No puede dejar de verse en la miseria y la violencia de hoy la marca de siglos de malversaciones.

En la escuela no nos enseñan nada del colonialismo y del rol de la Iglesia.

Los baños público fueron considerados escandalosos por el culto cristiano.
Grabado de la época.

Los ingleses, por ejemplo, se especializaron en el tráfico de droga, importando enormes cantidades de opio en China. Tres veces el emperador chino prohibió este comercio.

TRES VECES BOMBARDEARON LAS CAÑONERAS FRANCESAS LOS PUERTOS CHINOS PARA IMPONER SU LIBERTAD DE VENDER DROGA.

Fueron las famosas guerras del opio: 1848, 1856 y 1858.

Y podéis estar seguros de que las balas de los cañones fueron bendecidas.

Tampoco puede silenciarse el papel jugado por la Iglesia en el apoyo al nazismo, al fascismo, al exterminio de los judíos, a las matanzas de la guerra civil española, el apoyo de gran parte del clero cristiano a todas las dictaduras más infames del planeta.

Había sacerdotes bendiciendo a los torturadores y los escuadrones de la muerte en Chile, en Grecia, en Brasil, en Perú, en Bolivia, en Argentina, en Indonesia.

Incluso el papa Woytjla, que tanto ha hecho contra las dictaduras pseudo socialistas, ha enviado cartas de aprecio y bendición a asesinos en serie como Pinochet (con quien incluso se entrevistó en uno de sus numerosos viajes) y ha concedido absolución y crédito a personajes espantosos como Julio Andreotti.

Además se abre otro tema de debate sobre los costes humanos de las obsesiones del clero en algunas épocas.

¿Cuál fue el coste del terror de la sexualidad inculcado por la moral religiosa? ¿Cuántas vidas fueron privadas de placer?

¿Y la represión de los homosexuales, que a menudo fueron no sólo marginados, sino procesados, condenados y muchas veces incluso ajusticiados?

¿Y la decisión de prohibir al pueblo que frecuentara los baños públicos, considerados escandalosos?

¿Y la idea de que lavarse era pecado?

No hace falta mucho para comprender que las pestes que mataron en Europa, en muchas ocasiones, hasta un tercio de la población, eran hijas del culto cristiano a la suciedad.

Capítulo segundo

Perversidades iniciales

Empecemos bien: san Pablo, uno de los fundadores de la Iglesia, no era santo en absoluto.

Saulo de Tarso, llamado Pablo, judío de la corriente farisea y ciudadano romano al mismo tiempo (seguramente también relacionado con la *gens* Emilia, una poderosa familia patricia romana), al principio fue un perseguidor de los cristianos. Pero después fue «fulgurado en el camino de Damasco» y se convirtió. Él mismo escribió que «*en Jesús no hay ya judío ni gentil, no hay esclavo ni libre, no hay varón ni hembra*». [1]

Pero cuando el esclavo Onésimo, que se había dejado encantar por sus discursos sobre la igualdad, escapó y buscó protección en Pablo, él lo devolvió a su amo (y la fuga de un esclavo se castigaba con la muerte). [2]

Tampoco con las mujeres fue muy galante. He aquí lo que escribió en la Primera Epístola a Timoteo: «*La mujer aprende en silencio, con plena sumisión. A la mujer no le consiento enseñar ni dominar sobre el varón; sino que se mantenga en silencio.*

---

[1] Sagrada Biblia, Epístola a los Gálatas, 3, 28.

[2] El episodio está descrito en la Epístola a Filemón, 12-18. Sobre este asunto, puede leerse el comentario de A. Donini en *Storia del cristianesimo - dalle origini a Giustiniano*, Milano, Edizioni Teti, 1977, págs. 116 y ss. O bien, para una iterpretación «católica» del episodio, ver las publicaciones de G. Ricciotti, *Hexcos de los Apóstoles*, Barcelona, Miracle, 1970, y *Paolo apostolo*, Milano, Mondadori.

Parasceve Pjatnica y los santos Gregorio el Teólogo, Juan Crisóstomo y Basilio el
Grande, icono ruso de comienzos del siglo XV.

*Porque Adán fue formado primero, luego Eva. Y no fue Adán el
seducido, sino la mujer, que dejándose seducir, incurrió en la
trasgresión».* [3] Más claro que esto...

Pablo fue quien transformó el cristianismo de raíz judía en
una nueva religión universal, enfrentándose a los discípulos
originales de Cristo y a los propios parientes de Jesús[4].

En los escritos paulinos, más allá de las apariencias, no
hay espacio para las mujeres y para los humildes. Los seres
humanos serán todos iguales a los ojos de Dios, en el Más
Allá, pero aquí en la Tierra las diferencias deben conservarse.

Veamos su exhortación a los servidores: **«Siervos, obede-
ced a vuestros amos temporales con devoción y solicitud, con
sencillez de corazón, como a Cristo, haciendo la voluntad de
Dios de corazón, sirviendo con buena voluntad, como si sir-
vieseis al Señor, y no a hombres»** [5].

Y a las mujeres no les va mucho mejor. La mujer debe someterse al marido, porque *«el hombre es su cabeza»* [6]; las mujeres casadas deben cubrirse la cabeza porque si no lo hicieran
faltarían el *«respeto a los ángeles»* [7] (de este absurdo nació la

---

[3] Sagrada Biblia, primera Epístola a Timoteo, 2, 11-15.

[4] Ver también: Jacopo Fo y Laura Malucelli, *Gesù amava le donne (e non era biondo)*, Gubbio,
Nuovi Mondi, 1999.

[5] Sagrada Biblia, Epístola a los Efesios, 6, 5-8.

[6] Sagrada Biblia, Epístola a los Efesios, 5, 22.

[7] Ambrogio Donini, *Storia del cristianesimo - dalle origini a Giustiniano*, Milano, Edizioni Teti,
1977, pág. 117.

Xilografía alemana del siglo XVI. Labradores prestando juramento de fe.

costumbre de no admitir en la iglesia a las mujeres con la cabeza descubierta, y de obligar a llevar velo a viudas y monjas).

Comienza la caza del hereje.
(La espada resuelve las discusiones religiosas)

Seguramente, el primer caso de una controversia religiosa resuelta con intervención de la ley fue el de Pablo de Samosata, obispo de Antioquía (260-272).

Era un monarquianista, es decir, seguidor de las doctrinas que no reconocían la Trinidad de Dios.

Un sínodo de obispos convocado en el año 268 condenó sus doctrinas y lo declaró depuesto, y los obispos se dirigieron al emperador para que ejecutase su decisión, estableciendo así el peligroso precedente de hacer intervenir el poder estatal en las cuestiones eclesiásticas. Es absurdo que esto sucediera en una época en la cual los cristianos eran aún martirizados, de vez en cuando. Pablo de Samosata permaneció, sin embargo, en su puesto, gracias al favor de Zenobia, reina de Palmira, bajo cuya influencia se encontraba la diócesis de Antioquía, que había impuesto una política anti-romana.

No fue hasta el 272, cuando Zenobia fue vencida militarmente por el emperador Aureliano, cuando Pablo se vio obligado a abandonar el cargo.

¿Qué es una herejía?

«Un cínico podría definir la herejía como la opinión expresada por un grupo minoritario que una mayoría... declara inaceptable... Dios... está de parte de los más numerosos: la ortodoxia, puede añadirse, es lo que éstos dicen de Él.» [8]

El significado que damos actualmente al término «herejía», es decir, «opinión errónea», es una innovación típicamente cristiana. El primero en adoptarla con esta acepción es san Pablo en la Epístola a los Gálatas, 5,20.

El término herejía deriva del griego *àiresis* «elección» (precisamente en los Hechos de los Apóstoles 5,17; 15,5; 26,5 conserva aún su significado original) y designaba a quienes pertenecían a una escuela filosófica por elección suya.

Los primeros mártires cristianos en un fresco del siglo XVI.

Herejes eran, pues, los estoicos, los epicúreos, los estéticos, pero también, en el mundo judío, los fariseos, los saduceos, y los esenios. [9]

En el cristianismo no tardó en desarrollarse un ansia fundamentalista de enfrentarse por las palabras de la religión (igual que por los actos). Demasiadas personas se sentían las únicas depositarias de la verdad. Y así, un término que indicaba la pluralidad de las escuelas de pensamiento asumió el significado negativo que conocemos.

---

[8] David Christie-Murray, *I percosi delle eresie*, Milano, Rusconi, 1998, pág. 21..

[9] En el mundo judío, en algunas cuestiones, se admitía una disensión de opiniones impensable en las futuras sociedades cristianas. ¡Baste pensar que fariseos y saduceos discutían sobre una cuestión tan intrascendente como si existía o no una vida tras la muerte!

El Cisma de los Donatistas surgió en el norte de África cuando terminaron las persecuciones de Diocleciano.

Durante la persecución, que en aquella zona había sido particularmente violenta, muchos cristianos, entre quienes se hallaban algunos de sus mayores representantes, renegaron de la fe. Más tarde, cuando estos «traidores» solicitaron su readmisión en la comunidad de los creyentes, los cristianos que se habían mantenido fieles se dividieron en dos facciones, una favorable y otra contraria a la readmisión.

El año 311, el grupo favorable a la readmisión eligió a Ceciliano como obispo de Cartago. Los rigoristas, a modo de protesta, eligieron a su obispo alternativo, llamado Mayorino, que sucedió a Donato el Grande, que dio nombre al movimiento.

El movimiento cismático se difundió por todo el norte de África. En la base de la controversia había también una protesta económica y social contra las jerarquías eclesiásticas ligadas a las autoridades del Estado.

Alarmado por las noticias que llegaban de África, Constantino se apresuró a hacer saber que apoyaba a Ceciliano, después subvencionó a la Iglesia «legítima», negó a los donatistas el uso de los lugares de culto y exilió a algunos de sus dirigentes.

El donatismo continuó floreciendo, llegando incluso a fundar una comunidad en Roma. En el 336 convocaron en Cartago un concilio propio, donde participaron casi trescientos obispos.

Los donatistas sufrieron sangrientas persecuciones bajo Constante, y desaparecieron totalmente con la llegada de los sarracenos.

Agonistas: la guerrilla en nombre de Cristo

La herejía donatista alumbró el movimiento de los agonistas, exponentes de las clases populares, que sostenían algunas reivindicaciones políticas y sociales, como la liberación de los esclavos, la anulación de las deudas y el fin de los usureros.

Dieron vida a una auténtica guerrilla contra los grandes latifundistas. Tropas armadas llevaban a cabo fulminantes incursiones en las grandes propiedades, incendiando residencias y matando a las familias de los latifundistas más odiados.

Los propios donatistas marcaron distancias con este movimiento, pero obispos y autoridades los inculparon como causantes de los desórdenes («Se empieza contestando a un obispo... y mira como se acaba», debía ser, más o menos, su razonamiento). Sus adversarios los apodaron *circumcelliones*, un apodo despreciativo equivalente a «vagabundos».

Fueron aniquilados por las tropas de Constantino.

De todos modos, África del norte se mantuvo como un foco de tensiones destinadas a explotar, muchas veces, en los siglos siguientes.

Cuadro de J. Foquet donde se muestra la celebración de un concilio.

Quisquillas religiosas que costaron miles de muertos

Si atendemos a la historia que nos han enseñado en la escuela, parecería que tales conflictos interminables con miles de muertos tuvieron como único origen divergencias filosóficas sobre la Trinidad, o **para decidir si la Eucaristía era «consustancial» más que «transustancial»** del cuerpo de Cristo. ¿Estaban todos locos?

Es cierto que la cultura, la visión del mundo y podríamos decir que la propia psicología de un pastor de la Capadocia del siglo II d. C. eran muy distintas de las, digamos, de un contable europeo del año 2000.

Pero ¿basta eso para explicar los muertos, las guerras, las persecuciones, las masacres? ¿O no deberíamos, quizá, buscar otros motivos?

En sociedades donde el elemento religioso y el político-institucional se fundían sin solución de continuidad, ¿es posible que no sólo se impusiera la religión sobre la vida pública, sino que también cuestiones políticas, sociales y económicas muy concretas influyeran a su vez en las doctrinales?

Constantino, asociando a los obispos a la administración del Imperio, no había hecho otra cosa que acelerar la tendencia ya existente en el cuerpo de la Iglesia. Desde tiempo atrás, los obispos habían dejado de ser los simples portavoces de las comunidades cristianas, elegidos por las asambleas de fieles, convirtiéndose en auténticos señorones que administraban en beneficio propio los bienes de la Iglesia, ordenaban al clero menor según sus propias conveniencias y, a menudo, «pasaban» con mucho gusto la sucesión de su título a sus hijos y hermanos. El cargo de obispo terminó por ser ambicionado por los miembros de las familias pudientes. [15]

¿Cuántos, entre los participantes en el Concilio de Nicea de 325, estaban en condiciones de comprender los sutiles matices entre la tesis arriana y la nicena?

Por eso muchas herejías tuvieron razones políticas y económicas, y encontraron un caldo de cultivo en los complots de unos contra otros. Podemos interpretar muchas herejías como una reacción a la transformación de la Iglesia en aparato opresivo ligado al poder, o como un intento de hacer realidad ya en la Tierra aquella igualdad prometida por el Evangelio para el «reino de los cielos». Éste fue, por ejemplo, el caso de los montanistas, de los paulicianos y de los bogomilos.

Muchas doctrinas etiquetadas como heréticas tenían como única «lacra» el haber insertado en el cristianismo elementos de religiones, tradiciones y culturas preexistentes, de forma que se creaban «Iglesias nacionales», autónomas del poder central.

Lutero en Worns, pintura de Anton von Werner (siglo XIX).

[15] Ambrogio Donini, *op. cit.*, pág. 261.

Escena de la Inquisición. Detalle de una pintura de Goya (1815).

Naturalmente, una filosofía nacida en un determinado contexto puede desarrollarse y ser aplicada de muchas formas.

Quizá el inventor de una u otra filosofía era una persona de buena fe. Pero eso no quita que sus teorías fueran usadas como pretexto para las luchas entre frentes opuestos, donde lo que estaba en juego era algo muy distinto: el control de diócesis «ricas», el monopolio de recursos y materias primas importantes, o el reparto de cargos en las cortes imperiales.

Alejandro, obispo de Alejandría, fue acusado de sabotear las reservas de trigo de Constantinopla, para inducir al emperador a asumir una posición clara contra el arrianismo.

Con distancias en el espacio y en el tiempo, la misma doctrina dará cobertura a proyectos políticos muy distintos. Eran arrianos tanto el exterminador de rebeldes Constantino, en los últimos años de su vida, como el rey godo Totila, liberador de esclavos. Diversos emperadores bizantinos se adhirieron a la doctrina monofisita, como hicieron más tarde muchos pueblos rebeldes a la misma autoridad de Constantinopla. Y las contradicciones aparentes podrían continuar.

Naturalmente, la complejísima aventura del cristianismo no puede explicarse sólo por intereses políticos y económicos, hay también factores imponderables de forma racional.

En épocas en que no existía internet y se viajaba a lomos de mula por caminos rudimentarios, un único predicador que hubiese tenido el coraje y la energía de viajar, podía conseguir, sólo por su carisma y su simpatía humana, la conversión de poblaciones enteras.

Cuando las tesis de Lutero se difundieron por el norte de Europa, muchos países las acogieron, aunque conservando prácticas católicas, como la confesión, que eran totalmente extrañas a su doctrina. Seguramente a los buenos cristianos suecos o islandeses no les importaban las disputas teóricas; sólo querían tener cerca sacerdotes que hablasen en su lengua, fuesen capaces de explicarles las Escrituras, predicasen la moralidad dando un buen ejemplo y no les exprimieran con los impuestos (décimas y anonas).

Capítulo tercero

Ricos, herejes, ojos de aguja y camellos.
Herejía como contestación social

Habían transcurrido más o menos cien años desde la muerte de Cristo, y ya había cristianos que se quejaban de la corrupción de la Iglesia y se enfrentaban al creciente poder de obispos y prelados.

Jesús había prometido un Reino donde «*los últimos serán los primeros*». Pablo había afirmado que «*en Cristo no hay... ni siervo ni señor*». Muchos cristianos creyeron que la venida del Reino de Dios era inminente.

Entonces, ¿por qué no anticipar un poco los tiempos, y hacer realidad aquí sobre la Tierra comunidades igualitarias y solidarias?

Pero, sobre todo, ¿por qué obedecer a obispos y gobernantes cuyo comportamiento contrastaba de forma tan evidente con el mensaje del Evangelio?

Nacieron así auténticas Iglesias alternativas.

Algunos de estos movimientos, como los donatistas y los agonistas, ya los hemos visto; enseguida veremos otros.

El año 325, Nicea, primer concilio general de la Iglesia, establece el exilio de todos los discípulos de Arrio

Las conclusiones del primer concilio fueron muy importantes para la historia de la Iglesia. Por primera vez se enunciaba como dogma (es decir, como verdad revelada) un término que no contenían las Escrituras (en parte alguna del Nuevo o del Antiguo Testamento se cita a un Hijo de la misma sustancia que el Padre).

Arrio era un sacerdote de Alejandría y sostenía que el Hijo de Dios, a diferencia del Padre, y habiendo sido creado por Él, había tenido un principio. Fue precisamente a causa de las divergencias entre Arrio y sus partidarios (el primero entre ellos, Eusebio, obispo de Nicomedia) y Alejandro, obispo de Alejandría, por lo que fue convocado en Nicea el primer concilio ecuménico de la Iglesia (20 de mayo de 235). El concilio concluyó con la aprobación de un credo, variado después en Constantinopla, el 382: el famoso Credo Niceno. [1] El Hijo era de la misma sustancia que el Padre (*homooùsion* en griego, mientras para los arrianos era de una «naturaleza similar», es decir *homoioùsion*), luego, como el Padre, no había tenido un principio.

Quien no se adhiriese al Credo Niceno se veía anatemizado y perseguido. Arrio y sus partidarios, que no habían firmado las conclusiones del consejo, fueron exiliados.

Pero la batalla no había terminado. Cuando Constantino cambió de bando, los obispos de esta facción fueron rehabilitados, mientras sus adversarios eran depuestos y perseguidos.

Siguieron decenios de enfrentamientos entre facciones, con numerosos muertos y heridos, concilios y contra concilios que condenaban ora una tesis ora la contraria, de condenas y rehabilitaciones, de persecuciones por parte de emperadores pro arrianos o pro nicenos.

El Concilio de Sardica (Sofía), el 343, que se cerró con la suscripción de las deliberaciones de Nicea, fue abandonado por los obispos orientales, que organizaron un contra concilio en Filipópolis. En definitiva, en aquel momento la situación había cristalizado con un occidente niceno y un oriente preferentemente arriano.

---

[1] El Credo Niceno aún se recita en las iglesias durante la misa.

Tapiz del siglo XI que muestra las luchas religiosas.

En Constantinopla, durante el episcopado de Juan Crisóstomo, (345-407), estallaron violentos conflictos entre arrianos y nicenos, donde murieron muchas personas.

Constanzo III impuso, en 353, las doctrinas antinicenas por todo el Imperio. Los arrianos comenzaron entonces a propugnar la tesis de que la Iglesia debería estar sometida al Estado, mientras los nicenos defendían la autonomía.

En el 357, el obispo ortodoxo Osio, ya centenario, fue obligado mediante tortura a suscribir las tesis arrianas del Concilio de Sirmio.

Con la subida al trono de Julián el Apóstata en 361, hubo una amnistía general para todos los cristianos perseguidos acusados de herejes, probablemente dictada con el único propósito de debilitar el cristianismo.

En cuanto el emperador Teodosio asumió el poder en el 378, condenó de inmediato las doctrinas arrianas en los territorios de oriente. Pero en occidente, donde de hecho reinaba la arriana Justina, se garantizó la tolerancia.

Ambrosio, obispo de Milán en 386, tras haber negado a Justina el uso de una iglesia para ejercitar el culto arriano, organizó un auténtico encierro a ultranza en la propia basílica para defenderla del asalto de los emisarios imperiales.

Los propios arrianos estaban, a su vez, divididos en numerosas corrientes. En el 362, en Antioquía, se contaban al menos cinco comunidades cristianas separadas, cada una con su propio obispo, y enfrentada al resto.

Después, cuando Teodosio extendió su dominio también a los territorios de occidente, el arrianismo fue prohibido en todo el territorio del imperio, y el cristianismo niceno se convirtió en la religión oficial del mundo romano.

Naturalmente, la marginación no significó de forma automática la extinción de la herejía arriana, que sufriría, un siglo más tarde, la persecución por parte de Justino primero, y de Justiniano después.

Miniatura encontrada en un evangelio sirio donde aparecen Constantino y Elena (principios del siglo XIII).

Los godos arrianos

El cristianismo, en su versión arriana, se difundió entre las poblaciones «bárbaras» del norte, gracias a la prédica de Audio, obispo de vida ejemplar, y sobre todo de Ulfilas (345-407), el obispo que hacia 375 tradujo al godo la Biblia, incluido el Nuevo Testamento.

Gracias a esta traducción, el credo arriano se pudo difundir entre los visigodos, los ostrogodos, los suevos, los vándalos, los burgundos y los longobardos.

«A diferencia de los pueblos que vivían en Italia, donde sólo una minoría hablaba el latín, los bárbaros tenían la gran ventaja de aprender el Evangelio en su lengua. Los godos precedieron, así, a Martín Lutero en casi mil años.» [2]

En el 525, el rey ostrogodo Teodorico intervino en defensa de los arrianos de Constantinopla, oprimidos por el emperador Justino, enviando a la ciudad a un embajador de excepción: el papa Juan I, obligado a presentar al emperador sus demandas. Como Juan I regresó a Roma sin resultados, Teodorico lo hizo encarcelar hasta su muerte. Juan I murió pocos días después.

Está claro que tampoco los soberanos arrianos se ocupaban de perseguir a los Nicenos, que entretanto se habían convertido en los «católicos».

Por ejemplo, durante la dominación de los vándalos en África, los católicos de Tipasa, cerca de Cartago, fieles no sólo a la Iglesia, sino también al Imperio de Roma, fueron reunidos en el foro y obligados a abjurar. Aquellos que se negaron sufrieron la amputación de la mano y la lengua.

Con todo, incluso los pueblos germánicos terminaron por convertirse poco a poco al catolicismo. A finales del siglo VIII, el arrianismo casi había desaparecido.

Los obispos quieren sangre

Es sabido que los emperadores eran bestias sedientas de sangre, pero llegados a cierto punto son los propios obispos quienes piden la condena a muerte de los herejes.

El primero en hacer los honores es el hereje español Prisciliano, en 385. Anatemizado por diversos concilios regionales, Prisciliano fue ajusticiado por el emperador Máximo junto a seis compañeros a petición de los propios obispos.[3] Son las primeras condenas «oficiales» a muerte por motivos de fe.

---

[2] Darío Fo, *op. cit.*, pág. 78.
[3] David Christie-Murray, *op. cit.*, pág. 128.

POR SUERTE NO TODOS LOS CRISTIANOS RAZONABAN DE ESTE MODO.

Por ejemplo, el papa Siricio condenó el episodio.

El obispo Martín de Tours (321-401) se horrorizó de tal modo que excomulgó a todos los obispos que se habían manchado las manos con aquella sangre, y rechazó mantener cualquier clase de contacto con ellos. Sólo se reconcilió con ellos, a petición del emperador, para salvar la vida de algunos priscilianistas condenados a muerte.

Hasta el obispo de Milán, Ambrosio, aún siendo contrario a la libertad de culto de los herejes, se opuso a los derramamientos de sangre y rechazó tener contacto con los obispos implicados en la muerte de Prisciliano.

«La "conciencia" de la Iglesia aún no se había acostumbrado a considerar el derramamiento de sangre como expresión del amor predicado por Jesucristo.» [4]

[4] David Christie-Murray, *op. cit.*, pág. 129.

Capítulo cuarto

Torpes intrigas.
Cuando los concilios terminan a palos

La herejía nestoriana lacera la cristiandad.

El emperador convoca un concilio para resolver la cuestión, pero la asamblea termina en una revuelta popular.

La dinámica de los acontecimientos fue compleja.

El nestorianismo toma su nombre de Nestorio, que comenzó su carrera como monje el año 428 cerca de Antioquía. Se hizo famoso como predicador y encabezó las persecuciones contra algunas ideas que le parecían heréticas.

En su ansia de destruir la herejía y aquellos que, como los arrianos, atribuían una naturaleza demasiado humana a Jesús, llegó a contradecir el apelativo de «Madre de Dios» atribuido a María, sosteniendo que una simple mujer no hubiera podido parir a un Dios que era, entre otras cosas, más viejo que ella. Entonces se revolvió violentamente contra él el obispo de Alejandría, Cirilo.

Teodosio II convocó el año 423 un concilio ecuménico en Éfeso para dirimir la cuestión.

En aquellos tiempos, viajar era muy dificultoso y lento, y los prelados llegaron en momentos distintos. Comparecieron primero los adversarios de Nestorio, casi doscientos obispos, encabezados por Cirilo. *Éste decidió empezar de inmediato el*

Miniatura que representa a Urbano II
predicando la cruzada en Clermont
(1460).

concilio, sin esperar ni a los partidarios de Nestorio ni a los legados del Papa. Constriñó a Nestorio a presentarse y, tras su negativa a entrar antes de que llegaran sus partidarios, lo destituyó «in contumacia». Además, el obispo de Éfeso, Memnón instigó a la multitud contra Nestorio. Pocos días después llegaron unos cuarenta obispos nestorianos, guiados por Juan de Antioquía, que se reunieron en un contra concilio, donde declararon herejes y excomulgaron a Cirilo y Memnón.

Al fin llegaron los legados papales, que reabrieron el concilio «oficial» y excomulgaron a Juan de Antioquía.

Los trabajos del sínodo fueron complicados por la ingerencia de algunos funcionarios imperiales, las tentativas de corrupción y los enfrentamientos de partidarios de las distintas facciones.

El emperador Teodosio II impuso su autoridad para cerrar el concilio, reprendiendo con aspereza a sus participantes, y buscó una política de compromiso que, sin embargo, no duró mucho.

Nestorio fue relegado a un monasterio y después exiliado a Egipto, donde murió en 451.

Maltratado en el territorio imperial, el cristianismo nestoriano se difundió en Asia. En el 486, los cristianos de Persia adoptaron las tesis nestorianas y persiguieron con ferocidad a los católicos.

Con la herejía monofisita se repite la escena: de nuevo los santos prelados se reúnen para llegar a un acuerdo y de nuevo la asamblea termina a palos. Pero esta vez hasta se les escapa un muerto, y el ejército interviene.

La doctrina monofisita toma su nombre de *Monos*, único, y *phisis*, naturaleza, y nació como reacción al nestorianismo. Los monofisitas sostenían que Jesús tenía una sola naturaleza divina y ninguna naturaleza humana. El inspirador de esta doctrina fue Eutiques que, por sus ideas, fue atacado violentamente y depuesto de los oficios sacerdotales. Pero gracias a sus contactos en la corte imperial de oriente logró que el mismo emperador Teodosio II se interesase directamente por su caso; convocó en 449 un nuevo concilio en Éfeso para dirimir la cuestión.

La asamblea fue fuertemente manipulada para que vencieran las tesis monofisitas. Las tropas imperiales usaron la fuerza contra los adversarios de Eutiques, a quienes no se les concedió ni siquiera el derecho a la palabra. No se leyó un documento enviado por el Papa. Incluso, ya que estaban puestos, excomulgaron también al remitente.

Flaviano, obispo de Alejandría, fue golpeado tan duramente que murió poco tiempo después.

El concilio podría pasar a la historia con el nombre de «latrocinio de Éfeso». Naturalmente, el «latrocinio de Éfeso» sólo marcó el comienzo de un episodio que duraría casi un siglo.

Muchas veces, en una intrincada trama de complots, homicidios, alianzas entre facciones, sucesiones en el trono de emperadores pro o anti euticianos, los católicos y los monofisitas se alternaron en el papel de perseguidores y perseguidos, de víctimas y carniceros.

JUSTINIANO, SANTURRÓN Y ASESINO

Era santurrón hasta el punto de imponer la oración por ley, pero había alcanzado el poder con intrigas y asesinatos.

Hizo compilar un monumental código de leyes, pero masacró a miles de personas, quizá incluso más de cien mil.

Persiguió a los paganos y los judíos y no dudó en hacer encarcelar a un Papa.

Mosaico que muestra a Justiniano y su corte (mitad del siglo VI).

Era intolerante con los herejes, pero su mujer, Teodora, era monofisita.

Justiniano, sobrino de Justino que, de origen humilde, alcanzó el grado de emperador de oriente, obtuvo y consolidó su poder gracias a los servicios de un «escuadrón de la muerte» instruido por él mismo. En la práctica se trataba de una banda de hábiles sicarios que mató a todos sus rivales en la carrera hacia el trono: el general Vitaliano, el eunuco Amacio y un número impreciso de aristócratas.

Un testimonio de la época comenta: «*Incluso la mano de Dios, guiada por el patriarca, cubre sus acciones encaminadas a erradicar a los enemigos de la fe*».[1] De su largo reinado (528-565) se recuerda el *Corpus iuris civilis*, un conjunto orgánico de leyes que encierra toda la jurisprudencia romana.. Pero también se recuerda la matanza de Nika y la violenta represión de una rebelión campesina: se habla de 100.000 campesinos muertos sólo en este episodio.[2]

Su palabra se puede resumir en el lema «*Un solo Estado, una sola ley, una sola Iglesia*».[3] Llegó a imponer por ley la obligación de algunas prácticas litúrgicas, como el canto en los monasterios de los tres Oficios principales del día (maitines, laudes, vísperas). Fue un tenaz defensor de la «ortodoxia» (está claro que él decidía qué era «ortodoxo» y qué no lo era) y un implacable perseguidor de herejes. No dudó en encarcelar al obispo de Roma, cuando se rebeló ante algunas pretensiones imperiales (capítulo sobre los monofisitas). Obviamente, en una época en que todavía sobrevivían

---

[1] Darío Fo, *op. cit.*, pág. 208.
[2] Darío Fo, *op. cit.*, pág. 230.
[3] Ambrogio Donini, *op. cit.*, pág. 331.

cultos paganos y los cristianos estaban divididos en infinitas corrientes doctrinales, no debía ser difícil encontrar en un adversario político cualquier defecto que lo convirtiese en un «enemigo de la fe».

En los primeros decenios de 1900, un político alemán que se había subido al carro del antisemitismo declaró: *«Yo decido quién es judío y quién no».* [4] En este político se inspiró Hitler quien, sin embargo, lo consideraba pragmático en exceso en la cuestión de los judíos.

El lema de Justiniano (y también de buena parte de los reyes y emperadores cristianos anteriores y posteriores a él) hubiera podido ser:

«YO DECIDO QUIÉN ES HEREJE Y QUIÉN NO.»

Justiniano mata a los «puros del cristianismo»

Entre las víctimas de Justiniano estuvieron también los montanistas. Eran los «puros» del cristianismo: rechazaban las jerarquías eclesiásticas, los compromisos con el poder, y soñaban un regreso a la pureza de los orígenes. Antes que renegar de las propias ideas, los montanistas eligieron la muerte. Núcleos enteros de hombres, mujeres y niños se encerraron en sus iglesias y las incendiaron ellos mismos, muriendo todos.

El movimiento montanista, conocido también como la «Nueva profecía» o «Herejía catafrigia», tiene su origen en la prédica de Montano, en el siglo II, un profeta natural de Misia. Montano era secundado en su misión por dos profetisas, Prisca y Maximilia.

El movimiento se difundió también en occidente, especialmente en Cartago, donde tuvo entre sus exponentes al famoso escritor Tertuliano.

Justiniano y los monofisitas

Cuando se trataba de defender la «verdadera fe», Justiniano no miraba a la cara a nadie. Pero con los monofisitas hizo una

---

[4] William Shirer, *Historia del Tercer Reich*, Océano.

excepción, además, ¿no lo era hasta su mujer? En sus relaciones tuvo un comportamiento que iba de la fuerte represión a las tentativas de reconciliación.

En el 544 promulgó un documento que recogía, al menos en parte, las tesis monofisitas.

El texto, conocido como los *Tres capítulos*, condenaba como heréticas las doctrinas de Teodoro de Mopsuestia (¡muerto ciento veinticuatro años antes!), de Teodorito el teólogo y de Ibas de Edesa, acusándolos de nestorianismo.

Pero el intento de compromiso terminó dejando a todos descontentos.

El papa Virgilio se negó a suscribir el documento, y por ello fue capturado por Justiniano, encarcelado y amenazado. El pobre Papa al final cedió, confirmó la condena de los tres teólogos y después murió, seguramente envenenado, en el camino de retorno a casa.

Al final, Justiniano impuso por ley la adhesión a los *Tres capítulos*, decretando la pena de muerte para los herejes que volvieran sobre sus pasos después de retractarse. [5]

El Papa encadenado

La herejía monotelita, apoyada por el emperador Heraclio, tuvo la oposición de los pontífices romanos, que pagaron un alto precio por su rebelión.

El papa Severino, en el 639, vio saquear sus palacios de Laterano por las tropas bizantinas, tras lo cual la corte papal en pleno fue exiliada de Roma. No le iría mejor a uno se sus sucesores, Martín I: arrestado en 653 bajo acusación de conjurar contra el Imperio, fue llevado a Constantinopla, paseado con cadenas por toda la ciudad, encarcelado,

[5] Las persecuciones no detuvieron la extensión del monofisismo. Más bien, gracias a las prédicas de Jacobo Baradeo, obispo de Edesa desde el 542, fundador de la Iglesia jacobita, países como Egipto y Siria habrían dado vida a auténticas iglesias nacionales contrapuestas a la autoridad imperial. Pero ni siquiera Jacobo consiguió impedir la fragmentación de su propia Iglesia. Por ejemplo, en el 556, el sillón episcopal de Alejandría contaba por lo menos con cinco pretendientes: cuatro monofisitas (de diversas corrientes) y uno católico.

La Iglesia etíope es aún hoy monofisita. En el siglo XVI la Iglesia romana se apoyó en los portugueses para imponer en Etiopía la ortodoxia, pero la operación falló a causa de una fuerte reacción nacionalista que provocó la expulsión de todos los misioneros y la ruptura de las relaciones con Roma. En época reciente, la Italia fascista trató de imponer el catolicismo en sus colonias, pero la Iglesia etíope resistió. Aún ahora en Egipto existen dos Iglesias monofisitas: la copta y la melquita. En Siria y Mesopotamia existen aún jacobitas y también en Armenia se profesa una confesión monofisita.

y finalmente exiliado a Crimea, en donde murió dos años
después.

Otro adversario del monotelismo, el monje griego Máximo el Confesor, fue encarcelado, torturado, mutilado y después exiliado.

Hasta el año 681, con el VI Concilio Ecuménico de Constantinopla, no terminó, al menos por lo que se refiere a la Iglesia católica, el período de disputas sobre la posición del Hijo en la Trinidad.

Los cristianos destruyen las imágenes sagradas

En el siglo VIII los cristianos se dividen en relación con el culto a las imágenes y se abre un siglo de guerras, invasiones militares, persecuciones, revueltas populares.

Por un lado están los monasterios, propietarios de inmensas riquezas, que gozan de gran aceptación popular, precisamente gracias al culto de las imágenes sagradas.

Por otro están los iconoclastas, que condenan las imágenes sagradas como ídolos y supersticiones.

Los emperadores de oriente temen el poder y la influencia de los monasterios. ¿De qué parte creéis que están?

QUIEN SE ENFRENTA A LAS NUEVAS REGLAS ES PERSEGUIDO Y MUERTO. NI SIQUIERA LOS OBISPOS DE ROMA, TAN LEJANOS DE CONSTANTINOPLA, SALEN BIEN PARADOS.

Tendrán que afrontar mil veces conjuras e incluso expediciones militares.

Pero la flota enviada a Bizancio para someter al Papa naufraga en una tormenta. ¿Apoya Dios el culto a las imágenes? [6]

El Papa se convierte en rey

Después de adquirir Sutri, los dominios de la Iglesia aumentaron gracias al rey de los francos Pipino, que entregó al Papa los territorios de Rávena, la Pentápolis (compuesta por Rimini, Pesaro, Fano, Seningalia y Ancona) y Comacchio. **NACIÓ ASÍ EL ESTADO PONTIFICIO.**

---

[6] Para profundizar en la historia de este período, ver Apéndice 2.

«La donación de Constantino»

Todos los territorios tan generosamente regalados por Pipino eran en realidad propiedad del emperador de Bizancio, que se enfureció y protestó por este hurto.

Precisamente en aquel momento salió de la nada un antiguo documento llamado *«La donación de Constantino»*.

El texto se subdivide en dos partes: el relato de la conversión de Constantino, obra del papa Silvestre, que lo curó de la lepra, y las disposiciones relativas a los bienes temporales del Papado. Según la *Donación*, Constantino había regalado con anterioridad al papa Silvestre precisamente aquellas tierras que Pipino le había re-regalado. Y ya que estaban puestos, le había regalado las tierras sobre las cuales los Papas pusieron las manos de inmediato: toda la península itálica y, en buena medida, también el derecho de intervenir en los asuntos de las Iglesias de Antioquía, Constantinopla, Alejandría y Jerusalén. Por eso, en un momento dado, Constantino se trasladó a Constantinopla:

POR QUÉ HABÍA REGALADO ROMA AL PAPA.

Todo falso. Pero la *Donación* hubiera representado la justificación del poder temporal de los pontífices durante todo el Medioevo.

El documento se creyó falso ya desde tiempos del emperador Otó I (912-973) y Nicolás de Cusa, pero fue el humanista Lorenzo Valla quien demostró definitivamente su falsedad en 1440, con su *De falso credita et ementita Constantini Donatione*.

Pero entonces la Iglesia ya había logrado su objetivo y en los siglos sucesivos, entre altibajos, incrementará sus posesiones y su influencia sobre la vida política europea.

Los papas Gregorio VII (1073-1085) e Inocencio III (1198-1216) llegarían incluso a propugnar la teocracia, es decir, la supremacía del poder de la Iglesia sobre el del rey y el emperador.

Carlomagno creó un Imperio «Sacro» y lo hicieron santo, pero era un asesino

Unificó Europa y mató a miles de personas.

Utilizó el cristianismo como instrumento de dominio cinco siglos después de Constantino.

La coronación de Carlomagno representada en una miniatura del siglo XIV.

Impuso el bautismo forzado a los pueblos paganos.

Era analfabeto, pero se enredó en teología.

Defendió el Papado con las armas y recibió el título de emperador del Sacro Imperio Romano pero de hecho transformó al Papa en una criatura propia. Fue canonizado como santo por el emperador Barbarroja y por un antipapa, y su culto todavía se mantiene.

Carlomagno, vida y masacres

(742-814 aprox.) Hijo de Pipino el Breve, fundador de la dinastía carolingia. A la muerte de Pipino en el 768, el reino se dividió entre los hijos Carlos y Carlomán, pero al cabo de tres años Carlomán murió y Carlos tomó posesión de todo el reino franco, excluyendo a sus sobrinos.

En el 773, a petición del Papa, tradicional aliado de los francos, fue a Italia para luchar contra los lombardos y sometió toda la llanura Padana. Otra zona de expansión franca fue la Europa septentrional, a expensas de los sajones, ante los cuales Carlos se mostró como un conquistador despiadado.

En el 776 impuso el bautismo a todo el pueblo sajón y, el año siguiente, durante una asamblea común de francos y sajones en Paderborn, estableció que los sajones perderían la independencia y la libertad si abandonaban la fe cristiana. A continuación tomó otras rigurosas medidas para imponer la adopción del cristianismo.

En el 782, para vengarse por las pérdidas sufridas en una emboscada sajona, **CARLOS HIZO AJUSTICIAR A 4.500 SAJONES,** compañeros del cabecilla rebelde Vitichindo.

Mosaico del siglo IX. San Pedro confiere la estola del poder espiritual al papa León III y el estandarte del temporal a Carlomagno.

Siguieron tres años de guerra sangrienta, que concluyeron con la rendición y el bautismo del sajón Vitichindo. Sajonia entera fue sometida a un régimen de auténtico estado de asedio. Pero harían falta muchos años más para someter definitivamente a aquellas poblaciones.[7]

Carlomagno santo

Después de su muerte nació un auténtico culto en torno a la figura de Carlos.

En 1165 Federico Barbarroja lo hizo santificar oficialmente por su criatura, el antipapa Pascual III.

---

[7] Para tener otras noticias sobre Carlomagno, ver Apéndice 3.

Parece que ya en la época algunos eclesiásticos plantearon el problema de su vida privada no exactamente intachable, dividida entre matanzas por venganza y un número enorme de concubinas (y no se sabe cuál de los dos pecados era considerado más grave).

Incluso la *Biblioteca Sanctorum*, texto oficial de la Iglesia católica, muestra cierto embarazo al esbozar su biografía:

La vida privada de Carlos fue objetivamente deplorable, y no pueden pasarse por alto dos repudios y muchos concubinatos, ni las matanzas justificadas sólo por la venganza o la tolerancia de unas relajadas costumbres en la corte [notar que la matanza de miles de personas se cita de paso, en medio de sus pecados sexuales]. *No faltan, con todo, indicios de una sensibilidad de Carlos hacia la culpa, en tiempos más bien corruptos y de poca cultura. Su biógrafo Eginardo informa que Carlos no apreciaba en absoluto a los jóvenes, aunque los trataba, y por lo que se refiere a su vida religiosa, sabemos que le gustaba observar los ritos litúrgicos con exactitud, que hacía celebrar especialmente en Aquisgrán (Aachen) con suntuoso decoro.* [Ah, bueno, entonces...].[8]

Hoy, el culto de Carlomagno se celebra oficialmente sólo en la diócesis de Aachen (Aquisgrán) y es «tolerado por indulto de la Santa Congregación de los Ritos» en Metten y Münster.

---

[8] Biblioteca Sanctorum, vol. III, Roma, Instituto Giovanni XXIII, Universidad Pontificia Lateranense, 1963, págs. 854-862.

Capítulo quinto

11° mandamiento: matad a quien no paga los impuestos (la masacre de las herejías comunitarias)

Ya en los primeros siglos del cristianismo HUBO CREYENTES QUE TRATARON DE PONER EN PRÁCTICA LAS ENSEÑANZAS DE JESÚS y vivieron en comunidades igualitarias y solidarias, en algunos casos no reconociendo la autoridad de ninguna jerarquía, temporal o espiritual.

Hemos visto ya a los montanistas, y a continuación veremos otros.

El número de estos movimientos y de sus adeptos crecerá a la par que crece el poder político y económico de la Iglesia.

Los paulicianos

Secta de probables orígenes maniqueos y gnósticos aparecida en Asia Menor alrededor del siglo VII. Se llamaban así por su especial veneración de los escritos de san Pablo.

Su doctrina distinguía netamente entre un Dios creador del espíritu y un Dios señor y creador de la materia. Los paulicianos negaban la encarnación, considerando a Cristo solamente un ángel de Dios y rechazaban el Antiguo Testamento

Dibujo anónimo de la escuela alemana que muestra a cuatro personajes
amonestando a unos prisioneros (1570-1580).

y una parte del Nuevo, las imágenes sagradas, la jerarquía eclesiástica y los monasterios.

Además de un movimiento religioso, fueron también un
movimiento de protesta política, social y de revuelta frente a
los despotismos bizantino y búlgaro.

Sufrieron varias persecuciones por parte del Imperio Bizantino, que los condenó oficialmente en el 687, a lo que respondieron organizándose en un Estado independiente y defendién-
dose con las armas, hasta su definitiva derrota militar en 752.

Pero la derrota no significó el fin del movimiento.

Aún en el 840 hubo persecuciones relacionadas con ellos
por parte del imperio. Algunos terminaron por trasladarse a
los territorios del emir Melitene y combatir en las filas árabes.

Otra rama del movimiento, asentado en Tracia, habría sobrevivido hasta el siglo XIII y habría inspirado, más de un siglo después, la herejía búlgara de los bogomilos.

Cuadro de Pedro Berruguete. *Santo Domingo y la hoguera de los libros heréticos*
(1450-1504).

Los bogomilos

Movimiento aparecido en los primeros decenios del siglo X,
tomando su nombre del predicador búlgaro Bogomil.

Los bogomilos distinguían claramente entre Dios, creador
del espíritu, y el demonio, creador de la materia, profesaban
las mismas teorías de los paulicianos y *predicaban la igualdad*

social y la liberación de los humildes del dominio del clero y de la nobleza. El bogomilismo se difundió en los siglos siguientes en los Balcanes y hasta los confines de Bizancio. Ferozmente perseguidos por los soberanos búlgaros y por los emperadores bizantinos, los bogomilos se dispersaron en toda Europa central y occidental, donde sufrieron la represión de las autoridades católicas. [1]

En 1023 el rey de Francia Roberto el Pío, a petición de la Iglesia, hizo quemar en la hoguera en Orleáns a una decena de herejes «maniqueos» (probablemente una vanguardia de bogomilos o quizá un primer rastro de los cátaros).

En Bosnia el bogomilismo llegó a ser religión de Estado. En 1203, el soberano Kulin consiguió conservar el poder sólo a cambio de abandonar la doctrina bogomila por la católicoromana, aceptando la tutela húngara.

A pesar de este incidente, el recorrido del bogomilismo tendrá una gran influencia en Europa en los siglos XII y XIII, sirviendo de caldo de cultivo para el florecimiento de otras herejías, como la cátara.

Los bogomilos no se extinguieron hasta el siglo XV. Algunos grupos en oriente abrazaron el islamismo.

[1] Ambrogio Donini, *Enciclopedia delle religioni*, Milano, Edizioni Teti, 1977.

Capítulo sexto

Cuando los Papas eran hijos de buena mujer

Los historiadores lo llaman el período de la *Pornocracia* (es decir, del poder de las prostitutas), seguramente el más negro de la historia de la Iglesia.

En los ciento treinta años comprendidos entre la elección de Juan VIII (873) y la muerte de Silvestre II (1003), se sucedieron treinta y tres Papas más cuatro antipapas. Diez de éstos murieron asesinados. Muchos fueron también los Papas encarcelados o exiliados. Pocos gobernaron un largo período, muchos no llegaron al año, e incluso algunos sólo unos pocos días.

Nobles romanos y grandes señores feudales italianos, emperadores legítimos y sus rivales: todos trataban de colocar en el trono de san Pedro a un hombre de su confianza.

Durante decenios, el poder en Roma estuvo en manos de las mujeres de la potente familia Teofilatto, que tuvieron una gran influencia sobre la vida pública romana y sobre el Papado, utilizando como instrumentos de poder incluso orgías y relaciones ilícitas.

Aquí nos limitaremos a narrar los hechos más destacables.

Juan VIII fue envenenado en 882, pero como el veneno no había obtenido su efecto, sus enemigos lo remataron rompiéndole la cabeza a martillazos.

Uno de sus adversarios era Formoso, que llegó a ser Papa en 891.

Su sucesor, *Esteban VI* (896-897), que pertenecía a una facción opuesta, llegó a exhumar el cuerpo putrefacto, y hacerlo juzgar y condenar por un concilio, tirándolo después a las aguas del Tiber. A su vez, Esteban fue más tarde encarcelado y estrangulado.

León V y el antipapa Cristóbal fueron depuestos, encarcelados y muertos.

Sergio III (904-911) fue amante de Marozia Teofilatto, mujer del conde Alberico de Tuscolo, de quien tuvo incluso un hijo, el futuro papa Juan XI.

Juan X (914-928), al principio apoyado por Marozia, se mostró demasiado independiente de la familia Teofilatto, y al final fue apresado y ahogado con una almohada.

Entretanto, Marozia había sublevado a la muchedumbre de Roma contra su propio consorte Alberico, que fue linchado, dejándola así y libre de casarse con el conde Guido de Toscana.

En el 931 llega a Papa el hijo de Marozia, Juan XI. Éste, aliado con su hermanastro Alberico (hijo del conde linchado), hace encarcelar a su madre y echa de Roma a su tercer marido, el rey de Italia Hugo. Entonces instaura en la ciudad una república aristocrática.

También este pontífice morirá en la cárcel en 936.

Llegó después la elección el año 955 del joven Juan XII (955-964, primero que cambió su nombre de pila), hijo de aquel Alberico que ya era el señor indiscutible de Roma.

Juan era un joven apasionado por las fiestas y la caza, y no sabía nada de liturgia.

Fue durante su pontificado cuando el emperador Otón I promulgó el *Privilegium Othonis*, es decir, el derecho del emperador de ratificar la elección de los Papas y exigir su fidelidad. Depuesto por Otón, que lo sustituyó por el antipapa León VIII, Juan volvió al sillón pontificio en 964. Murió el mismo año (seguramente asesinado) en la cama de una mujer casada.

Los decenios siguientes verían la lucha entre la facción imperial y la romana. Muchas veces permaneció la silla de Pedro vacía, o bien disputada al mismo tiempo por dos o tres rivales.

En el 965, *Juan XIII* fue echado de la ciudad por un levantamiento de nobles y devuelto al trono por Otón I.

Benito VI, en el 974, fue encarcelado en Castell Sant'Angelo por la facción romana anti-alemana, y estrangulado en la cárcel.

Miniatura sacada del *Espejo de los sajones,* de Eike von Repkow, que representa a
los príncipes y obispos aprobando la elección del rey. (siglo XIII).

Juan XV fue exiliado y devuelto al trono por Otón III.

El antipapa *Bonifacio VII* murió envenenado el año 984 y
su cadáver fue dejado desnudo e insepulto.

El antipapa *Juan XVI* fue maltratado por los soldados im-
perales y encerrado en un monasterio donde murió en 998. Y
la historia podría continuar...

*Mediado el siglo XI, el Papado había alcanzado tal punto de
decadencia, que Benito IX (1032-1045) vendió el pontificado a
Gregorio VI (1045-1046), su padrino, por 1.000 talentos de oro
(pero se hizo reelegir Papa tres años después).*

El emperador Enrique III fue a Italia en 1046 para dirimir
sus diferencias sobre el Papado. Y es que al menos tres pontífices electos (contando al dimisionario Benito IX) pugnaban
al mismo tiempo por el cargo de Papa.

Convocó en Sutri un concilio que depuso tanto a Gregorio
IV como a su rival Silvestre III (al mismo tiempo, un sínodo en
Roma depuso también a Benito IX) e hizo elegir al obispo sa-
jón Clemente II, que en Navidad lo coronó emperador.

Pero la intervención pacificadora del emperador tenía un
precio. Si Otón I se había hecho con el poder de ratificar el
nombramiento papal, Enrique III consiguió además señalar
quien debía ser el candidato a cubrir la plaza de pontífice.

*El poder imperial sobre el Papado se hacía (al menos en teo-
ría) absoluto.* [1]

---

[1] *Jesus, storia della Chiesa,* vol. III, SAIE, 1977, págs. 196-197.

Los obispos-condes

Para administrar mejor su inmenso imperio, Carlomagno lo había «dividido» en marcas y condados, confiados a sus vasallos o feudatarios, una especie de «concesionarios» del emperador ligados a un juramento personal de fidelidad.

Pero, de hecho, con el tiempo, sobre todo los nobles de mayor rango tendieron a considerarse señores absolutos de los territorios que les habían sido confiados, y se tomaron el derecho de pasarlos en herencia a sus hijos.

Los emperadores decidieron solucionar este problema invistiendo de beneficios feudales a algunos eclesiásticos, personas que, estando ligadas al voto de castidad, no podían tener descendientes legítimos. Así, a su muerte, el feudo volvería a las manos del emperador. Había nacido la institución de los obispos-condes.

El problema era quién ordenaba a estos eclesiásticos. Uno de los aspectos de la lucha entre el Papa y el emperador, que veremos en los próximos capítulos, era precisamente el hecho de que el emperador pretendía (y de hecho ejercitaba) el derecho de ordenar por sí mismo a los obispos de su jurisdicción (Alemania y el norte de Italia), escogiéndoles entre los más preparados de sus propios colaboradores. Resulta inútil decir que estos administradores se comportaban más como administradores de patrimonios que como pastores de almas, y que su fidelidad iba más dirigida al emperador que al Papa.

Así el Imperio había obtenido el pleno control del clero. Y esto fue, quizá, uno de los elementos que empujó a los Papas a convocar las cruzadas, recuperando así, en parte, la influencia política y militar perdida.

Capítulo séptimo

Las cruzadas: doscientos años de guerras, rapiñas y masacres en nombre de Dios

Jerusalén había caído en manos de los turcos y los infieles y había que liberarla.

«Dios lo quiere» era lo que impulsaba a los cruzados.

En realidad, la liberación del Santo Sepulcro era sólo un pretexto.

Hubo cruzadas contra los herejes, cruzadas que se desviaron contra reinos cristianos y otras que se dirigieron a la Europa del norte.

Hubo incluso órdenes de monjes-guerreros que conquistaron auténticos reinos.

Doscientos años de guerras inútiles: al final Jerusalén permaneció sólidamente en manos de los musulmanes. Es más, las cruzadas estropearon irremediablemente las relaciones entre el oriente ortodoxo y el occidente católico.

La Iglesia católica tenía como meta someter a la ortodoxa, extendiendo su propia jurisdicción en la Europa oriental. Fue la Iglesia católica quien asumió el papel de promotora de las cruzadas.

LA NOTICIA DE LA CAÍDA DE JERUSALÉN EN MANOS TURCAS (1070) DIO EL PRETEXTO NECESARIO PARA DESENCADENAR LA PRIMERA «GUERRA SANTA» CONTRA LOS «INFIELES».

Detalle de un fresco que evoca el rezo de un cruzado antes de la batalla. Capilla de Minutolo.

En 1095, el pontífice Urbano II, respondiendo a la petición de ayuda del emperador bizantino amenazado por la invasión turca, invitó a todo occidente a intervenir militarmente.

Incitó especialmente a los sustratos sociales más pobres a buscar su fortuna en oriente. A los miembros de la Iglesia que participaban les prometió el aplazamiento en el pago de las deudas, el perdón de los pecados con indulgencias plenarias y otros premios. Los europeos se lanzaron de inmediato a la empresa, convencidos de que la conquista de los países mediterráneos orientales sería fácil, pues se sabía que los emiratos turcos eran hostiles entre ellos. *Divide y gobierna* era un viejo lema siempre válido.

Los bizantinos se descolgaron enseguida de las empresas de los cruzados, ya sea porque éstos, en su tránsito, habían saqueado también ciudades cristianas, ya sea porque la idea de una «guerra santa» con tantos obispos, abates y monjes convenientemente armados se les hacía extraña.

Los cruzados se comen a los niños.
(La cruzada de los pordioseros)

La llamada del papa Urbano II obtuvo, al menos al principio, una respuesta bastante tibia por parte de los soberanos y los grandes señores feudales, mientras recibía una adhesión entusiasta, superior a lo previsto, entre las clases humildes.

Predicadores que recorrían Europa anunciando la cruzada
tenían mucho éxito entre aventureros, hombres de armas sin
señor y campesinos hambrientos que soñaban con cambiar de
condición.

La primera cruzada (1096) se llamó de los «pordioseros»
porque estaba formada por gente muy pobre, o campesinos
provenientes sobre todo de Francia, Alemania e Italia, que
pensaban encontrar en oriente la liberación de la opresión de
los feudatarios y nuevas tierras donde asentarse. También había mujeres y niños.

Hacia el 20 de abril de 1096, aún antes de que la cruzada
«oficial» estuviera a punto, salió de Colonia un «ejército» de
20.000 personas dirigidas por el monje y predicador Pedro el
Ermitaño (¡que, para ser un ermitaño, tenía mucha gente cerca!) No llevando con ellos ni provisiones ni dinero, los cruzados practicaron el saqueo durante su largo viaje.

Llegados a la ciudad húngara de Zemun, un tumulto sur-
gido de una vulgar lid se transformó en una auténtica batalla.
Los cruzados asaltaron la ciudad, saqueándola, y mataron a
4.000 húngaros (¡todos cristianos!), entonces huyeron a la
carrera por miedo a la llegada del ejército. A continuación
destruyeron un contingente militar de turcos fieles al emperador y saquearon e incendiaron Belgrado.

Las tropas del gobernador cristiano de Constantinopla
los desbarataron, al fin, cerca de Nis (Serbia). Unos 5.000
cruzados murieron en la batalla, fueron descuartizados o encerrados (incluso mujeres y niños) para el resto de sus días.
Después de muchas travesías, los supervivientes llegaron al
fin a Constantinopla.

Podemos imaginar la cara del emperador de oriente, que
esperaba ver un ejército de mercenarios bien armados y muy
feroces, cuando vio entrar en Constantinopla a una cuadrilla
de andrajosos. Decir que aquella noche durmió mal es un
amable eufemismo.

Los cruzados embarcaron el 8 de agosto hacia el Bósforo.
Durante su breve campaña se abandonaron a feroces saqueos,
matando y torturando incluso a los habitantes cristianos de
la zona.

Se cuenta que algunos cruzados cocinaron niños en los
asadores.

Pero en los primeros enfrentamientos de verdad con los
turcos, los «pordioseros» quedaron exterminados. Algunos

Óleo sobre tela de Victor Schnetz donde aparece Pedro el Ermitaño animando a la multitud en una procesión cerca de Jerusalén el día anterior al ataque.

sólo se salvaron abjurando del cristianismo. Otros fueron salvados por su aspecto saludable, y vendidos como esclavos. Un pequeño grupo de supervivientes fue puesto a salvo por una expedición de socorro enviada por el gobernador de Constantinopla.

La de Pedro no fue la única expedición «hágalo usted mismo». Otras pequeñas cruzadas partieron en aquel mismo período.

Por ejemplo, Gualterio Sin Blanca (Gualterio de Sans-Avoir), más tarde llamado Gualterio de Antioquía, un señorón francés, partió de Colonia con algunos miles de seguidores pocos días antes que Pedro, y se plantó en territorio bizantino cogiendo a las autoridades totalmente por sorpresa. Llegado a Belgrado, saqueó los campos de los alrededores y estableció un combate con la guarnición de la ciudad, resultando derrotado. Muchos cruzados murieron en la batalla, o fueron quemados dentro de iglesias. Después, el ejército de Gualterio fue escoltado hasta Constantinopla, donde se uniría al de Pedro el Ermitaño.

Los infieles de casa: los judíos

El clima general de hostilidad hacia los infieles musulmanes no podía dejar de desviarse también hacia otro tipo de
«infieles», presentes en Europa desde hacía un milenio: los
judíos.

*Para un caballero era costoso equiparse para una cruzada...
tenía que pedir dinero prestado a los judíos. ¿Pero era justo que
para ir a combatir a favor de la cristiandad hubieran de caer en
las garras de la raza que había crucificado a Cristo? El cruzado
más pobre, a menudo ya estaba endeudado con los judíos: ¿era
justo verse obstaculizado... por tener deudas con un componente
de aquella raza impía? La llamada evangélica a la cruzada re-
saltaba particularmente Jerusalén, escena de la crucifixión, e in-
evitablemente hacía pensar en el pueblo que había hecho sufrir
a Cristo. Los musulmanes eran los enemigos del momento... pero
los judíos eran en realidad peores, ya que habían perseguido al
propio Cristo.*[1]

Las diversas comunidades judías de Europa, hacia 1095,
estaban muy alarmadas: empezaba a haber voces de persecución y masacre contra ellos.

**SE DECÍA QUE EL MISMO GODOFREDO DE BOUI-
LLON (EL FUTURO «LIBERADOR» DE JERUSALÉN) HA-
BÍA HECHO VOTO DE VENGAR LA MUERTE DE CRIS-
TO CON LA SANGRE DE LOS JUDÍOS.**

Pedro el Ermitaño pidió a los judíos franceses cartas de pre-
sentación para las comunidades judías de toda Europa, donde
se los invitara a acogerlos y surtir a sus seguidores con todas las
provisiones que pidieran. Si no aceptaban, le resultaría difícil
mantener a raya a sus hombres (no sé cómo se llamaba esta
práctica en latín: en el Chicago de los años treinta se conocía
como «protección»). Los judíos franceses le dieron las cartas.

Godofredo de Bouillon recibió una financiación especial
(y totalmente espontánea) de 1.000 monedas de plata, de
parte de las comunidades judías de Colonia y Magonza, que
agradeció de buen grado y lo reafirmó en sus propias intenciones.

El emperador Enrique IV (que no sabemos cuánto recibió)
por su parte, instó a los grandes feudatarios a garantizar la seguridad de todos los judíos.

---

[1] Steven Runciman, *Storia delle crociate*, vol. II, Torino, Enaiudi, 1995, pág. 121.

La cruzada de la oca santa.
(Masacrando judíos al paso de la oca)

PERO TODAS ESTAS BUENAS INTENCIONES NO DETUVIERON LA MA-
SACRE.

En abril de 1096, el conde alemán Emich de Leinsingen, que ya se había distinguido en el pasado como bandido, hizo que le aparecieran estigmas y se convirtió en cruzado, comenzando a reunir un ejército. Una multitud de peregrinos entusiastas se unieron a sus filas, y entre ellos había una oca, que llevaba detrás decenas de seguidores, convencidos de que el animal había sido enviado directamente por Dios y que los llevaría sin problemas a Tierra Santa.

Todos los cruzados comenzaron a seguir a la oca, seguros de que los llevaría hasta el Santo Sepulcro.

Emich pensó que bien podía comenzar su cruzada el 3 de mayo con un ataque a la comunidad judía de Spira. Pero los judíos de Spira buscaron la protección del obispo (que, claro está, había sido comprado a un alto precio). Y así los cruzados «sólo» lograron matar a doce judíos, que se habían negado a abjurar de su fe. Además, una mujer se suicidó para escapar a la violación. Después, algunos asesinos fueron capturados por las fuerzas del obispo, y les cortaron las manos.

En Worms, los cruzados, ayudados por algunos ciudadanos y lugareños, lograron hacerlo mejor.

CENTENARES DE JUDÍOS FUERON ASESINADOS POR LAS CALLES.

Xilografía anónima que representa algunas de las torturas que sufrieron los judíos (1475).

No contentos aún, los cruzados irrumpieron también en el palacio del obispo, y masacraron a otros quinientos judíos refugiados allí.

En Magonza, los cruzados de Emich encontraron las puertas de la ciudad cerradas por orden del obispo Rothard. Pero como respuesta a los tumultos antisemitas, algunos valientes ciudadanos abrieron las puertas para dejar entrar a los «peregrinos».

Los judíos, encerrados en la sinagoga, enviaron ofertas de dinero al obispo y al señor laico de la ciudad, para que los protegieran en sus respectivos palacios, y siete libras de oro al propio Emich, que prometió respetar la ciudad, pero fue dinero malgastado. Emich atacó por sorpresa el palacio del arzobispo, provocando la fuga de Rothard y de su corte, y despedazó a todos los judíos allí refugiados. Después incendió el palacio de su protector laico, obligando así a todos los ocupantes a evacuarlo.

MUCHOS JUDÍOS SALVARON LA VIDA A CAMBIO DE ABJURAR DE SU FE. LOS DEMÁS FUERON ASESINADOS.

Algunos de los que habían abjurado se suicidaron enseguida a causa del remordimiento. Uno de éstos, ya que estaba puesto, incendió la sinagoga para que no fuese profanada. El rabino, Calonymos, se refugió con otras cincuenta personas en Rudesheim, donde el arzobispo aprovechó la ocasión para intentar convertirlos. El rabino reaccionó con un gesto desconsiderado, que le costó la vida a él y a sus compañeros (nunca mandes al diablo a un obispo cuando los nazis están a punto de cazarte).

El balance final de la matanza de Magonza fue de al menos un millar de judíos muertos.

Después de Magonza le tocó el turno a Colonia. Aquí los judíos ya se habían dado a la fuga, o se habían escondido en casa de amigos cristianos. Emich tuvo que contentarse con quemar la sinagoga y despedazar a una pareja de judíos que no querían abjurar. La intervención del obispo impidió otras muertes.

Llegados aquí (estamos en el 2 de junio), Emich decide finalmente dejar Renania y continuar su viaje hacia Tierra Santa.

Un grupo de sus seguidores lo abandona y continúa lo que podríamos llamar «cruzada antisemita» en los valles del Mosella. En Treveri, el grueso de la comunidad judía se refugió en el palacio del arzobispo, pero algunos, presas del pánico, se tiraron al Mosella y se ahogaron. En Metz fueron asesinados 22 judíos.

Los cruzados volvieron a entrar después en Colonia, desde donde fueron a matar a los judíos de otras localidades, y así se dispersaron.

Algunos volvieron a casa, otros seguramente se unieron a la cruzada «oficial» de Godofredo de Bouillon.

Entretanto, Emich, con el grueso de las tropas, había entrado en Hungría, siempre guiado por la oca, donde no tuvo una buena acogida. Tras una serie de enfrentamientos, su ejército fue casi totalmente destruido. Él, que tuvo la suerte de salvarse, se volvió a casa, mientras otros señorones se unieron a las posteriores expediciones.

Otras cruzadas antisemitas fueron las que dirigieron Volkmar (un discípulo de Pedro el Ermitaño) y Gottschalk.

VOLKMAR, QUE TENÍA UN SÉQUITO DE CASI DIEZ MIL HOMBRES, MASACRÓ A LOS JUDÍOS DE PRAGA UN 30 DE JUNIO.

Sus filas fueron destrozadas más tarde por el ejército húngaro.

GOTTSCHALK, EN CAMBIO, SE DISTINGUIÓ POR LA MATANZA DE LOS JUDÍOS DE RATISBONA.

Llegado a Hungría, al principio fue tratado con benevolencia, pero después, cuando sus hombres iniciaron los saqueos, las tropas húngaras obligaron a los cruzados a entregar las armas, por lo que se lanzaron sobre ellos sin dejar ni uno (también éstos eran más de diez mil).

La cruzada de los príncipes

La primera cruzada «oficial» (siempre en 1096) se compuso de caballeros bien armados y equipados, como Godofredo de Bouillon y su hermano Balduino.

También ellos, como sus predecesores «populares» tuvieron algún incidente en su recorrido. Por ejemplo, Balduino en Constantinopla capturó a sesenta observadores enviados para proteger a los cruzados, y mató a muchos. De todos modos, una vez en el campo de batalla, los cruzados dieron buena prueba de su valor. Conquistaron Nicea (durante el asedio los cruzados cortaron las cabezas de muchos cadáveres enemigos, y las lanzaron al otro lado de las murallas para debilitar la moral de la guarnición turca), pero la entregaron a las tropas bizantinas, evitándose así una probable matanza. A continuación, ocuparon Tarso, Edesa (donde fun-

daron su primer Estado), Trípoli, Antioquía (conquistada gracias a la traición de un capitán armenio) y Jerusalén.

En Tarso, los cruzados se pelearon también entre ellos. La ciudad había sido «liberada» por el caballero Tancredo, pero Balduino, llegado con un ejército más numeroso, lo obligó a desalojar, dejando fuera de las murallas a un destacamento de 300 caballeros, que habían llegado para apoyar a Tancredo.

A pesar de las súplicas de los caballeros, se negó a dejarlos entrar, y durante la noche fueron asesinados hasta el último hombre por las fuerzas turcas que saqueaban los campos.

Miniatura que aparece en *Histoire d'outremer* de Guillermo de Tiro. Evoca a Godofredo de Bouillon en las cruzadas (siglo XIII).

En Edesa, Balduino dejó que una conjura ciudadana matase al legítimo gobernador Thoros, que lo había adoptado como hijo en una ceremonia pública, y transformó Edesa en un condado de sus dominios. Después utilizó el tesoro de Edesa para comprar con dinero contante y sonante el emirato de Samosata, ocupó la ciudad de Saruj por cuenta del príncipe musulmán Barak (en la práctica se había convertido en un mercenario por cuenta de un «infiel»), pero después la conservó para sí.

En Antioquía, los cruzados no se detuvieron hasta que hubieron matado al último turco, ya fuese hombre o mujer. Se habla de miles de muertos. En la confusión resultaron muertos también muchos cristianos. Todas las casas de los ciudadanos, cristianos y musulmanes, fueron saqueadas. Gran parte de las riquezas, de las provisiones y de las armas encontradas, fueron inconscientemente destruidas.

El caballero Boemondo, futuro príncipe de Antioquía, compró la cabeza del emir Yaghi-Siyan, que un campesino había llevado como si fuera un trofeo de caza.

«No se podía caminar por las calles sin pisar cadáveres, que además enseguida empezaron a pudrirse por el calor del verano, pero Antioquía era de nuevo cristiana.» [2]

---

[2] Runciman, *op. cit.*, pág. 202.

En la ciudad de Maarat an-Numan tuvo lugar otra matanza. Una vez entraron, los cruzados mataron a todos los que encontraban, y saquearon e incendiaron las casas. Boemondo había prometido que todos los defensores de la ciudad que se rindieran y que estuvieran refugiados en una gran estancia cercana a la puerta principal salvarían la vida. Pero las cosas no fueron así: los hombres fueron descuartizados, las mujeres y los niños vendidos como esclavos. [3]

A causa de la escasez que vino después, *«los cuerpos ya malolientes de los enemigos sirvieron de alimento a las tropas cristianas».* [4]

La matanza de Jerusalén

La escena se repitió, pero con mayores dimensiones, entre el 14 y el 15 de julio de 1099, con la conquista de Jerusalén. Los únicos musulmanes que se salvaron fueron el emir Iftikhar y sus hombres, porque fueron escoltados por Raimundo de Tolosa fuera de la ciudad, a cambio de una suma de dinero. Todos los demás fueron descuartizados.

«Los cruzados, enloquecidos por una victoria tan grande... se precipitaron por las calles, en las casas y en las mezquitas matando a todos los que encontraban, hombres mujeres y niños, sin distinción. La masacre continuó durante toda la tarde y toda la noche.» [5]

No se salvó ni siquiera un grupo de musulmanes que se habían puesto bajo la protección de Tancredo, reuniéndose en una mezquita sobre la que ondeaba su estandarte.

«Cuando Raimundo de Aguilers, ya en la madrugada, fue a visitar el área del Templo, tuvo que abrirse paso entre los cadáveres y la sangre que le llegaba hasta las rodillas.» [6]

Ni siquiera los judíos de Jerusalén, a quienes culpaban de haber ayudado a los musulmanes, se salvaron. La sinagoga donde se habían refugiado fue incendiada, y perecieron todos.

«La masacre de Jerusalén impresionó profundamente a todo el mundo. Nadie puede decir cuántas víctimas hubo, pero la ciudad quedó vacía de sus habitantes musulmanes y judíos. Tam-

---

[3] Runciman, *op. cit.*, pág. 223.
[4] H. Wollschläger, *Die bewaffneten Wallfahrten gegen Jerusalem*, Zurigo, 1973.
[5] Runciman, *op. cit.*, pág. 247.
[6] Runciman, *op. cit.*, pág. 247.

Óleo sobre tela de Signol que representa la toma de Jerusalén (siglo XIX).

bién muchos cristianos sufrieron el horror... y entre los musulmanes nació desde entonces la clara determinación de que había que perseguir a los occidentales. Aquella sangrienta demostración de fanatismo cristiano resucitó el fanatismo del Islam.» [7]

Cuenta el arzobispo Guillermo de Tiro: *«Felices, llorando de la inmensa alegría, los nuestros se reunieron alrededor de la tumba de Nuestro Señor Jesús, para rendirle homenaje y ofrecerle su agradecimiento... Y no fue sólo el espectáculo de los cadáveres desmembrados, desfigurados, irreconocibles, lo que dejó pasmado al observador; en realidad impresionaba también la propia imagen de los vencedores, bañados en sangre de la cabeza a los pies, de forma que el horror se adueñaba de todo el que se los encontraba.»* [8]

SE MATÓ A MÁS DE SESENTA MIL PERSONAS.

Algunos sacerdotes ortodoxos habían ocultado durante la conquista musulmana la parte más importante de la Vera Cruz, la más sagrada reliquia. Los valientes sacerdotes, en un primer momento, se habían mostrado reacios a entregar la reliquia a Arnolfo, el nuevo, intolerante y corrupto arzobispo latino, y por eso él se vio obligado a torturarlos un poquito, para que la entregaran.

CON LA MASACRE DE JERUSALÉN SE CIERRA LA PRIMERA CRUZADA, QUE COSTÓ LA VIDA A MÁS DE UN MILLÓN DE PERSONAS.

[7] Runciman, *op. cit.*, pág. 510.
[8] H. Wollschläger, *op. cit.*, págs. 39-40.

Los reinos cruzados

En los territorios conquistados, los cruzados conservaron, e incluso acentuaron, los ordenamientos feudales existentes: los campesinos (árabes y sirios) que ya eran siervos de la gleba, tenían que pagar al propietario de sus tierras una renta que llegaba a ser casi el 50 % de la cosecha. A los libres los hicieron siervos por la fuerza.

En las ciudades costeras de esos Estados, el comercio estaba en manos de los mercaderes genoveses, venecianos y marselleses, que habían obtenido el privilegio de fundar colonias.

Los cruzados no estaban en condiciones de aportar ningún elemento novedoso a la vida económica de los países conquistados, simplemente porque en aquel período las fuerzas productivas, la riqueza material y cultural de oriente era, en mucho, superior a la occidental.

Se comportaron sólo como ladrones y opresores: de aquí la lucha constante con la población local, que había visto como a la presión feudal se añadía la de los extranjeros.

En el plano político, el soberano del Estado latino tenía un poder limitado por la asamblea de los mayores feudatarios.

Los Estados estaban divididos entre sí, y casi no tenían relaciones con Bizancio. En el plano religioso, los soberanos trataban de sustituir con sus prelados al clero bizantino y árabe.

Para la conquista de los nuevos territorios y la cristianización forzada de sus poblaciones, se crearon las órdenes caballerescas (la de los Templarios, de origen francés, la de los Teutones, de origen alemán, y la de los Giovanniti, de origen italiano).

Eran una especie de órdenes religiosas armadas, cuyos miembros, además de los votos monásticos de castidad-pobreza-obediencia, juraban también defender los lugares santos contra los infieles y dependían directamente del Papa.

La Segunda Cruzada

La segunda cruzada se originó a causa de la caída de Edesa (1144). La Iglesia católica consiguió convencer al rey de Francia y al emperador alemán para que atacaran a los turcos.

Como en los tiempos de la primera cruzada, la inquina contra los fieles se descargó primero contra los judíos. El abad de Cluny, Pedro el Venerable, protestó porque no entregaban ninguna contribución para financiar la cruzada.

En Alemania, el monje cisterciense Rodolfo instigó a las masas para que mataran a los judíos, y sólo calló tras la decidida intervención de Bernardo de Claraval.

Igual que las otras cruzadas, también ésta tuvo sus «incidentes de viaje».

Miniatura de Guglielmo de Tito, siglo XV.

EN FILIPOPOLIS, POR EJEMPLO, LOS CRUZADOS INCENDIARON UN MONASTERIO Y DESCUARTIZARON A SUS OCUPANTES. [9]
Los cruzados, desgastados por la hostilidad de los bizantinos, disgregados por las discordias internas, diezmados por las privaciones y las epidemias y mal dirigidos por sus jefes, fueron exterminados por los turcos cerca de Damasco (1148).

Saladino era un gentilhombre.
(La Tercera Cruzada)

La tercera cruzada se convocó a causa de la caída de Jerusalén (1187) por obra del gran jefe turco Saladino, que ya había extendido su dominio sobre Egipto y Arabia occidental.

A diferencia de los cruzados, Saladino no causaba estragos en las ciudades que conquistaba. Los cristianos tenían la posibilidad de irse, pagando su rescate en oro (un hombre diez denarios, una mujer cinco). A quien no pagaba lo hacían esclavo.

Aunque en la cruzada participaron los reyes de Inglaterra y de Francia, además del emperador alemán, sus resultados fueron irrelevantes (encima, murió el emperador Federico Barbarroja, y no lo hizo en combate), a causa de las discordias entre todas aquellas cabezas coronadas.

[9] Runciman, *op. cit.*, pág. 806.

Jerusalén siguió en manos turcas, aunque los cristianos tenían libertad de acceso. Bizancio se alió repetidamente con los turcos, porque se había dado cuenta que la presencia latina le causaba más daños que ventajas.

Cristianos contra cristianos

LA CUARTA CRUZADA SE EQUIVOCA DE CAMINO: en lugar de ir a Jerusalén, **los cruzados se desvían ligeramente y conquistan la cristianísima ciudad de Zara en Croacia.**

Después, ya que están puestos, van a Constantinopla, la arrasan a hierro y fuego, y hacen de ella un reino.

Miniatura de *Le livre des merveilles*.
Copia del siglo XV.

Al final del siglo XII, el papa Inocencio III, gracias al cual la Iglesia católica había alcanzado su momento culminante, convocó la cuarta cruzada (1202-1204) tratando de aprovecharse de la muerte de Saladino (1193).

En la cruzada, dirigida no sólo hacia oriente sino también hacia los países bálticos, participaron los feudatarios franceses, italianos y alemanes (estos últimos fueron los únicos del Báltico). Decidieron partir de Venecia para servirse de su flota: la intención era conquistar Jerusalén tras haber ocupado Egipto. Pero Venecia, que tenía buenas relaciones comerciales con Egipto, consiguió dirigirlos con engaños hacia su rival, Bizancio. Y los cruzados, puesto que no tenían dinero suficiente para pagar el viaje, acogieron la propuesta de prestar ayuda a los venecianos para la conquista de la ciudad de Zara, que pertenecía al rey de Hungría.

Indignado, Inocencio II excomulgó a los cruzados, pero inmediatamente les concedió el perdón, con la esperanza de que actuasen contra los turcos.

Pero durante el asedio de Zara llegó al campo cruzado el hijo del emperador de Constantinopla, para anunciar que su propio padre había sido detenido por su hermano, y que si lo

Miniatura del siglo XIV: *Los cruzados en Constantinopla.*

ayudaban a regresar al trono obtendrían grandes cantidades de dinero y la reunión de las dos iglesias cristianas.

De modo que los cruzados se dirigieron a Constantinopla, pero aquí encontraron la resistencia de la ciudadanía, que no quería saber nada de los latinos. El emperador depuesto fue devuelto al trono sin derramamiento de sangre noble, ya que el hermano usurpador había huido de la ciudad.

Pero los cruzados pretendían que junto al emperador se nombrara a su hijo con el mismo título, puesto que éste deseaba mantener la palabra dada en Zara.

Con todo, el tesoro de Constantinopla estaba vacío, el patriarca y el pueblo se negaban a reconocer al Papa como cabeza de la Iglesia universal, y no tenían ninguna intención de pagar los réditos del emperador, ni de conceder privilegios a los cruzados y a los venecianos. Por estas razones, la población bizantina se sublevó, matando tanto al emperador como a su hijo y algunos centenares de soldados.

ENTONCES LOS CRUZADOS DECIDIERON VENGARSE: IRRUMPIERON EN LA CIUDAD Y DURANTE TRES DÍA LA SAQUEARON HORRENDAMENTE, PROCLAMANDO EL IMPERIO LATINO DE ORIENTE Y OLVIDÁNDOSE DE LA EXPEDICIÓN CONTRA JERUSALÉN.

Pusieron un nuevo patriarca al frente de la Iglesia bizantina, que trató de sacar el máximo provecho, acercando a la población local (griega y eslava) al catolicismo.

El Papado, oficialmente, condenó la matanza, pero cuando vio que el emperador electo y el patriarca le reconocían plena supremacía sobre toda la Iglesia cristiana de oriente y occidente, decidió aceptar los hechos consumados (quien ha tenido ha tenido, quien ha dado ha dado, olvidemos el pasado...).

De todos modos, aún más que el Papado o los feudatarios, fue Venecia quien obtuvo mayor beneficio de la conquista del

Imperio Bizantino, de cuyo territorio logró ocupar más de una cuarta parte. Sobre todo, los mercaderes venecianos obtuvieron la exención de tributos para sus negocios en todos los países del imperio.

El Imperio latino se derrumbó en 1261 por los choques con búlgaros, albaneses y bizantinos, ayudados por los genoveses, que temían la presencia veneciana en los Balcanes. Bizancio sobreviviría aún otros doscientos años, pero ya no volvería a su antiguo esplendor.

La cruzada de los niños

CUANDO UNO PIENSA QUE LO HA OÍDO TODO... ENFERVORECIDOS POR LA PROPAGANDA DE LA ÉPOCA, 50.000 NIÑOS DE FRANCIA Y ALEMANIA SE REÚNEN EN AUTÉNTICOS EJÉRCITOS Y MARCHARON HACIA TIERRA SANTA.

MILES DE ELLOS SE PERDIERON POR EL CAMINO, ALGUNOS MURIERON DE HAMBRE, OTROS FUERON RECOGIDOS POR FAMILIAS CARITATIVAS.

LOS SUPERVIVIENTES SE EMBARCARON CREYENDO QUE IBAN A JERUSALÉN, PERO TERMINARON EN EL MERCADO DE ESCLAVOS. MUY POCOS CONSIGUIERON VOLVER A CASA.

La convocatoria de Inocencio III para que se formara una cruzada «auténtica» (después de que la Cuarta Cruzada hubiera sido desviada a Constantinopla) obtuvo, en una Europa recorrida incesantemente por predicadores y llevada por una especie de delirio contra «infieles» de todo tipo (musulmanes, pero también herejes: era la época de la cruzada contra los cátaros), un curioso efecto.

Los niños franceses

En mayo de 1212, un pastorcillo de doce años que venía de la pequeña ciudad de Troyes, en Orleáns, llamado Esteban, se presentó en la corte del rey Felipe de Francia. Le dijo que Cristo en persona se le había presentado mientras estaba con sus cabras, y le había ordenado que reuniera fieles para la cruzada, entregándole incluso una carta para el rey.

El rey de Francia ordenó al niño que regresara a Francia, pero éste no se desanimó y comenzó a predicar en público a

Grabado de Gustav Doré que evoca la cruzada de los niños.

la puerta de la abadía de Saint-Denis. Prometía a los que se le unieran que los mares se abrirían frente a ellos, como había hecho el Mar Rojo con Moisés, y que así llegarían a pie hasta Tierra Santa.

El muchacho *«tenía el don de una elocuencia extraordinaria; las personas adultas quedaban impresionadas, y los niños corrían en tropel a su llamada»* [10]. Esteban comenzó a viajar por

[10] Runciman, *op. cit.*, pág. 807.

Francia, reuniendo seguidores y haciéndose ayudar en sus prédicas por sus conversos.

Todos los niños se reunieron en Vendôme, hacia fines de junio. Los cronistas de la época hablan de al menos treinta mil niños, ninguno mayor de doce años.

La mayoría eran huérfanos, trovadores o pequeños campesinos a quienes quizá sus padres habían permitido partir con alivio, liberándose así de una o más bocas que alimentar. Pero también había vástagos de la nobleza huidos de casa y algunas muchachas. A los «pequeños profetas», como los llamaban los cronistas de la época también se unió algún peregrino más adulto y algún joven sacerdote, quizá empujados por la compasión hacia estos jovencitos y en parte por la esperanza de recibir alguno de los regalos que llovían sobre los niños.

Esteban dividió la horda en grupos, cada uno conducido por un jefe que llevaba el estandarte del rey de Francia, que Esteban había elegido como símbolo de la expedición.

Al fin, la cruzada partió hacia Marsella: los pequeños campesinos marchaban a pie, los pequeños nobles a caballo, junto a su profeta y Esteban sobre un carro decorado, con un baldaquín encima para protegerse del sol. *«Nadie se resintió por el hecho de que el inspirado profeta viajase cómodamente, puesto que lo trataban como a un santo y recogían mechones de su cabello y retazos de sus vestidos, como preciosas reliquias.»* [11]

Aquel año el verano fue muy árido, la sequía había hecho escasa la comida y el agua y viajar a pie por los caminos de la época no era broma. Muchos niños murieron en el trayecto, otros abandonaron poco a poco y trataron de regresar a casa. Pero al fin el grueso de la expedición llegó a Marsella, donde los niños fueron a cogidos cordialmente por los habitantes. LOS PEQUEÑOS CRUZADOS SE PRECIPITARON AL PUERTO PARA VER ABRIRSE EL MAR PERO, CUANDO VIERON QUE EL MILAGRO NO OCURRÍA, ALGUNOS SE VOLVIERON HACIA ESTEBAN ACUSÁNDOLO DE HABERLOS ENGAÑADO, Y TOMARON EL CAMINO DE REGRESO.

Aunque muchos permanecieron junto al mar, esperando aún el milagro durante algunos días, hasta que dos mercaderes marselleses (según la tradición se llamaban Hugo el Hierro y Guillermo el Puerco) ofrecieron a los niños un «pasaje gratis» por mar a Palestina. Esteban aceptó de buen grado y así partieron siete naves llevando a bordo todo el contingente de niños.

[11] Runciman, *op. cit.*, pág. 807

Hasta 1230 no se tuvieron noticias de ellos gracias a un re- ducto de la expedición que tuvo la suerte de regresar a Europa. Dos de las siete naves se hundieron en una tempestad, y todos sus ocupantes murieron ahogados. Los niños supervivientes fueron entregados por los mercaderes de Marsella a los sarracenos para que los vendieran como esclavos. En Bagdad, dieciocho de ellos fueron martirizados por negarse a abrazar el islamismo. Según el relato de los que regresaron, en el momento en que partieron debían quedar con vida más o menos setecientos componentes de la expedición de los 30.000 que partió de Vendôme.

La segunda cruzada de los niños

La noticia de la campaña de Esteban se propagó rápidamente por Europa, inflamando la imaginación de muchos de sus coetáneos. Pocas semanas después de la partida de Esteban de Vendôme, también en Alemania apareció un pequeño predicador: se llamaba Nicolás y era de un pueblo de Renania. Comenzó su obra en el santuario de los Tres Reyes en Colonia. También él afirmaba que los niños podían tener más éxito que los adultos y que el mar se abriría frente a ellos. *Pero a diferencia de Esteban, Nicolás decía que los niños no conquistarían Tierra Santa con las armas, sino con la conversión de los infieles.*

Nicolás, ayudado también por otros pequeños predicadores discípulos suyos, reunió un ejército en Colonia. Los niños alemanes eran quizá algo mayores que sus colegas franceses; también había entre ellos más niñas y un mayor contingente de vástagos nobles. No faltaban además vagabundos de mala reputación y prostitutas.

La expedición se dividió en dos grupos, ambos dirigidos a Italia: uno hacia la vertiente tirrena y otro hacia la adriática. El primer contingente, capitaneado por Nicolás, alcanzaba las 20.000 unidades. Atravesaron Suiza y los Alpes, sufriendo importantes pérdidas durante el camino, extremadamente duro.

El 3 de agosto llegó a Génova menos de un tercio de los niños que habían partido de Colonia. Allí las autoridades (que temían una trampa de los alemanes) les permitieron detenerse una sola noche, pero ofrecieron la posibilidad, a todo el que quisiera, de establecerse en Génova definitivamente.

También los cruzados alemanes se precipitaron la mañana siguiente a la orilla del mar, esperando que se abriese, y también hubo una gran desilusión cuando no sucedió el milagro.

Muchos niños aceptaron la oferta de las autoridades genovesas, pero Nicolás y el grueso del contingente prosiguieron el viaje: si el mar no se había abierto en Génova, tal vez se abriera en otro sitio.

Pocos días después llegaron a Pisa, donde dos naves que iban directas a Palestina aceptaron llevar a bordo a muchos niños. No hace falta decir que nunca más se supo de ellos. Aunque Nicolás permaneció en tierra, junto a sus discípulos más fieles, puesto que aún esperaba un milagro.

Al final, los niños que quedaban fueron a Roma, donde los recibió el papa Inocencio III. *«Quedó conmovido por su devoción, pero confundido por su insensatez. Con gentil firmeza les dijo que ahora debían regresar a casa; cuando crecieran podrían retomar sus votos y salir a combatir por la Cruz.»* [12]

A los niños no les quedó más opción que tomar mansamente el camino de regreso. Muchos de ellos, sobre todo las niñas, agotadas por las penurias del viaje, se quedaron en Italia. Solo unos pocos regresaron a Renania la primavera siguiente, y no parece que Nicolás estuviera entre ellos.

El padre del pequeño profeta, acusado de haber animado a su hijo en su obra por orgullo, fue arrestado a petición de los padres de los otros niños, y terminó ahorcado.

Tampoco el brazo «adriático» de los niños alemanes tuvo suerte. Extenuados por un viaje en condiciones durísimas, los pequeños cruzados llegaron a Ancona, donde esperaron inútilmente el milagro de la apertura del mar. Entonces continuaron su viaje hacia Brindisi. Aquí, algunos se embarcaron en naves que salían hacia Palestina, pero la mayoría retrocedió para regresar lentamente a casa. También en este caso sólo un pequeño grupo logró su propósito.

Otras cruzadas

La quinta, la sexta, la séptima y la octava cruzadas no tuvieron mucha importancia, si no fuera por las muertes que cau-

---

[12] Runciman, *op. cit.*, pág. 808.

saron: los cruzados sufrieron nuevas derrotas, aunque los mongoles se aliaran con ellos contra turcos y árabes.

El emperador Federico II llegó incluso a pactar con los turcos sin entrar siquiera en batalla.

El hecho es que tras la cuarta cruzada ya no había casi nadie en occidente dispuesto a participar en expediciones lejanas y peligrosas, por lo que, cuando los cruzados se encontraban en dificultades, no obtenían las ayudas y refuerzos solicitados.

En los siglos XII-XIII en Europa hubo un notable aumento de la producción. La técnica agrícola se había perfeccionado y las ciudades se habían desarrollado; esto puede explicar porqué se redujeron las causas que habían inducido a diversos estratos de la sociedad occidental a participar en las cruzadas. Por ejemplo, los mercaderes se conformaron con el resultado de las primeras cuatro cruzadas, que habían asegurado la eliminación de la función mediadora ejercida por el Imperio Bizantino entre este y oeste.

El aumento de las superficies cultivadas y del aprovechamiento de las cosechas también hizo que los campesinos dejaran de tener interés en emigrar.

Por su parte, los caballeros tuvieron la posibilidad de ingresar en las tropas mercenarias de las monarquías nacionales europeas, cuyo poder crecía imparable. [13]

Las órdenes caballerescas

Posiblemente, el elemento más delirante de las cruzadas fueron las órdenes de monjes-guerreros. Nacidos con funciones defensivas, al final se convirtieron en conquistadores despiadados.

Los Templarios

La orden militar-religiosa del Temple fue fundada en 1119 en Jerusalén por Hugo de Payns para la defensa de los lugares santos y la salvaguarda de los peregrinos. A partir del 1128 se dio una regla propia, inspirada en el orden cisterciense. La es-

---

[13] Para el capítulo sobre las cruzadas hemos seguido en parte el compendio de historia de «*Galarico il barbaro*» alojado en el servidor del CRIAD de la Universidad de los Estudios de Bolonia: URL http://www.criad.unibo.it/~galarico/STORY.html.

Dibujo que aparece en el manuscrito de Matthieu mostrando a dos templarios
a caballo (siglo XIII).

tructura interna preveía una clase de caballeros, una de escuderos y una de capellanes, y en los vértices el gran maestre asistido por algunos dignatarios. El símbolo de la orden era la cruz roja sobre campo blanco para los caballeros, sobre campo marrón para los escuderos.

Los templarios se distinguieron por su valor en numerosos episodios de guerra contra los árabes (batalla de Acre 1189, Gaza 1244, al-Mansura 1250) y su número aumentó notablemente en oriente y occidente.

Enriquecido por las numerosas donaciones y convertido en una potencia financiera, independiente del reino cruzado de Jerusalén, la orden no tardó en atraer la hostilidad de los soberanos.

Felipe IV de Francia (el Hermoso), pidió en 1307 al papa Clemente V la supresión de la orden, dando inicio a una feroz caza de sus miembros activos en Francia, a menudo torturados y condenados a muerte con las acusaciones más variadas y fantasiosas: herejía, brujería, sodomía (el sello de los Templarios representaba dos caballeros sobre un solo caballo. Este hecho sirvió para la acusación de sodomía). Se habla de 2.000 templarios encarcelados y torturados, y de centenares llevados a la hoguera. En 1312, con la bula *Ad providam*, el Papa declaró disuelta la orden y confiscó sus posesiones.

Dibujo de Matthieu que representa una batalla entre caballeros (siglo XIII).

Los caballeros Teutones

También nació en Tierra Santa y no tardó en ser utilizada por la Iglesia católica para colonizar nuevos territorios en el Báltico y en los países eslavos.

Pero los rusos no son fáciles de conquistar (también sabrán algo al respecto Napoleón, Musolini y Hitler).

Recordaremos una batalla en concreto de los caballeros Teutones. *«La batalla sobre el hielo.*

El noble Alexandre Nevsky había reunido un ejército de campesinos para defender Rusia de las incursiones de los caballeros Teutones... Está claro que los caballeros estaban convencidos de la superioridad de las pesadas armaduras que les recubrían a ellos y a sus enormes caballos.

Frente a este ejército de guerreros profesionales, dedicados a la oración y al botín, estaba la consabida horda de pobres mal vestidos al inicio de la primavera en la gélida Rusia. El plano era sencillo. Incluso sencillísimo. Los rusos entablaron batalla en las orillas del lago Peipus. El lago estaba helado, la nieve aún lo cubría todo y no era posible distinguir dónde terminaba la tierra firme y dónde comenzaba el lago. Cuando los Caballeros Teutones cargaron sobre las filas del noble Alexandr, los rusos, tras una inicial tenue resistencia, se dieron a la fuga abandonando ruidosamente las armas...

Los caballeros, en el colmo de la exaltación, espolearon a los caballos lanzándose a cuchilladas contra los soldados en fuga. Así, los rusos los atrajeron sobre el lago, donde el hielo se hacía más fino. Llegó un momento en que el hielo comenzó a ceder bajo el peso de la caballería teutónica, que desapareció así en el agua helada.

Cuadro de Karl
Friedrich Liessing,
Regreso de la cruzada
(siglo XIX).

Bastaron unos segundos para que no quedaran del ejército más que las huellas de los caballos sobre la nieve.

Fue la última vez que los caballeros teutones se dejaron ver por aquellos lares.» [14]

Las órdenes caballerescas continuaron su trabajo de destrucción durante bastante tiempo. En el asedio de Belgrado en 1456 se mató a 80.000 musulmanes. En Polonia en el siglo XV saquearon 1.019 iglesias y 18.000 pueblos.[15]

[14] Jacopo Fo y C., *La vera storia del mondo*, Verona, Demetra, 1993, págs. 80-81.
[15] K. Deschner, *Opus diaboli*, Hamburgo, Reinbek, 1987.

Capítulo octavo

Las herejías medievales.
Los pobres irrumpen en la historia

Cátaros, *patarini*, albigenses, apostólicos, dolcinianos, beguinas... tantos nombres, tantas facetas de un gran fenómeno.

Un gigantesco movimiento de personas que reclamaban una Iglesia libre de las trabas del poder y se enfrentaban a los abusos de los nobles.

La respuesta que den reyes y prelados será despiadada: torturas, ejecuciones, incluso auténticas guerras.

Como hemos visto en los capítulos anteriores, los siglos X y XI vieron la extrema decadencia del Papado, la servidumbre de las jerarquías eclesiásticas a la autoridad imperial y una corrupción general de la Iglesia.

La simonía (pecado que consiste en la compraventa de absoluciones, de beneficios eclesiásticos y de cargas religiosas y en su empleo para el enriquecimiento personal) y el concubinato del clero fueron una gran plaga para la Iglesia, tanto que en un momento dado un concilio declaró inhabilitados a los eclesiásticos simoniacos (1074).

Como reacción a este estado de cosas surgieron dos movimientos con orígenes y finalidades diferentes, uno de tipo monástico y el otro popular.

Detalle de una miniatura que muestra a un predicador en el púlpito (siglo XIV).

El movimiento monástico era el cluniacense, que viene del nombre del monasterio francés de Cluny, fundado en 910.

Se implicaron en el movimiento las órdenes regulares de los benedictinos, cistercienses, cartujanos, camaldulenses, etc., una buena parte del clero y muchos laicos.

Los cluniacenses peleaban por un renacimiento moral de la Iglesia y por un regreso a su papel de guía espiritual. Pensaban poder obtener este resultado mediante un refuerzo de la autonomía y de la autoridad del Papado. Existía, por otro lado, un movimiento político-religioso de extracción popular, que se enfrentaba al poder abusivo de los feudatarios eclesiásticos y por una Iglesia que estuviera un poco más cerca de los humildes. En Milán, este movimiento produjo el fenómeno de la *Pataría* (explicado más adelante, en este mismo capítulo). El término «popular» no debe llamar a engaño: «populares», en la época, se incluían también los exponentes de aquellas clases que hoy se consideran burguesas. Podemos incluso pensar que en ese conjunto no faltaban elementos emprendedores, con cultura y medios económicos.

El enemigo común de cluniacenses y *patarinis* eran los obispos-condes, demasiado independientes de la autoridad de Roma y demasiado dependientes de la del emperador. Fue precisamente contra este adversario que se creó una alianza inédita.

En Milán, exponentes del clero (entre los que se contaba el futuro pontífice Alejando II) entraron en la pataría. En Florencia los monjes reformadores instigaron una rebelión contra el obispo simoniaco Pietro Mezzabarba.

«Los ciudadanos se transforman de corderos en fieras», observaba desconsolado el obispo de Alba.

Pero los monjes reformadores no olvidaron los «pisos altos»: muchos brillantes exponentes de su movimiento se infiltraron en la corte papal.

El sueño de los cluniacenses se vio coronado con la elección para el sillón pontificio de uno de ellos, Gregorio VII (1073-1085), el teórico de la teocracia papal.

Para comprender cuál era el sentimiento de la época contra el clero he aquí lo que escribió Pierre Cardenal, poeta de 1200, sobre los eclesiásticos:

«La suya no es pobreza de "espíritu":
conservan lo de ellos y toman lo que es mío.
Por túnicas mullidas, tejidos de lana inglesa,
dejan el cilicio, que para ellos es demasiado áspero.
Y no reparten su vestido
como hacía san Martín.
Pero las limosnas, con las que suele mantenerse
la pobre gente, las quieren todas para ellos.
Con hábitos ligeros y amplios, con la capa bien desplegada,
de camelote en verano, gruesa en invierno,
con zapatos delicados —provistos de suelas francesas
cuando hace frío —de preciado cuero marsellés,
sólidamente atados con maestría—
porque atarlos mal es imperdonable—
van predicando, con su sutil saber,
que pongamos nuestro corazón y nuestros bienes al servicio
[de Dios.
Si fuese marido tendría mucho miedo de que un hombre
[sin calzones se sentara
[junto a mi mujer...» [1]

Detalle de una miniatura del siglo XIV que representa a unos predicadores.

[1] R. Nelly, *Scrittori anticonformisti del medioevo provenzale, Eretice e politici II*, Luni Editrice, págs. 229-231.

Cuando los pobres ya no sirven

La patería y movimientos afines habían sido un instrumento útil para debilitar el poder de los obispos-condes y reforzar la autoridad central de la Iglesia de Roma. Pero ahora que se había alcanzado el objetivo, los «harapientos» ya no servían e incluso podían disolverse, por las buenas o por las malas.

Después de un primer momento de moralización y acercamiento, la Iglesia se alejó todavía más de aquellos humildes a quienes, en teoría, hubiera debido defender.

A principios del siglo XIII, el Papa se había convertido a todos los efectos en un soberano, es más, seguramente uno de los más potentes soberanos europeos que, como todos los reinantes, tenía pretensiones territoriales, firmaba tratados, hacía y deshacía alianzas, mandaba a sus ejércitos a la guerra. Además utilizaba las prerrogativas propias de un jefe religioso (como la posibilidad de excomulgar, acto que durante esa época tenía efectos sobre la vida civil y política de las personas) para tratar de orientar las políticas de los gobernantes «laicos».

Los obispos-condes acumulaban en sus manos, además del pastoral, símbolo del poder espiritual, el cetro del poder feudal y tenían en sus propias dependencias ejércitos, vasallos y siervos de la gleba.

Los conventos eran propiedad de nobles con inmensas riquezas y latifundios, que gestionaban con amplia autonomía respecto al poder estatal, auténticos Estados en los Estados (algunas órdenes, como la de los Caballeros de Malta, gozan aún hoy de extraterritorialidad en sus palacios).

No era infrecuente que se enviara eclesiásticos para encargos importantes ante los soberanos europeos.

Todo esto no podía más que provocar como efecto una creciente corrupción del clero, cada vez más ocupados en gestionar sus propios bienes temporales y cada vez menos atentos a la propia misión de guía espiritual.

La situación no mejoraba si se miraba el clero menor, a menudo formado por personas toscas e ignorantes, a veces incluso analfabetas, seguramente menos elocuentes y menos acostumbrados a las escrituras que muchos predicadores herejes.

Las cruzadas, que provocaron ya en la época el horror de los creyentes, habían infectado la cristiandad con un potente veneno: el concepto de la guerra santa, la idea de que matar a un infiel era un acto no sólo lícito sino susceptible de conseguir la santificación.

Quien predicase el regreso a una Iglesia más sencilla, más pobre, menos comprometida con el poder, corría el riesgo de encontrarse, aún contra su voluntad, declarado hereje y enemigo de la Iglesia.

Todos esos elementos conformaron una masa creciente de personas que se alejaron de la institución eclesiástica, para dirigirse a los movimientos heréticos, cuyos dirigentes eran los primeros en aplicar los preceptos de pobreza y caridad que predicaban.

Las herejías medievales fueron auténticos movimientos populares que unían a la predicación religiosa la práctica de un estilo de vida solidario e igualitario.

En algunos casos, los llamados herejes profesaban en efecto una doctrina distinta de la «oficial», pero en otros la acusación de herejía tenía exclusivamente una finalidad política. Veamos el caso de Juana de Arco, el de Girolamo Savonarola, que ahora «corre el riesgo» de ser beatificado.

Los «pobres» herejes y los católicos

«¿Qué distinguía al principio a san Francisco de Pietro Valdo? Ambos querían despojarse de los propios bienes y llevar a la Iglesia a su primitiva simplicidad, pero uno es venerado en todas las iglesias del mundo, mientras el otro está etiquetado como hereje.» [2]

El pontificado de Inocencio III (1198-1216) posiblemente marcó el punto máximo del poder político del Papado en Europa, un Papado que sin embargo tenía que afrontar una grave amenaza: los predicadores cátaros y valdenses, que gozaban de un éxito creciente.

Los cátaros (apoyados por los nobles locales) habían constituido, además, una iglesia alternativa en el sur de Francia que amenazaba con suplantar a la oficial.

Para salvar el peligro, Inocencio III actuó en dos frentes:

1) Acogida en la Iglesia por aquellos movimientos, como los franciscanos, que hacían propia la regla de pobreza, siempre que se sometieran a la autoridad del pontífice (llegó incluso

---

[2] David Christie-Murray, *op. cit.* en la introducción de Federico Monico, pág. 13.

a crear una congregación de «pobres católicos», rival de los valdenses. *«Una de las grandes intuiciones de Inocencio III fue la comprensión de que la capacidad de ganar adeptos por parte de los cátaros era precisamente su vida humilde, oculta, pobre. Cuando el Papa se enfrentó a los fenómenos franciscano y dominicano, intuyó que precisamente el camino de la pobreza podía 'salvar a la Iglesia' cuando había representado un peligro. Si la acusación... era la de no respetar la consigna de pobreza de Cristo... entonces la aparición de hombres fieles a la institución y capaces de regresar a los genuinos orígenes podían devolverle credibilidad.»* [3]

2) Lucha sin cuartel a las herejías. Fue Inocencio III quien animó a Domingo Guzmán (el futuro santo Domingo, fundador de la orden de los hermanos Predicadores, llamados también dominicanos) a predicar contra las herejías en el Mediodía francés. Fue él quien ordenó a los obispos buscar a los herejes, reconducirlos al seno de la Iglesia o castigarlos en modo ejemplar. También fue él quien promovió la famosa cruzada contra los cátaros.

Si bien Inocencio y Honorio III habían reconocido las Reglas de las Órdenes mendicantes (franciscanos y dominicanos), después Bonifacio VIII y Juan XXII etiquetarían como herética incluso la afirmación de que *«¡Cristo y sus apóstoles no poseían nada!»*.

Las comunidades

Cuando antes nos hemos referido a los cambios de la nueva época hemos olvidado uno muy importante: un número creciente de campesinos abandonaba la condición de siervo de la gleba e incrementaba la población y la disponibilidad de mano de obra en la ciudad, donde se iba afirmando una nueva clase de comerciantes, artesanos y profesionales.

Y precisamente estos estratos, aliados con algunos espontáneos de la pequeña nobleza, habrían dado vida hacia fines del siglo XI a una nueva forma civil, la comunal.

---

[3] Natale Benazzi, Matteo d'Amico, *Il libro nero della Inquisizione - La ricostruzione dei grandi processi*, Casale Monferrato, Piemme, 1998, pág. 33.

La comunidades fueron auténticas repúblicas autónomas, que poco a poco se liberaban del dominio de los feudatarios, laicos y eclesiásticos, y se daban ordenamientos que podríamos definir como democráticos (si bien quedaban excluidos de la vida política los exponentes más humildes y las mujeres).

Hartas de soportar las ingerencias y las pretensiones imperiales, las comunidades no tardaron en estarlo también de las papales. Además, el *comune* de Roma, nacido en 1145, echó al pontífice de la ciudad.

La revolución de las comunidades no fue sólo política y social, sino

Grabado del siglo XVII que muestra las torturas a las que fueron sometidos los valdenses en 1215.

también cultural. Si en los siglos anteriores la transmisión de la cultura había sido monopolio del clero, la nueva época vería nacer las universidades, asociaciones autónomas nacidas por iniciativa de los propios estudiantes y profesores, aunque la Iglesia tomó enseguida el control de estas nuevas instituciones a través de la infiltración en masa de docentes dominicanos y franciscanos. En las ciudades nacía, cada vez más numeroso, un nuevo estrato intelectual de funcionarios y profesionales, de formación «laica». Tanto en los actos públicos y comerciales como en la producción artística se empleó cada vez más el vulgar (es decir, la lengua del pueblo), en perjuicio del latín (la lengua de los doctos y los juristas).

La independencia política, económica y cultural de las comunidades permitió una cierta tolerancia en los enfrentamientos de tendencias heréticas (bajo pacto, bien entendido, de que no discutieran el poder de las nuevas clases dirigentes) y una mayor libertad de pensamiento y palabra. Incluso, en cuanto la ingerencia papal se vio como un peligro, algunos de ellos adoptaron serias prevenciones contra la Iglesia hasta llegar a prohibir que los ciudadanos tuvieran relaciones con el obispo.

El hereje Arnaldo de Brescia fue un protagonista de la vida política del *comune* de Roma. El papa Honorio III (1216-1227) había definido a Brescia como «sede de la herejía» y Milán como «un foso lleno de herejes». La ciudad de Génova fue condenada por el obispo de Tolosa por haberse negado a introducir en sus ordenamientos leyes contra los herejes.

«O besas la cruz o te tiras al fuego» (Los herejes de Monforte)

Los herejes monfortinos eran culpables de muchos graves delitos: practicaban la castidad aunque estuvieran casados, practicaban el ayuno y eran vegetarianos. PERO LO MÁS GRAVE ERA QUE PUSIERAN EN COMÚN SUS BIENES. FUERON QUEMADOS POR CENTENARES.

Hacia 1028 (la fecha no es exacta) el arzobispo y feudatario de Milán, Ariberto, visitó la diócesis de Turín, que entonces pertenecía sus dependencias.

Allí supo que un movimiento herético había arraigado en el castillo de Monforte, en la diócesis de Aste. Preocupado, ordenó que un hombre de aquella comunidad se entrevistase con él para saber qué pasaba. Se presentó un tal Gerardo, que ilustró la vida de la comunidad: los monfortinos tenían muy en cuenta la castidad, incluso había personas unidas en matrimonio que hacían voto de perpetua virginidad.

Nunca comían carne y ayunaban a menudo. Sus *mayores* se alternaban en la oración durante toda la jornada, *«para que no hubiera nunca una hora sin oración»*.[4] Y además tenían en común todos sus bienes.[5]

Las declaraciones de Gerardo sobre la Trinidad eran heterodoxas, pero lo que impresionó al arzobispo fue que al preguntarle si creían en la Iglesia de Roma, Gerardo respondió que ellos no creían en el arzobispo de Roma, sino en su pontífice, *«que un día tras otro visita a los hermanos dispersos por*

---

[4] Diversos autores, *Storia di Milano*, vol. III, Milano, Fondazione Treccani degli Alfieri, 1954.

[5] Algún estudiosos sostienen que los herejes de Montforte consideraban que sus propios bienes eran compartidos por toda la humanidad, cfr. *Storia di Milano*, vol. III, pág. 65.

el mundo».[6] Probablemente esta comunidad de ascetas no era otra cosa que uno de los primeros núcleos de cátaros, un movimiento herético que en lo siglos posteriores alcanzaría proporciones gigantescas y amenazaría, en diversas regiones de Europa, la propia hegemonía de la Iglesia de Roma.

Al término del interrogatorio el arzobispo mandó a sus soldados al castillo de Monforte, con orden de detener a todos los que encontraran.

Entre los prisioneros estaba la condesa Berta, señora del castillo, que había demostrado una cierta simpatía por ese movimiento.

Los herejes monfortinos fueron trasladados a Milán, donde el arzobispo pensaba vigilarlos de cerca e intentar, con calma, hacer que se arrepintieran.

Pero fue peor el remedio que la enfermedad: los monfortinos empezaron a predicar incluso en Milán y cada día atraían a multitud de personas de la ciudad y del campo.

Fue cuando los nobles de la ciudad decidieron recurrir a formas más duras.

EN UN AMPLIO ESPACIO SE INSTALÓ UNA CRUZ Y UNA HOGUERA, Y SE PROPUSO A TODOS LOS MONFORTINOS ESTA ELECCIÓN: O ABRAZAR LOS PIES DE LA CRUZ Y REINGRESAR EN LA IGLESIA CATÓLICA, O LANZARSE A LA HOGUERA. ALGUNOS ABRAZARON LA CRUZ Y ABJURARON, PERO LA MAYOR PARTE (ALGUNOS CENTENARES) SE CUBRIERON LA CARA CON LAS MANOS Y SE LANZARON A LA HOGUERA.

La plaza donde tuvo lugar la ejecución mantuvo hasta hace algunos años el nombre de Plaza Monforte.

Según los cronistas de la época,[7] la decisión de matar a los herejes la tomaron los nobles laicos de la ciudad (feudatarios del campo milanés y administradores de los bienes de la Iglesia), incluso forzando a levantar la mano al arzobispo, que hubiese preferido continuar con su trabajo de persuasión y conversión. Lo que les asustaba no era tanto la herejía doctrinal cuanto el mensaje de igualdad que los monfortinos predicaban.

En Milán, los harapientos se organizan (los patarini)

Les llamaban *patarini*, es decir, «harapientos»; eran laicos y prelados que luchaban contra los abusos de un obispo que

---

[6] *Storia di Milano, op. cit.*, vol. III, pág. 66.
[7] *Storia di Milano, op. cit.*, vol. III, pág. 66.

Escena de tortura que aparece en una xilografía de 1500.

también era conde, y por una Iglesia más cercana a los humildes. La Iglesia de Roma los apoyaba y, como se ha dicho, uno de ellos llegó a ser Papa.

Al principio pareció que vencían, pero después sus dirigentes fueron asesinados, y *patarino* pasó a ser sinónimo de hereje.

La patería fue un movimiento social y religioso que se desarrolló en Milán hacia principios del siglo XI. Los *patarini* luchaban contra los abusos del arzobispo Guido, señor de Milán y de sus vasallos, y por una renovación moral de la Iglesia. El nombre Patería era el del rastro milanés y *patarini* o «harapientos» es el nombre despectivo que se dio al movimiento.

El jefe de la revuelta fue el diácono Arialdo, flanqueado por un sacerdote, Anselmo da Baggio, (el futuro papa Alejandro II) y un clérigo, Landolfo. Arialdo y Landolfo, excomulgados por el arzobispo por no haberse presentado al concilio convocado por el propio Guido, recurrieron al Papa, amenazando con llegar, si era necesario, a un cisma de la Iglesia milanesa.

Roma intervino, poniéndose del lado de los *patarini*.

Guido fue excomulgado (1066), pero sus seguidores desataron una violenta reacción, durante la cual fue asesinado

Arialdo. Entonces se puso a la cabeza del movimiento Erlembaldo, hermano de Landolfo, que echó a Guido de la ciudad y se vengó furiosamente en sus hombres. Guido fue obligado a dimitir en 1067.

El conflicto se reanimó cuando el emperador Enrique IV de Alemania invistió arzobispo al subdiácono Goffredo.

Los *patarini* le opusieron (1072) al clérigo Attone, su elegido, que Alejandro II confirmó, y resistieron las tentativas de Goffredo de entrar en Milán.

El papa Gregorio VII, sucesor de Alejandro II, consiguió llegar a un acuerdo para una solución pacífica de la cuestión. Pero un desastroso incendio declarado en Milán en 1075, del que fueron inculpados los *patarini*, reavivó los desórdenes, en los cuales murió Erlembaldo, firmando así el fin del movimiento.

Los petrobusianos, cristianos enemigos de la cruz

Reciben su nombre de Pietro de Bruis, predicador de principios del siglo XII. Rechazaba el bautismo de los niños (los que abrazaban su movimiento eran rebautizados de adultos), la Eucaristía y todas las ceremonias.

Rechazaba profundamente la adoración de la cruz: puesto que había sido el instrumento de la muerte de Jesús, los cristianos deberían odiar la cruz en vez de adorarla.

Por este motivo él y sus discípulos profanaban todas las iglesias que encontraban en su camino y quemaban las cruces. **MURIÓ QUEMADO VIVO.**

Pobre Tanckelijn

El holandés Tanckelijn sostenía que la autoridad papal no era absoluta y que los sacramentos no eran válidos los impartían clérigos corruptos.

FUE ACUSADO INCLUSO DE PROMOVER EL AMOR LIBRE.

FUE ENCARCELADO POR EL ARZOBISPO DE COLONIA Y MUERTO EN 1115.

Arnaldo de Brescia, cura y revolucionario

Arnaldo de Brescia, sacerdote de vida ejemplar, afirmaba que ningún miembro del clero debía tener propiedades ni ejercer el poder temporal.

A causa de sus ideas sufrió muchas veces exilio y tuvo que llevar una vida errante por Europa. En 1145 fue a Roma y se convirtió en el guía político y espiritual de la comunidad romana, formada dos años antes con una clara finalidad anti papa.

En sus prédicas llegó a afirmar que un clero rico y mundano no podía considerarse discípulo de Cristo, ni representar a la Iglesia, y exhortó a sus partidarios a desobedecer al Papa y a los obispos corruptos.

Condenó el bautismo de los niños y los sacramentos administrados por sacerdotes indignos.

Su popularidad le permitió actuar en Roma sin impedimentos, hasta que entraron en la ciudad las tropas de Federico Barbarroja (1154). *Capturado por el emperador, fue entregado al papa Adriano IV, que lo hizo ahorcar. Su cuerpo fue quemado y las cenizas dispersadas en el Tíber.* Sus numerosos partidarios, los arnaldistas, continuaron haciendo proselitismo durante muchos años.

Después confluyeron con los valdenses.

El exterminio de los puros.
La cruzada contra los cátaros

Se les conocía con diversos nombres, albigenses, *patarini...* pero ellos se llamaban a sí mismos «cátaros», los «puros». Eran ascetas y pacifistas y sus sacerdotes no poseían riquezas.

Consideraban a la Iglesia de Roma una criatura del demonio, y se habían construido una alternativa.

Se habían extendido por toda Europa, y en el sur de Francia tenían incluso más seguidores que la Iglesia oficial. Disfrutaban del apoyo de los nobles provenzales, que soñaban con apropiarse de los bienes de la Iglesia y temían su poder. Se lanzó una cruzada contra ellos que duró veinte años y destruyó el sur de Francia, con centenares de miles de muertos.

El nombre «cátaro» deriva del griego *catharos*, puro. También se les llamó albigenses (por Albi, una ciudad de la Fran-

Litografía de C. Engelman que muestra los métodos para devolver a los herejes al buen camino

cia meridional), concorrezenses (de Concorrezzo, *comune* a las puertas de Milán), o *patarini*. Su doctrina era una variación de la bogomila. Los Cátaros tenían una concepción dualista del mundo: el espíritu es el bien y la materia es el mal. Rechazaban la doctrina de la encarnación (puesto que la materia es el mal, Dios no pudo haberse encarnado en Jesús), el matrimonio y la procreación. En su lugar practicaban una especie de bautismo espiritual. Eran pacifistas y se sometían a largos y rigurosos ayunos.

Tenían un «clero» propio, formado por mayores (obispos), presbíteros (sacerdotes) y diáconos.

Buena parte de la población de la Francia meridional se adhirió a la herejía cátara, pero también había adeptos en Italia, en la España septentrional, entre los eslavos y en Constantinopla. Los cátaros (como los primeros cristianos) se difundieron sobre todo en los centros urbanos. Lo que conquistaba a la población era su ascetismo y su moralidad, muy superior a la del clero ortodoxo.

En 1209, Inocencio III, preocupado por el continuo aumento del poder de los cátaros, lanzó contra ellos una cruzada en toda regla, prometiendo a quien se enrolara las mismas indulgencias y los mismos privilegios concedidos a los cruzados de Tierra Santa.

SE REUNIÓ ASÍ UN EJÉRCITO DE MÁS DE DOSCIENTOS MIL CRUZADOS, EN GRAN PARTE NOBLES DEL NORTE DE FRANCIA, ANSIOSOS DE CONQUISTAR TIERRAS Y BOTÍN A EXPENSAS DE SUS COLEGAS MERIDIONALES.

«Durante veinte años la parte más civilizada de Europa —y, según algunos, también la más feliz—, la tierra de los trovadores, fue devastada con saqueos y destrucciones a gran escala.» [8]

LA CRUZADA TUVO EPISODIOS DE GRAN FEROCIDAD, COMO EL DE BÉZIERS, EN 1209. CUANDO LOS CRUZADOS EXPUGNARON LA CIUDAD Y PREGUNTARON AL LEGADO PAPAL CÓMO PODÍAN DISTINGUIR A CATÓLICOS DE HEREJES, ÉSTE RESPONDIÓ: «MATADLOS A TODOS. DIOS RECONOCERÁ A LOS SUYOS».

«La ciudad de Béziers fue tomada y, como los nuestros no prestaron atención a los títulos, ni al sexo ni a la edad, casi veinte mil hombres murieron a espada... la ciudad fue saqueada e incendiada: así la alcanzó el admirable castigo divino» [9], éstas son las palabras que empleó el legado pontificio Arnaldo de Citeaux para informar al Papa sobre lo acontecido.

Esto es lo que escribió el trovador provenzal Guilhem Figueira en su Sirventese contra Roma escrito hacia 1227:

«Roma...
Sería conveniente privarte
del cerebro,
por la vergüenza que llevas en el sombrero,
tú y tu Citeaux – que habéis masacrado
Béziers, ¡y horrorosamente!» [10]

A Béziers la siguieron Carcasona y Narbona. La cruzada terminó en 1229 con la toma de Tolón. Después vino el Tratado de Meaux donde el conde Raimundo VII de Tolosa reconoció el dominio de rey de Francia, a quien cedió parte de los propios territorios y se reconcilió con la Iglesia católica. Además el tratado equiparaba el crimen de herejía al de lesa majestad.

Para dar prueba de buena voluntad, el conde de Tolosa enviaría él mismo a la hoguera a ochenta herejes en Agen, en 1249.

Los cátaros que sobrevivieron se refugiaron en parte en los Balcanes donde estuvo el grueso de la población hasta el siglo XV (cuando llegaron los turcos), y en parte en el norte de Italia.

En 1243 el arzobispo de Narbona, «siguiendo las directrices apostólicas» (es decir, las órdenes del papa Inocencio IV), man-

[8] David Christie-Murray, *op. cit.*, pág. 155.
[9] Benazzi D'Amico, *op. cit.*, pág. 30.
[10] Benazzi D'Amico, *op. cit.*, pág. 30.

dó a la hoguera a más de doscientos herejes de ambos sexos, capturados tras un año de asedio en la fortaleza de Montségur.

Los cátaros eran casi la mitad de la población del Languedoc (sur de Francia).

Los muertos por esta persecución, después de veinte años de guerra, se estiman en más de un millón.

Los valdenses

Predicaban la pobreza, la paz, la bondad, la igualdad. *Sus pastores eran tanto hombres como mujeres.*

Durante siglos sufrieron persecuciones despiadadas.

Pero se salvaron en los Alpes y transformándose en guerreros.

La comunidad valdense existe todavía.

Deben su origen a Pedro Valdo (o Valdesio), un rico mercader de Lión. Se despojó de todos sus haberes, dándolo a los necesitados, y en 1176 reunió un grupo de predicadores errantes pobrísimos.

Se hacían llamar los «Pobres de Lión» o «Pobres en el espíritu» y, al menos al principio, pudieron contar con el apoyo del Papa.

Los valdenses atacaban la corrupción en la Iglesia romana y consideraban sacerdotes a todos los fieles, hombres y mujeres. Según ellos, todo buen cristiano tenía derecho a predicar, absolver de los pecados y administrar los sacramentos.

Rechazaban la comunión, las oraciones por los muertos, las indulgencias, la confesión, la penitencia, los himnos cantados, la recitación de oraciones en latín y el culto de los santos. Para ellos el homicidio y la mentira, en cualquier forma, eran pecados mortales, así que también los promotores de las cruzadas eran pecadores.

Los pastores valdenses se consagraban al celibato y a la pobreza y se dedicaban a predicar. Gracias a su celo misionero, se difundieron por muchos países de Europa occidental.

Valdo fue excomulgado en 1184.

El papa Inocencio III se dio cuenta de la popularidad que estaban ganando los «Pobres de Lión» y en 1208 trató de impedirles el avance instituyendo los «Pobres católicos» que, bajo el control de la Iglesia, tenían permiso para seguir todas las prácticas valdenses consideradas ortodoxas.

Escena de tortura contra los valdenses. Grabado anónimo de 1669.

La conducta de los valdenses era irreprensible: eran trabajadores laboriosos y humildes, vestían de forma sencilla, eran sinceros, evitaban los ataques de rabia y evitaban incluso formas de placer terreno sencillas como las danzas o las reuniones en la taberna.

Pero su vida pacífica y su popularidad no bastaron para salvarlos. Algunos terminaron en la hoguera en Estrasburgo en 1212. El Concilio de Letrán los condenó de forma definitiva en 1215 y tuvieron que afrontar los ataques de la Inquisición.

A fines del siglo XIII había centenares de valdenses encerrados en la cárcel.

EN 1393 QUEMARON EN LA HOGUERA A 150 DE ELLOS EN UN SOLO DÍA.

Diezmados, huyeron a los Alpes y se lanzó una cruzada contra ellos en el Delfinado y en Saboya.

Pero los cruzados no lograron vencerlos.

Los valdenses y la Reforma protestante

Durante la Reforma, los valdenses se alienaron junto a los calvinistas, penetrando con sus prédicas hasta Suiza.

Galvanizados por el nuevo clima, los valdenses dieron un nuevo impulso a sus propias actividades y así atrajeron nuevas persecuciones.

En 1545 el rey de Francia Francisco I organizó una feroz represión que **mató a miles de ellos y destruyó poblaciones enteras.**

Entre 1560 y 1561, Manuel Filiberto de Saboya dirigió una dura guerra contra los valdenses. Los habitantes de las llanuras fueron vencidos, pero los que estaban en los valles consiguieron resistir. La lucha siguió a lo largo del siglo XVI y la primera mitad del XVII, y terminó con el episodio de la matanza (conocida como Pascua Piamontesa, 1953), que puso fin a la guerra de los Saboya contra los valdenses: un ejército de más de cuatro mil soldados al mando del marqués de Pianezza ocupó los valles valdenses sin encontrar resistencia.

A pesar de los actos de sumisión de los valdenses (que aceptaron incluso alojar a las tropas católicas en sus mismas viviendas), Pianezza pasó a sangre y fuego los pueblos de Pla de Torno, Villar y Bobbio.

Saquearon las viviendas, los habitantes que no huyeron a tiempo fueron torturados y asesinados.

Al final de las masacres, el 3 de mayo, Pianezza celebró una solemne ceremonia durante la cual, en presencia de sus hombres y de la población superviviente, hizo levantar una cruz.[11]

Cuando se revocó el edicto de tolerancia de Nantes (18 de octubre de 1685) los valdenses fueron atacados conjuntamente por los franceses y los piamonteses. Doscientos valdenses no se rindieron. Otros 2.500 fueron encarcelados pero, gracias a la mediación de los suizos, fueron liberados. Huyeron todos a Suiza en 1687.

(210 MURIERON POR EL CAMINO O FUERON DISPERSADOS POR UNA TERRIBLE TORMENTA QUE LOS ATRAPÓ EN MONCENISIO.)

En 1689, estos exiliados fueron protagonistas, de la Gloriosa Repatriación que los devolvió a sus montañas. Con gran secreto, en la noche del 16 al 17 de agosto, novecientos valdenses atravesaron el lago de Ginebra. Francia disparó las alarmas y de inmediato se organizó la persecución, pero los valdenses no llevaban armas ni equipajes pesados y eso les permitía moverse a gran velocidad. Apenas las tropas les alcanzaron, comenzó el combate.

363 valdenses murieron de inmediato. Quedaron poco más de 500 supervivientes, que atacaron con la fuerza de la desespera-

---

[11] Giorgio Tourn, *I valdesi*, Torino, Claudiana, 1977.

ción a los *2.500 dragones del regimiento de Alvernia* (que do-
minaban el puente de Chenevière). Atacaron cuatro veces, y
consiguieron pasar con catorce muertos entre sus filas. Poco
más de quinientos valdenses regresaron por fin a su valle el
30 de agosto de 1589. A partir de aquella fecha, la política del
rey cambiaría: vista su capacidad como combatientes, se les
enroló, a cambio de cierta tolerancia, en el ejército de Saboya
y combatieron en la guerra a su servicio.

La masacre de los valdenses de Calabria

Ya a principios del siglo XIV un núcleo de valdenses del Piamonte se trasladó a las montañas de la provincia de Cosenza.
La comunidad creció poco a poco con sucesivas llegadas.

Otro grupo se estableció en Puglia (el «tacón» de la bota),
en la Capitanata, a principios del siglo XVI.

Su existencia hasta entonces pacífica y tolerada, se vio
bruscamente interrumpida cuando, tras su adhesión a la Reforma, decidieron dar un nuevo impulso a la prédica pública
del Evangelio llamando a predicadores de fuera.

Este activismo renovado alertó a la Inquisición.

Se arrestó a dos predicadores y, tras entregarlos a Roma,
fueron quemados en la hoguera. El resto de valdenses fue
obligado a abjurar.

Los valdenses de Guardia y San Sixto, que no deseaban abjurar, solicitaron permiso para emigrar a tierras más hospita-
larias, pero no se lo permitieron. Entonces tomaron las armas
para defenderse y, en abril de 1561, vencieron a las tropas del
reino de Nápoles.

La reacción no se hizo esperar: el 28 de mayo las tropas
gubernamentales asaltaron las poblaciones valdenses con
permiso para «*matar impune*» (matar impunemente) a todos
aquellos, hombres, mujeres y niños, que se opusieran a la
captura. Los pueblos fueron saqueados e incendiados; a gran
parte de los prisioneros los mataron allí mismo, degollados o
lanzados desde una torre.

Llevaron a los supervivientes frente a un tribunal mixto,
compuesto de jueces regios y eclesiásticos, que falló sus buenas 88 condenas a muerte, ejecutadas de inmediato. El balance final, llevado con burocrática minuciosidad por el vi-
rrey Alcalá, habla de:

Los valdenses de Puglia, menos «militantes» y más «acomodantes» tuvieron mejor destino, probablemente también gracias a los feudatarios del lugar, que no deseaban una intervención militar que los hubiese privado de una preciosa fuerza de trabajo. Pero al fin también a ellos se les obligó a abjurar.

Steding: ¿un pueblo de herejes?

Steding era una región alemana a lo largo del río Weser cuyos habitantes se negaron a reconocer la jurisdicción temporal del arzobispo de Bremen. Por esta rebelión fueron declarados herejes (no es que profesaran herejías doctrinales) y el papa Gregorio IX (1227-1241) lanzó contra ellos una cruzada en 1234. Fueron atacados por las fuerzas conjuntas del duque de Brabante y los condes de Holanda y de Cleves, que los asaltaron con una flota de trescientas naves.

Entre cuatro y cinco mil stedingeses encontraron la muerte en combate. El resto de la población, en parte se ahogó en el Weser y en parte se dispersó. [12]

El balance final se aproxima a las 11.000 víctimas.

Los franciscanos, un poco herejes y otro poco no

Ni siquiera las órdenes reconocidas por la Iglesia se salvaron de la acusación de herejía.

Ya poco antes de la muerte del santo fundador, los franciscanos se habían dividido en dos corrientes: los conventuales, que eran partidarios de un aligeramiento de la regla de pobreza, y los espirituales, también llamados zelotes, fieles a la regla original y muy críticos en sus relaciones con la Iglesia.

Después de la muerte de Francisco(1226), las posiciones de las dos corrientes terminaron por causar un auténtico enfrentamiento.

[12] David Christie-Murray, *op. cit.*, pág. 159.

Hoguera de los discípulos por Amaury de Béne (1210).

En 1274 un grupo de frailes trapicheros, alarmado por la falsa noticia de que la regla franciscana había sido cambiada para permitir a la orden la posesión de bienes, provocó una revuelta.

El movimiento se extendió con rapidez también por Umbría y Toscana.

Poco después algunos exponentes de los rebeldes fueron condenados a cadena perpetua y se les concedió la gracia algunos años después.

En 1294 el papa Celestino V llegó a conceder a esta facción de extremistas el permiso para constituirse en una orden separada.

Bonifacio VIII (1294-1303) revocó esta disposición y los persiguió.

De la corriente espiritual franciscana nació también el movimiento herético de los Frailecillos, difundido sobre todo por Italia central y meridional.

Jacopone da Todi *

Uno de los más ilustres personajes de la corriente espiritual, místico y poeta.

Se alió, junto a otros destacados franciscanos, con la familia Colonna, enemiga acérrima de Bonifacio VIII, y estuvo entre los firmantes del Manifiesto de Lunghezza (10 de mayo de 1297), por el que se declaraba ilegítimo el nombramiento de Bonifacio VIII y se pedía la convocatoria de un concilio para nombrar un nuevo pontífice. Todos los firmantes fueron excomulgados en 1298, y encerrados en la cárcel. Las condiciones de la detención fueron durísimas.

ENCADENADO NOCHE Y DÍA EN LOS FRÍOS Y HÚMEDOS SUBTERRÁNEOS DE UN CONVENTO, DONDE ADEMÁS DESEMBOCABA UN CONDUCTO DE DESAGÜE, LA POCA COMIDA QUE RECIBÍA SE LA ENTREGABAN EN UN CESTO QUE BAJABAN DESDE LO ALTO, Y SÓLO PODÍA MOVERSE LO POCO QUE LE PERMITÍAN LOS HERRAJES.

*N. de la T. Llamado Jacopo Benedicti o Benedetti. Franciscano, nacido en Todi en la primera mitad del siglo XIII.

En vano pidió al Papa que le retirase al menos la excomunión, el pontífice, aunque había promulgado una indulgencia plenaria con ocasión del primer Año Santo (1300), se guardó mucho de perdonarlo. Sólo tras la muerte de Bonifacio VIII (1303) Jacopone, ya septuagenario, fue liberado de la cárcel y la excomunión y se retiró a un convento. *Se dice que ya era incapaz de andar porque las rodillas se habían calcificado por la posición en que lo mantuvieron encadenado durante casi cinco años. Murió en 1306.*

Guglielma la Bohemia *

(1260?) Era una mujer muy pía y con su carisma atrajo numerosos seguidores. Cuando murió, su cuerpo fue sepultado en el monasterio de Claraval, y fue venerada como una santa. Andres Saramita y Manfreda de Pirovano, dos de sus seguidoras, llegaron incluso a sostener que Guglielma era la encarnación femenina del Espíritu Santo.

Manfreda anhelaba convertirse en «papisa», pero no había contado con la Inquisición. Las dos herejes murieron en la hoguera en 1300 y el cuerpo de Guglielma fue desenterrado.

Los apostólicos

Llamaban así a quienes seguían a Gerardo Segalello de Parma (1240 c.-1300). Éste, como san Francisco años antes, renunció a todos sus bienes y, después que la orden de los franciscanos lo rechazara, comenzó a predicar por su cuenta, alrededor de 1260. A su alrededor se formó en poco tiempo un vasto movimiento (del que, sin embargo, nunca quiso ser nombrado «jefe») que se expandiría no sólo en la Italia septentrional y central, sino también en Dalmacia, Austria, Francia, Alemania, Inglaterra. [13]

Los apostólicos tendían a organizarse en comunidades: poblados donde trabajaban y poseían colectivamente la tierra y establecían depósitos comunes de comida y otros bienes, llamados «creencias».

---

*N de la T.: Su sobrenombre se debe a que procedía de la región de Bohemia.

[13] Rino Ferrari, *Fra Gherardo Segalello Libertario di Dio*, Quaderni dolciniani, Biella, Centro Studi Dolciniani, pág. 33.

Como los franciscanos, los apostólicos practicaban la pobreza y predicaban en todas partes: en las plazas, en los caminos, y también en las iglesias puestas a su disposición por sacerdotes simpatizantes con el movimiento. A diferencia de los franciscanos, ellos discrepaban de los diezmos y el poder del clero, consideraban que la Iglesia de Roma estaba irremediablemente profanada, practicaban el bautismo de adultos, no juraban (además, en el Evangelio está escrito: *«Y no juréis... que vuestro lenguaje sea sí sí, no no»*), y rezaban en soledad.

También afirmaban que era mejor vivir sin voto que rezar sólo de un modo formal, con voto. [14]

Obviamente, entre los seguidores de Segalello también eran numerosas las mujeres, que asumían el grado de «hermanas» de los apostólicos o incluso de «profetisas».

Florecieron las anécdotas y leyendas más variadas en relación con las actividades de Segalello y los suyos; tantas, que hoy es difícil discernir lo verdadero de lo falso.

Para el pueblo, Segalello era un santo que hacía milagros, un «Francisco redivivo», capaz de caminar sobre las aguas como san Pedro.

Para sus detractores, como el franciscano Salimbene de Parma, Gerardo no era más que un laico de viles orígenes campesinos, un iletrado, un idiota, y sus discípulos no eran más que porqueros, vaqueros, necios, brutos y rufianes. [15] El mismo Salimbene atribuyó a Segalello y a los suyos diversas estulticias: Segalello tenía la costumbre de dormir con una muchacha desnuda para poner a prueba su propia castidad y había comenzado su vida pública dejándose ver sobre un carro mientras mamaba de las ubres de una de sus discípulas como si fuese un niño. Pero evidentemente las masas no encontraban tan toscas las palabras de fray Gerardo y sus seguidores, ya que el propio Salimbene se vio obligado a admitir que en Emilia los predicadores apostólicos tenían una audiencia mucho mayor que la de los franciscanos. Veamos un episodio significativo al respecto: los apostólicos hacían predicar también a los niños, y entre éstos había un verdadero niño prodigio que, colocado a veces sobre el trono episcopal de una catedral, atraía un público desbordado y conseguía muchas conversiones. Esto es lo que sucedió una vez que este niño predicó en Ferrara: *«Un día que fray Buenaventura de Iseo predicaba en el convento de los Me-*

[14] Rino Ferrari, *op. cit.*, pág. 25.
[15] Rino Ferrari, *op. cit.*, pág. 7.

nores en Ferrara se percató que algunos de sus oyentes se levantaban de improviso y salían a la carrera.

Y se sorprendió mucho... Así que preguntó por qué se iba tan deprisa.

Los que se habían quedado le respondieron: «Es porque un muchachito de los apostólicos se dispone a predicar en la iglesia del beato Giorgio. Es allí donde se reúne la gente. Y es por esto por lo que se van corriendo: para coger sitio"».

En 1280 en Reggio Emilia hubo una auténtica movilización popular contra el clero, a causa de los diezmos. Culparon a Segalello y su comunidad de haber sublevado a las masas, porque hacían discursos de este cariz:

«ME QUEJO A VOSOTROS, QUE EXIGÍS EL DIEZMO DE LAS COSECHAS Y OLVIDÁIS LA JUSTICIA Y LA CARIDAD... ME QUEJO A VOSOTROS GUÍAS CIEGOS, PUESTO QUE DECÍS Y NO HACÉIS, Y EXIGÍS LOS PRIMEROS PUESTOS Y LOS SALUDOS EN LAS PLAZAS, PERO CARGÁIS A LOS DEMÁS CON PESOS INSOPORTABLES QUE NO TOCÁIS NI SIQUIERA CON UN DEDO...»

Fray Gerardo fue arrestado y encarcelado por el obispo de Parma, Obizzo Savitali. Al principio lo encerraron en una celda del obispado de Parma, y luego le fue concedida una especie de libertad condicional en el interior del palacio episcopal (el obispo se divertía escuchando sus palabras como si fuera un bufón).

Al cabo de cuatro años de cárcel, Gerardo fue liberado. Probablemente el obispo creía que era un personaje inocuo, y ni siquiera se le ocurrió pensar que el hereje se hubiera hecho pasar por loco a propósito, para que lo dejaran libre.

Pero ahora el lazo de la estructura eclesiástica se estrechaba cada vez más alrededor de los apostólicos. En 1285, el papa Honorio IV les ordenó que dejaran sus hábitos característicos (un sayo beige y una capa blanca) y que ingresaran en las órdenes regulares dela Iglesia católica. Pero muy pocos hicieron caso de la invitación. Echaron los apostólicos de las iglesias de la ciudad de Parma.

En 1290 *comenzaron las hogueras: Cuatro apostólicos, dos hombres y dos mujeres* fueron ajusticiados en Parma. Pero en los años siguientes les seguirían otros.

El 18 de julio de 1300 (año del primer jubileo de la Iglesia católica), *quemaron en la hoguera al propio Gerardo Segalello.* [16]

Fray Dolcino

Seguramente es el hereje más famoso del medioevo italiano. En 1300, Dolcino se convirtió en el jefe carismático de los apostólicos, tras la muerte en la hoguera de Gerardo, su fundador.

Envió a sus discípulos una proclama con tonos proféticos: la era del mal iba a terminar, muy pronto el emperador Federico III de Aragón depondría al falso papa Bonifacio, y con él a todo el clero corrupto. Le seguiría una era de paz universal con la elección de un Papa santo. Entretanto, los apostólicos tenían que vivir en clandestinidad para escapar a la persecución de la falsa Iglesia, que rastreaba y mordía como los perros a los auténticos fieles.

Y por iniciativa de Dolcino, los apostólicos se transformaron, de movimiento anárquico y espontáneo en organización subversiva «clandestina», que desarrolló una ferviente propaganda anticlerical. Por todas partes, en la Italia central y sep-

Xilografía del siglo XVI que evoca distintas formas de tortura.

[16] Rino Ferrari, *op. cit.*, pág. 47.

tentrional, se extendieron los círculos de apostólicos. Los predicadores podían contar con la hospitalidad y la complicidad de gran número de personas de todos los estratos sociales, admiradas por la forma de actuar de estos «hombres buenos» y por el carisma profético de Dolcino. Pero, tal como había previsto Dolcino, la Inquisición había empezado a seguir la pista a los apostólicos. Los poblados fueron registrados en busca de herejes y de las familias que los protegían.

En 1303, Zacarías de Santa Ágata, que sostenía que la Donación de Constantino (el falso documento de donde se desprendía que Constantino habría entregado a la Iglesia el poder temporal) era la verdadera causa de la ruina de la Iglesia, fue quemado en la hoguera.

En Bolonia le tocó a Rolandino de Ollis. Pietro dal Pra, el ermitaño Bartolomé Petri Rubey y Juan Gerardini (que había logrado escapar muchas veces de forma rocambolesca), fueron quemados en la hoguera o encerrados de por vida.

Muchas otras personas, incluso años después de los acontecimientos, tuvieron problemas con la Inquisición por haber alojado a los apostólicos. Algunos fueron condenados, otros se las arreglaron abjurando o declarándose engañados de buena fe: «parecían hombres buenos» era la autodefensa de muchos. Y además, el propio Dolcino había declarado que no era pecado jurar en falso a los inquisidores, si esto servía para salvar la propia vida y la de los compañeros.

En 1304, Dolcino fue a Novara, infiltrándose con los suyos en el territorio entre Serravalle y Gatinara. **La población acogió con alegría a los apostólicos, que fundaron aquí su comunidad, basada en la igualdad evangélica y la comunión de los bienes.**

Pero la intervención de las milicias comunales, guiada por el padre inquisidor Emmanuel, obligó a la comunidad dolciniana a hacerse fuerte, en el verano de 1305, en el monte Parete Calva, en Valsesia. Aquí, Dolcino operó la segunda transformación de su movimiento. Dejaron de ser pacíficos predicadores para ser guerrilleros, hombres y mujeres preparados para defender con las armas la propia independencia. La nueva posición resultó inexpugnable a los asaltos militares. Para procurarse el sustento, los dolcinianos hicieron auténticas incursiones armadas al valle, saqueando y rapiñando las reservas de los feudatarios, tomando rehenes a los ricos, y cambiándolos por comida. Los cruzados antiheréticos, por su parte, perseguían en el valle a todo el que fuera sospechoso de ayudar a los rebeldes y tendían trampas a los dolcinianos que bajaban del monte. Pero a veces eran los rebeldes quienes simulaban salidas para atraer a los cruzados hacia una trampa y matarlos o procurarse prisioneros.

Pero donde no llegaron los inquisidores llegaron los rigores del frío invernal y una tremenda hambruna. El ejército de Dolcino fue diezmado por el hambre, por las fatigas y por los enfrentamientos militares.

Al fin, cuando las condiciones de vida se hicieron insoportables, los apostólicos supervivientes (posiblemente un millar), en la primavera de 1306 llevaron a cabo otro éxodo: por senderos inaccesibles y durísimos llegaron a la región del monte Rubello (es decir el monte «Ribelle», que tomó su nombre precisamente por la presencia de los rebeldes dolcinianos), donde construyeron un auténtico poblado fortificado.

La lucha contra los dolcinianos fue dirigida directamente por el obispo e inquisidor de Vercelli Raniero Avogadro, que organizó contra ellos una coalición de tropas inquisitoriales, milicias comunales, además de las fuerzas de los inquisidores lombardos, del arzobispo de Milán y del duque de Saboya, emplazadas por el propio papa Clemente V. Todos los accesos al monte fueron cortados y, excepto una salida por sorpresa de los dolcinianos, que lograron desbaratar una compañía, el asedio dio los resultados esperados. Debilitados por el hambre (habían llegado al punto de alimentarse con los cuerpos de los compañeros muertos), los dolcinianos no consiguieron oponer gran resistencia cuando, el 23 de marzo de 1307, las tropas coaligadas del obispo dieron el *asalto final.*

Centenares de herejes murieron en la batalla, o se ahogaron en el torrente que nace en ese monte. 140 (entre ellos el propio Dolcino y su compañera Margarita) fueron capturados vivos, salvados a propósito para que su condena sirviese de ejemplo.

Inquisición y tribunal episcopal se disputaron al principio el honor de celebrar el proceso, que de todas formas terminó bastante rápido con una sentencia cantada.

En la cárcel, Dolcino y sus seguidores fueron torturados larga y cruelmente, para que abjurasen, pero sin éxito.

Y así, el uno de julio de 1307 Dolcino fue asado vivo en Vercelli, después de haber sufrido un tremendo suplicio. El carro que lo acompañaba al suplicio hizo varias paradas y a cada parada correspondía una tortura hecha en público: primero le fueron abiertas las carnes («*usque ad ossa*», es decir, hasta tocar el hueso, según un cronista de la época) con tenazas al rojo vivo, después le cortaron la nariz y al final le fueron arrancados los genitales.

Antes de subir a la hoguera le tocó ver el «espectáculo» de su compañera Margarita, que fue despedazada y quemada, y cuyos restos se tiraron al río.

Todos los combatientes que habían contribuido a desalojar a Dolcino fueron gratificados con el apelativo de «cruzados» y gozaron de beneficios e indulgencias.

El comportamiento de Dolcino, que no cayó en las súplicas o los alaridos descompuestos, ni durante el suplicio ni en el fuego, arrancó comentarios de admiración incluso de los cronistas y comentaristas católicos.

También la figura de Margarita, en una época que no era precisamente tierna con las mujeres, fue tratada con respeto por los escritores clericales, que no dudaron en difamar de cualquier modo la memoria de Dolcino y sus seguidores. A pesar de que ella conviviese con Dolcino sin estar casada, un cronista anónimo de la época se preocupa de precisar que ella era «mujer no concubina».[17] *Y se comenta con admiración su comportamiento durante el suplicio «considerada la debilidad de su sexo».*[18]

Dolcino salió así de la historia para entrar en el mito. Por una parte estuvo la leyenda negra: se dijo que Dolcino había sido un poderoso brujo, y que sólo el recurso a la magia podía explicar la excepcional resistencia armada de una pandilla de pobres rebeldes frente a las armaduras y a las máquinas de guerra del ejército del arzobispo. Se dijo que los espíritus de los rebeldes permanecían aún en los parajes del monte Rubello, y las voces fueron tan insistentes que las autoridades eclesiásticas terminaron por erigir, en 1308, un santuario dedicado a san Bernardo para exorcizar la zona de la presencia de los espíritus malignos y celebrar la liberación de la *«peste herética»*.[19] Al mismo tiempo nació también una leyenda blanca que consideraba a Dolcino y Margarita casi como dos santos. Después de su muerte, se atribuyeron a la hereje auténticos milagros.

Y de este mito positivo fue del que se adueñaron los progresistas y los socialistas en los siglos XIX y XX.

---

[17] Eugenio Anagnine, *Dolcino e il movimento ereticale all'inizio del Trecento*, Firenze, La Nuova Italia, 1964, pág. 39.

[18] Eugenio Anagnine, *op. cit.*, pág, 194

[19] Eugenio Anagnine, *op. cit.*, pág, 267

La Virgen y los santos, cuadro de Gerard David que representa a la virgen beguina Matilde de Magdeburgo rodeada por su comunidad.

Begardos y beguinas

Eran laicos, sobre todo mujeres, caracterizados por un profundo sentido religioso. Aunque no estaban afiliados a ninguna orden, llevaban una vida monástica en sus casas o en auténticas comunidades.

Considerados un peligroso canal de difusión de las herejías, fueron perseguidos por Clemente V en 1311. Muchos, hombres y mujeres, terminaron en la hoguera.

Lolardos *

Era el apelativo dado a los seguidores de John Wyclif, precursor en Inglaterra de la Reforma. Sostenía que los bienes eclesiásticos podían ser confiscados por el poder civil, que el Papa no era infalible y que, en caso de necesidad, debería poder ser legítimamente depuesto por los laicos.

Repudió la práctica de las indulgencias, así como el culto de los santos y las reliquias. Tradujo, además, en vulgar diversos pasajes de las escrituras (algo que estaba prohibido, como veremos en el próximo capítulo). El movimiento de los lolardos, acusado de ser el inspirador de una revuelta campesina, quedó fuera de la ley a principios del siglo XV.

---

* N. de la T.: proviene de lollen, «gruñir».

Ya en 1409, con ocasión del sínodo de Londres, **treinta y siete lolardos murieron en la horca y siete en la hoguera.** En 1428 los restos mortales de Wyclif fueron exhumados por orden papal, incinerados y dispersados en un río.

Con todo, el movimiento de los lolardos consiguió sobrevivir hasta el inicio del siglo XVI.

Miniatura alemana del siglo XV donde aparece Jan Hus en la hoguera.

Jan Hus, el Lutero de Bohemia

Predicaba a favor de la libertad de conciencia y contra la corrupción de la Iglesia de Roma.

Era querido por el pueblo y escuchado por el rey.

Para juzgar su caso se convocó incluso un concilio.

Murió en la hoguera, pero inspiró un movimiento popular y combativo.

Fue el precursor de la Reforma en Bohemia. Ordenado sacerdote en 1403, predicó contra la corrupción del clero a todos los niveles. Inspirado en las tesis de Wyclif, Hus era favorable a la interpretación privada de las Escrituras y sostenía que uno podía rebelarse ante la autoridad (civil o religiosa) para seguir la propia conciencia.

Quería que las Escrituras fueran accesibles para la gente corriente, y por eso predicaba en checo antes que en latín, alimentando así el sentimiento nacionalista del país. Hus era popular entre las masas, en la aristocracia (llegó incluso a ser el confesor de la reina) y entre los estudiantes de la Universidad de Praga, donde durante una temporada se impusieron su tesis.

Uno de sus últimos actos fue la denuncia del comercio de indulgencias (ver más adelante el capítulo sobre Lutero) recogidas por los legados papales para financiar una cruzada contra el rey de Nápoles. [20]

Condenado por el Concilio de Constanza, fue expulsado del clero y después, *el 6 de julio de 1415, enviado a la hoguera. Al año siguiente le tocó a un discípulo suyo, Girolamo de Praga.* Entretanto, Hus se había convertido a los ojos de los bohemios en un mártir, es más, su mártir.

Nació así un movimiento husita, dividido en dos vertientes, una moderada y una extremista, que terminó por animar una revuelta popular.

El emperador Segismundo se dio cuenta de que la guerra de religión era también una guerra de la independencia, y en 1420 invadió Bohemia. Pero su ejército fue destrozado por los campesinos checos, que utilizaron técnicas de combate innovadoras. [21] En 1430 el ala moderada y la extremista se enfrentaron en una auténtica guerra civil que terminó con la derrota de los radicales.

De todos modos, los husitas lograron obtener, al menos en Bohemia, la libertad de culto. Más tarde, la mayor parte de ellos confluiría en la Iglesia calvinista.

Juana de Arco, bruja, hereje y después santa

El 30 de mayo de 1431, Juana de Arco fue condenada por brujería y herejía y enviada a la hoguera. Su «herejía» no era muy distinta de la de Hus: había antepuesto su juicio personal a las decisiones de la Iglesia que le parecieron absurdas. Luego, la Iglesia reconoció que se había equivocado y santificó a Juana de Arco el 18 de abril de 1909.

---

[20] Visto el éxito de las cruzadas contra los infieles en Tierra Santa, los Papas pensaron en lanzar nuevas cruzadas, incluso contra los monarcas cristianos que no se sometían al poder papal.

[21] Sobre esta batalla no sabemos nada más; esperamos contar qué sucedió en la próxima edición de *La vera storia del mondo 2 - La vendetta.*

Girolamo Savonarola: el Ayatollah de Florencia

La de Girolamo Savonarola (1452-1498) fue probablemente la última herejía medieval. Era un fraile dominico que condenaba los pecados y la vanidad y denunciaba los males de la Iglesia. Comenzó a predicar en Florencia alrededor de 1491, anunciando la inminencia del fin del mundo y la necesidad de hacer penitencia.

Después que la familia Medici fuera expulsada de Florencia, Savonarola adquirió frente a los florentinos el carisma de un profeta y ejerció una notable influencia sobre el recién creado gobierno comunal. A causa de su política intransigente e intolerante contra el lujo y el hedonismo renacentista, y por ello, también contra el arte, insignes artistas y literatos como Poliziano y Miguel Angel tuvieron que abandonar la ciudad.

Savonarola la tenía tomada, sobre todo, con el pontífice del momento (el papa Alejandro VI Borgia). Por eso el Papa odiaba a Savonarola y a los florentinos, que obstaculizaban sus pretensiones de hegemonía sobre la Italia central. En mayo de 1497, el fraile fue excomulgado. Respondió apelando a todos los Estados europeos para que convocaran un concilio ecuménico a fin de deponer a Alejandro VI, que él consideraba un auténtico anticristo.

Un franciscano lo desafió a someterse a una ordalía (pasar a través del fuego para demostrar que uno está protegido por Dios), pero Savonarola se negó.

En Florencia se vivía un clima no muy distinto del que vemos hoy en los países donde ocupan el poder regímenes integristas, y la población, que había apoyado a Savonarola, no pudo soportar más su rigidez moralista. El Papa pudo así capturarlo y procesarlo. *Bajo tortura, Savonarola se confesó culpable de herejía y de diversos crímenes que se le imputaban y, en mayo de 1498, fue quemado en la hoguera junto a dos de sus seguidores.*

Recientemente se ha propuesto su beatificación.

Capítulo noveno

A los cristianos les estaba prohibido leer la Biblia

Increíble pero verdad. Durante siglos, traducir la Biblia en una lengua comprensible para el pueblo era un delito que podía costarte la vida.

TENER UN EVANGELIO EN CASA ESTABA PROHIBIDO A CUALQUIERA QUE NO FUESE UN SACERDOTE.

A judíos, cristianos y musulmanes se les llama también los «pueblos del Libro», puesto que basan (o deberían basar) la propia fe, los propios preceptos y las propias costumbres en textos dictados (o al menos inspirados) directamente por Dios.

Se deduce (o debería deducirse) que el creyente de una de estas tres religiones tiene derecho, y no sólo el derecho, sino también el «deber» de leer, estudiar y comprender las Escrituras.

No obstante, hoy vemos que la mayoría de los católicos conoce poco o nada tanto del Viejo como del Nuevo Testamento. Este hecho sorprende sobre todo si lo comparamos con los «primos» protestantes que, en cambio, conocen las Escrituras de memoria.

¿A qué se debe esta ignorancia católica? ¿quizá a una mayor pereza de los latinos respecto a los germánicos? Obviamente no. La ignorancia actual tiene causas históricas bien precisas.

Xilografía de 1493
que muestra la quema
de judíos durante el
medioevo.

Demos un paso atrás: el problema de las religiones basadas en una revelación escrita es la lengua. ¿Qué pasa cuando una religión de este tipo se difunde entre pueblos que hablan otras lenguas o incluso cuando, en el mismo lugar donde nació, la natural evolución del curso de los siglos causa mutaciones en el lenguaje (seguro que el ciudadano romano medio de hoy no habla el latín clásico)?

Pasa, por lo general, que la Revelación corre el riesgo de dejar de ser entendida por la mayor parte de los creyentes.

Ya antes del nacimiento de Cristo, los judíos, que tenían numerosas comunidades repartidas por todo el oriente helénico, debían afrontar este problema. La Biblia estaba escrita en hebreo, pero muchos judíos de segunda o tercera generación sabían mejor el griego que su lengua madre, además de que muchos «gentiles» (no judíos) que hablaban griego se acercaban con curiosidad a su culto. [1]

El problema se solucionó traduciendo las Escrituras del hebreo al griego: era la famosa Biblia de los Setenta.

---

[1] En Palestina se hablaba hebreo desde el III milenio a. C. hasta el siglo II a. C. A partir de esta fecha fue sustituido por el arameo (la lengua que hablaba Jesús). El pueblo de Jesús ya no podía leer las palabras del propio Jesús (escritas en hebreo y después en griego).

Siglos más tarde, en Roma, san Jerónimo (*ca*. 347-420) tradujo al latín el Viejo y el Nuevo Testamento. El motivo de esta empresa era obvio: el cristianismo se extendía cada vez más en los territorios occidentales del Imperio Romano, donde no se hablaba el griego, y la lengua más difundida (el «inglés» de la época) era el latín. En efecto, aún hoy la versión de san Jerónimo se conoce con el nombre de *Vulgata* (es decir «popular», «accesible», «divulgada»). Más o menos en los mismos años, el obispo arriano Ulfilas, hizo una operación similar, y además inventó un nuevo alfabeto para traducir la Biblia al godo y hacerla así más accesible a las poblaciones germánicas.

Algunos siglos después, san Cirilo inventó el primer alfabeto eslavo (el antecesor del moderno cirílico) para poder difundir la nueva fe precisamente entre los pueblos eslavos.

Con la caída del Imperio Romano, el latín estuvo cada vez más en desuso y entre la población nacieron varias lenguas «vulgares».

Llegados al año 1000, en Europa el latín ya sólo era la lengua de los doctos y de los juristas (un porcentaje pequeñísimo de la población), una lengua desconocida por la gente común.

Parecería lógico que la Iglesia promoviese con energía la traducción de la Biblia y el Evangelio a las nuevas lenguas nacionales, de modo que los creyentes pudiesen, si no estudiarlos (muy pocos sabían leer y escribir), al menos escucharlos en una lengua comprensible.

En cambio, no.

Al contrario, a partir de un cierto momento todos los intentos de hacer las Escrituras comprensibles para el pueblo fueron incluso condenadas y sus artífices perseguidos. ¿Cómo puede ser? Los herejes, y en general aquellos que negaban el poder de la Iglesia, utilizaban las Escrituras para mostrar al pueblo cuánto se había alejado la Iglesia oficial del original mandamiento evangélico de pobreza y humildad.

En 1199, el papa Inocencio III (siempre él, el Papa teocrático, el inventor de las cruzadas contra los herejes) se lanzó contra aquellos laicos, hombres o mujeres, que «...*EN REUNIONES SECRETAS, SE HAN TOMADO EL DERECHO DE EXPORTAR TALES ESCRITOS Y DE PREDICARSE LOS UNOS A LOS OTROS*». [2]

[2] Epístola *Cumex iniuncto*, del 2 de julio de 1199.

En 1229, el Concilio de Tolosa, el que instituyó la Inquisición, convocado en el mismo sur de Francia donde hacía sólo unas semanas que habían sido exterminados decenas de miles de cátaros en nombre de la fe, prohibió a los laicos poseer y leer la Biblia, sobre todo en vulgar, con excepción de los Salmos y de los pasajes contenidos en los breviarios autorizados.[3]

Resumiendo, el estudio y la prédica de la Biblia son asuntos reservados al clero; quien intentase hacerlo por sí mismo se arriesgaría a terminar en la hoguera por hereje.

Incluso puede decirse que, desde entonces, apenas hubo procesos contra herejes donde no figurara contra los acusados el cargo de «traducción y lectura no autorizada de los Evangelios».

Cuando Lutero tradujo la Biblia al alemán (y otros, galvanizados por su ejemplo, hicieron otro tanto en las diversas lenguas nacionales), al alto clero católico debió darle un buen soponcio.

Esto es lo que escribió una comisión de prelados sobre el asunto en un relato enviado al Papa en 1553: **«DEBEN HACERSE TODOS LOS ESFUERZOS PARA QUE SE PERMITA LO MENOS POSIBLE LA LECTURA DEL EVANGELIO... BASTE LO POQUÍSIMO QUE SUELE LEERSE EN LA MISA, NI MÁS DE ESO SE PERMITA LEER A NADIE. MIENTRAS LOS HOMBRES SE CONTENTARON CON AQUEL POCO, LOS INTERESES DE VUESTRA SANTIDAD PROSPERARON, PERO CUANDO SE QUISO LEER MÁS, COMENZARON A DECAER.»**

Aquel libro, en definitiva [el Evangelio], es el que más que otra cosa ha suscitado contra nosotros aquellos torbellinos y aquellas tempestades por las cuales ha faltado poco para que estuviéramos enteramente perdidos.

Y en verdad, si alguien lo examina enteramente y diligentemente, y después confronta las instrucciones de la Biblia con lo que se hace en nuestras iglesias, se dará cuenta enseguida de la discrepancia y verá que nuestra doctrina es muchas veces distinta y aún más a menudo contraria a aquélla: lo cual si se comprendiera por el pueblo, no pararía de reclamar contra nosotros, hasta que todo fuera divulgado, y entonces nos convertiríamos en objeto de desprecio y de odio de todo el mundo.

---

[3] David Christie-Murray, *op. cit.*, pág. 156.

POR ESO ES NECESARIO HURTAR LA BIBLIA DE LA
VISTA DEL PUEBLO, PERO CON GRAN CAUTELA PARA
NO SUSCITAR TUMULTOS». [4]

Más claro que esto...

Con el Concilio de Trento (1542-1563), se permitió la lectura de algunos ejemplares de la Biblia traducidos con autorización de obispos e inquisidores. Pero en 1596, el nuevo Índice (es decir, la lista de los textos que no les estaba permitido leer a los católicos) rehabilitó la prohibición absoluta de cualquier obra de vulgarización, y ordenó el secuestro y la destrucción incluso de las obras autorizadas con anterioridad.

Entre finales del siglo XVI y principios del XVII centenares de ediciones del Viejo y del Nuevo Testamento fueron dados a las llamas por disposición de las autoridades eclesiásticas, con la consternación de muchos creyentes, que no comprendían cómo había libros sagrados que podían ser prohibidos de un día para otro. [5]

Todavía, tres siglos después, el papa Pío VII (1800-1823) afirmará que «...*las asociaciones formadas en la mayor parte de Europa, para traducir en lengua vulgar y expandir la ley de Dios, me causan horror... Hay que destruir esta peste con todos los medios posibles...*». [6]

El uso en la liturgia de las lenguas nacionales en lugar del latín no se introdujo hasta el Concilio Vaticano II (1962-1965).

---

[4] *Avvisi sopra i mezzi più opportuni per sostenere la Chiesa romana,* Bologna, 20 de octubre de 1553. Biblioteca Nacional de París, folio B, n. 1088, vol. II, págs. 641-650.
[5] Grigliola Fragnito, *La Biblia a la hoguera: la censura eclesiástica y las vulgarizaciones de la Escritura,* Il Mulino, 1997, pág. 275.
[6] Bula del 28 de junio de 1816.

Capítulo décimo

La Inquisición.
Malos.
Pero muy malos

Al principio las persecuciones contra los herejes quizá se debieron más al encarnizamiento de los soberanos temporales que al de los ambientes eclesiásticos.

Pier Damiani (*ca.* 1007-1072) afirmó orgullosamente que los santos están dispuestos a sacrificar su vida por la fe, pero no matan a los herejes. En 1144, Wazo, obispo de Liège, salvó la vida de algunos cátaros que una turba quería enviar a la hoguera. [1] Incluso el arzobispo de Milán protestó contra la multitud que había linchado algunos herejes. Bernardo de Claraval, gran enemigo de la herejía que contribuyó a encarcelar a muchos herejes, declaró no obstante que los herejes deberían conquistarse con la razón más que con la fuerza.

---

[1] ¿Por qué precisamente la pena de hoguera y la dispersión de las cenizas para brujas y herejes? *«Antes de que los cementerios fuesen relegados fuera de las murallas, como en las costumbres romanas, los finados reposaban bajo el suelo de sus casas. Eran los lares, los protectores del lugar. Así, el ritual del fuego y de la dispersión de herejes y brujas constituía para la época un acto traumático, por cuanto rasgaba la "convivencia" entre vida y muerte, entre "cuerpo y alma"».* Vana De Angelis, *Le Streghe - roghi, processi, riti e pozioni,* Casale Monferrato, Piemme, 1999, pág. 155.

Aún en 1162, el papa Alejandro III, juzgando el caso de algunos cátaros, declaró que *«era mejor perdonar al culpable, antes que quitar la vida al inocente»*. En 1165, en Narbona, un pacífico debate público explicó las diferencias entre católicos y cátaros.

En resumen, en la Iglesia se confrontaban diversas tendencias sobre la conducta a adoptar con los herejes.

Nacimiento de la Inquisición

Como ya hemos dicho con anterioridad, el primer paso hacia el nacimiento de la Inquisición lo dio Inocencio III, pero sus sucesores habrían completado dignamente la obra. En 1229, un concilio reunido en Tolosa, en aquel sur de Francia ahora reconquistado para la «verdadera fe» con las armas y el exterminio, instituyó oficialmente los tribunales de la Inquisición.

Enseguida, el papa Gregorio IX confió la celebración de los procesos contra los herejes a comisarios especiales elegidos entre los dominicanos y los franciscanos.

Precisamente los exponentes de aquellas órdenes mendicantes que habían permanecido en la herejía hasta poco tiempo antes, se convertirían en los más celosos perseguidores de quien profesara ideas no ortodoxas.

MUCHOS CONVENTOS FRANCISCANOS FUERON DOTADOS DE UNA AUTÉNTICA PRISIÓN PARA ENCERRAR A LOS HEREJES, PERO TAMBIÉN A LOS FRAILES CULPABLES DE REBELIÓN.

A menudo las condiciones de los prisioneros en estas cárceles eran muy duras. [2]

A partir de este momento, la Inquisición adquirió una estructura propia que iba en aumento, convirtiéndose así en un organismo autónomo, sin control por las diócesis, un auténtico cuerpo de policía con competencias de investigación y represión. Los inquisidores tenían plenos poderes, comprendido el de deponer y hacer encarcelar a los eclesiásticos que hubieran defendido a los herejes.

El cuadro fue completado por Inocencio IV (1243-1254), que adjudicó el derecho a la tortura. Esta última debía ser aplicada por las autoridades seglares, pero después por motivos prácticos se autorizó a «ensuciarse las manos» incluso a

[2] Franco Sutner, *Jacopone da Todi*, Roma, Donzelli, 1999, pág. 76.

El papa Gregorio VII
instituye la
Inquisición,
confiándola a los
dominicos.
Miniatura del
siglo XV.

los inquisidores y a sus asistentes, con la posibilidad de absolverse recíprocamente. Además de la política de represión, la Inquisición se sirvió también de la de «colaboración». En 246, Inocencio IV concedió un reducido período de noviciado para los cátaros convertidos que quisieran entrar en la orden dominicana, convirtiéndose a su vez en inquisidores.

Desde este punto de vista, fue célebre la vista del caso de Pedro de Verona (1203-1252). Hijo de padres cátaros, pero educado en la religión católica, Pedro se convirtió después de haber escuchado una prédica de santo Domingo y entró en su orden. Nombrado inquisidor para Lombardía en 1251, murió al año siguiente en una emboscada a manos de los herejes de Seveso. Pedro fue canonizado como mártir dos años después de su muerte y se convirtió a los ojos de la gente en el verdadero patrono de la Inquisición.[3]

[3] Benazzi, D'Amico, *op. cit.*, págs.34-35.

Los territorios de la cristiandad fueron divididos en distritos, correspondientes a las provincias de las Órdenes mendicantes. A cada distrito se asignaba un inquisidor con séquito propio, que tenía la misión de vigilar todo su territorio. Se preparaba el terreno con un predicador que llegaba a los distintos pueblos y ciudades algunos días antes que el inquisidor, y prometía indulgencias para todos los que abjuraran de sus eventuales convicciones heréticas y dieran el nombre de otros pecadores.

Sucesivas intervenciones de Gregorio IX, Urbano IV, Bonifacio VIII y Clemente V (el primer Papa aviñonés) autorizaron (incluso obligaron) a los inquisidores a proceder en sus procesos sumariamente, sin trampas legales y sin el «estrépito de los abogados».[4]

Inglaterra quedó fuera de la jurisdicción inquisitorial. Sólo una vez, durante el reino de Eduardo II, la Inquisición entró en la isla para derrotar a los Templarios.

Incluso el poder temporal jugó su papel.

En 1185, Federico Barbarroja introdujo la pena de muerte por herejía.

Como ya se ha dicho, el Tratado de Meaux de 1229, que puso fin a la cruzada anti cátara, equiparaba el crimen de herejía al de lesa majestad. El emperador Federico II, por su parte, dictó, entre 1220 y 1239, una serie de edictos cuya crueldad iba en aumento, con los que condenó a los herejes a la confiscación de sus bienes, al exilio, a cadena perpetua y por fin a la hoguera.

En Francia, la pena de hoguera, aplicada ya de hecho, se convirtió en ley a todos los efectos en 1270, en Inglaterra **NO SE APROBÓ HASTA 1401, CON EL ESTATUTO DE SINIESTRO NOMBRE: *DE HAERETICO COMBURENDO*. ***

Total, la lucha contra la herejía se convertía en un asunto de Estado. La alianza entre trono y altar para frenar un fenómeno que amenazaba tanto a la autoridad civil como a la religiosa, sería uno de los rasgos constitutivos de la Inquisición incluso en el futuro. Los tribunales de la Inquisición emitirían sus condenas, pero sería el «brazo seglar» quien las pondría en práctica.

---

[4] Nicolau Eymerich, Francisco Peña, *Il Manuale dell'Inquisitore*, Roma, Fanucci, 2000.
* N. de la T.: «Sobre la quema de herejes».

La Iglesia como máquina de matar

En toda la historia de la Iglesia, como hemos visto, no faltaron nunca los litigios, los delitos, las persecuciones, pero a menudo se trataba de hechos imputables a soberanos, a personas individuales, a situaciones locales, a movilizaciones populares (sobre todo en los primeros siglos y en los países de lengua griega, la plebe seguía y se apasionaba con las controversias doctrinales con un fervor incluso superior a la afición futbolística actual). Con un poco de buena voluntad se podía hablar de «manchas», si bien enormes, sobre un organismo sustancialmente sano.

La Inquisición provocó un auténtico salto de calidad: la estructura eclesiástica en su totalidad se modeló y se adaptó para facilitar el trabajo de quien recibió el encargo de encontrar y destruir a los herejes; la delación, la confesión obtenida con la tortura, el recurso a suplicios públicos y ejecuciones capitales «para dar ejemplo», se convirtieron en prácticas habituales y aceptadas, o incluso santificadas.

¿Qué podía haber provocado este cambio?

Como ya hemos dicho en el capítulo sobre el poder temporal, la Iglesia a estas alturas se había transformado en un auténtico Estado, con posesiones, ejército y política exterior propios. Y un Estado, como es sabido, más que filósofos necesita administradores, personas que sepan gestionar con cautela, previsión y también, cuando sea necesario, sin prejuicios ni piedad, el patrimonio que se les confía. «...*las altas esferas eclesiásticas ya no estaban compuestas preferentemente por teólogos y filósofos, sino por juristas. Sin la presencia de esta "nueva casta", la Inquisición no hubiera sido la que en realidad llegó a ser.*»[5]

Total, la Iglesia era ahora una potencia política en manos de políticos.

El proceso de la Inquisición

Frente a los tribunales de la Inquisición, un sospechoso se consideraba culpable a menos que demostrara su inocencia.

Ésta era una praxis que contrastaba tanto con el derecho romano como con el germánico de origen bárbaro (que además

---

[5] Benazzi, D'Amico, *op.cit.*, pág. 38.

no era tan bárbaro), ambos de tipo acusatorio (es decir, quien acusa ha de aportar las pruebas, y no al contrario) y basados en la presunción de inocencia.

PARA INICIAR LA INSTRUCCIÓN CONTRA UNA PERSONA NO HACÍA FALTA SIQUIERA UNA DENUNCIA, SINO QUE BASTABA LA «FAMA PÚBLICA», ES DECIR LOS «RUMORES» QUE CORRÍAN SOBRE ELLA. Este principio había sido establecido por el mismo Inocencio III con los decretos *Licet heli* y *Qualiter et quando*, de 1206.

Las pruebas y las declaraciones se recogían en secreto, no sólo sin la confrontación sino incluso sin el conocimiento del propio imputado. Para construir la acusación no se andaban con sutilezas: se podían recoger declaraciones de herejes, de excomulgados, de perjuros declarados y de criminales. Naturalmente también valían las declaraciones obtenidas bajo tortura.

Los eventuales testigos favorables corrían el riesgo de ser a su vez acusados de complicidad con la herejía. Los que colaboraban aportando elementos útiles para la acusación obtenían, en cambio, las mismas indulgencias que los peregrinos de Tierra Santa.

El sospechoso de herejía era convocado por los inquisidores sin saber los motivos y, cuando se presentaba, a menudo lo primero que le pedían era que se imaginase el motivo de la convocatoria (lo que resulta fácil de imaginar es cuál debía ser el estado de ánimo del acusado).

Durante las audiencias del proceso, el imputado, llamado a responder de graves acusaciones, no tenía ni siquiera el derecho al careo con quien los acusaba: sus declaraciones se leían de forma sumaria.

Incluso cuando lograba ser absuelto, el acusado tenía siempre sobre su cabeza la espada de Damocles de una revisión del proceso que podía hacer que lo arrestaran de nuevo y lo condenaran. Es más, el propio hecho de haber sido sometido ya a un proceso era una circunstancia agravante en caso de que hubiera otro.

Lo único bueno que puede decirse de los procesos de la Inquisición es que teóricamente ponían en práctica el principio de igualdad de todos los ciudadanos frente a la ley: ningún privilegio nobiliario o eclesiástico podía poner trabas a las investigaciones de la Inquisición.

Grabado del siglo XIX que
evoca una escena de tortura.

La tortura

El *Manual del inquisidor* de Eymerich describe una serie de
«astucias» de los acusados en los procesos, como la de dar
respuestas elusivas, declararse ignorantes, o fingirse locos.
¿Cómo hacer para distinguir un auténtico loco del que finge
hacerlo? Eymerich no lo duda:

> «PARA ESTAR SEGUROS HABRÍA QUE TORTURAR AL LOCO, AU-
> TÉNTICO O FALSO. SI NO ESTÁ LOCO, DIFÍCILMENTE CONTINUARÁ
> SU COMEDIA CUANDO SEA PRESA DEL DOLOR.» [6]

Una solución simple, pragmática y eficaz.

Teóricamente, por ley la tortura podía ser inflingida sólo
una vez, pero de hecho se repetía hasta que el inquisidor lo
creyera necesario, con el pretexto de que se trataba de una
sola sesión con muchas «interrupciones».

Estudios recientes [7] han evidenciado que el recurso a la
tortura en los tribunales de la Inquisición era menos fre-
cuente de lo que se podría pensar (por ejemplo, «sólo» el 7
% de los casos en Granada entre 1573 y 1577) e incluso seguramente inferior al recurso que a ella se hacía en los tribunales laicos por delitos comunes; algunos procesados «ilustres», como Juana de Arco, no fueron torturados.

Naturalmente, estos cálculos no tienen en cuenta la tortu-

---

[6] Nicolau Eymerich, Francisco Peña, *op. cit.*
[7] B. Benassar, *Storia dell'Inquisizione Spagnola*, Milán, Rizzoli, 1995, pág. 104.

ra psicológica: los inquisidores ponían el máximo cuidado en mostrar al sospechoso de herejía los instrumentos de tortura, en prepararlos bajo su mirada, en hacerles oír el sonido de la sala de tortura y los alaridos de los desdichados (a veces estos alaridos eran fingidos). Esta puesta en escena muchas veces bastaba, por sí sola, para provocar el hundimiento del investigado.

La coerción psicológica se aplicaba también junto a la tortura física: cuanto más atroces eran los suplicios más persuasiva era la voz del inquisidor, más suaves sus maneras mientras suplicaba al torturado que confesara y pusiera así fin a sus sufrimientos.

Los tribunales «ordinarios», no pretendían entrar en la conciencia del imputado, sino sólo arrancarle una respuesta sobre un hecho material. Los interrogatorios de la Inquisición, en cambio, entraban en la esfera íntima del individuo.

El hereje sometido a tortura se encontraba así frente a un verdadero dilema: negar, y afrontar otros sufrimientos atroces y quizá la muerte, o abjurar y renegar de las propias convicciones.

El luterano veneciano Francesco Spiera murió desesperado por haber abjurado de su propia fe, convencido de haber cometido así un grave pecado sin esperanza de salvación.[8]

No siempre las ejecuciones públicas intimidaban al público. Es más, a veces obtenían el efecto contrario.

EN 1279, POR EJEMPLO, LA TURBA QUE ASISTIÓ EN PARMA A LA HOGUERA DE LE HEREJE OLIVIA DE FRIDOLFI QUEDÓ TAN IMPRESIONADA POR LA CRUELDAD DEL ESPECTÁCULO (PARECE QUE LA QUEMARON A POSTA A «FUEGO LENTO»), QUE SE FORMÓ UN TUMULTO.

El cercano convento dominico, que albergaba también el tribunal de la Inquisición, fue asaltado y saqueado. Los frailes que se encintraban dentro fueron echados a palos.[9]

La sentencia

Si instrucción, tortura y discusión se hacían en secreto, a la sentencia y sucesiva ejecución se les daba máxima publicidad. Como explica lúcidamente un eclesiástico del siglo XVI:

[8] Benazzi, D'Amico, *op. cit.*, pág. 127.
[9] Rino Ferrari, *op. cit.*, pág. 40.

Las diversas formas en que el Santo Oficio lleva a cabo la investigación, grabado de Berbard Picart (1753).

«Hay que recordar que la principal finalidad del proceso y de la condena a muerte no es salvar el alma al reo, sino procurar el bien público y aterrorizar al pueblo... No hay duda que instruir y aterrorizar al pueblo con la proclamación de las sentencias... es una buena acción». [10]

*«Las sentencias... se daban a conocer el domingo, durante la gran misa en la catedral, con la participación de las autoridades civiles. Los imputados confesaban sus errores y abjuraban públicamente antes de someterse a la penitencia (nunca llamada pena o castigo), que podía ir de períodos de cárcel a la condena a muerte, pasando por la flagelación o el peregrinaje bajo coacción. Los que se mantenían obstinadamente inamovibles en sus propias posiciones o recaían en la herejía, eran llevados fuera de la iglesia y confiados a los magistrados con la recomendación de mostrarse caritativos y no causar derramamiento de sangre. La suprema hipocresía de todo esto estaba en el hecho de que, **si el magistrado no hubiese mandado a las víctimas a la hoguera al día siguiente, se hubiera hecho sospechoso de concurrir en herejía.»** [11]*

Ni siquiera muerto se estaba a salvo de la hoguera. Muchos notables y eclesiásticos (ya hemos citado el caso de Wyclif) fueron declarados herejes después de su muerte, y su cuerpo fue exhumado y entregado a las llamas. El primer acto

---

[10] Nicolau Eymerich, Francisco Peña, *op. cit.*, en la introducción de Peña.
[11] David Christie-Murray, *op. cit.*, págs. 157-158.

de la Inquisición española medieval, por ejemplo, fue precisamente la ejecución póstuma del conde Raimundo de Forcalquier, en 1257.

La práctica de la condena póstuma no tenía sólo un valor simbólico: la excomunión era retroactiva e incluía la confiscación de los bienes que habían pertenecido al condenado, expropiándolos a los legítimos herederos.

La Inquisición después de Lutero

La Inquisición alcanzó su cumbre en el siglo XIV, para desaparecer casi totalmente hacia finales del siglo XV. Los motivos de su declive están paradójicamente en el éxito de su modo de operar, pero también en la intransigencia de las nacientes monarquías nacionales hacia cualquier tipo de ingerencia externa.

Todos los acontecimientos que llevaron al Cisma de Lutero, por ejemplo, se trataron por canales distintos de los inquisitoriales.

Sólo después de que la Reforma se extendiera como una mancha de aceite por Europa, la curia romana relanzó la Inquisición con la intención de impedir la difusión de las ideas luteranas en todos los territorios que aún estaban bajo el control de la Santa Sede.

La Inquisición española

La Inquisición española fue reorganizada por iniciativa del rey Fernando, alrededor de 1482.

Tenía que amalgamar dos reinos (Castilla y Aragón), y un territorio todavía parcialmente en manos de los «infieles» (la Reconquista, es decir la completa destrucción de los reinos musulmanes, no terminaría hasta 1492). El país estaba postrado por las guerras civiles en curso. Los nobles estaban descontentos. Fernando necesitaba un instrumento para someter a toda la sociedad española.

La característica de la nueva Inquisición fue la creación de un organismo central, llamado «Consejo de la suprema y general Inquisición», con el encargo de organizar y coordinar los diversos tribunales regionales, de revisar los procesos celebrados por las cortes locales, de juzgar en primera persona las causas más graves y de investigar a los propios inquisidores. Los miembros de la «Suprema» eran nombrados formalmente por el Papa, pero quien los elegía y dirigía era el rey de España. Además, el propio término de «Consejo», con que se calificaba al nuevo organismo, es indicativo: los Consejos de la época eran órganos de gobierno (existía un Consejo de Estado, uno de finanzas, etc.). El primer presidente de la «Suprema», Diego Espinosa, también era presidente del Consejo de Castilla.

En la práctica, la compenetración entre religión y Estado, el empleo de la religión como *instrumentum regni*, se hacen muy evidentes en el caso de la Inquisición española.

El más famoso inquisidor español fue, seguramente, el dominicano Tomás de Torquemada (*ca.* 1420-1498), hijo de judíos conversos y familiar de un importante funcionario de la Iglesia católica, hombre de vida privada ejemplar e irreprensible. Ya su nombre parece señalar un destino («torque» significa antorcha y «quemada» no necesita traducción).

El rey Fernando había querido la Inquisición, pero fue Torquemada quien la creó materialmente, instituyendo uno a uno los tribunales provinciales en las diversas partes del reino, y creando un auténtico «Códice» para disciplinar la acción de los mismos.

Pero el dominicano encontró también oposiciones a su actuación. A menudo, en las ciudades que atravesaba las autoridades y la ciudadanía rechazaban acogerlo, y la gente lo insultaba durante sus prédicas públicas. Por ejemplo, fue echado por la población de Barcelona y se vetó su presencia en las Cortes de Valencia y Aragón. No obstante esos incidentes, Torquemada mandó a la hoguera a más de diez mil «herejes». La Inquisición se ramificó en toda España, y las «cortes», de itinerantes, se hicieron «sedentarias»: tribunales en toda regla.

Ya hemos apuntado que nadie estaba a salvo de las pesquisas de la Inquisición, no precisamente los nobles (para quienes había previstas medidas punitivas como la prohibición de vestirse elegantemente, montar a caballo y llevar armas), pero tampoco los mismos inquisidores. Cualquiera podía emplear la estructura de la Inquisición para perjudicar a eventuales rivales, pero también podía ser víctima, en una especia de cuento sin fin. Por ejemplo, el inquisidor de Córdoba, Luis de Capones, se encontró a su vez acusado de 106 delitos.

Este hecho no podía dejar de generar un espeso clima de miedo y sospecha general, donde todos sospechaban de todos, para ventaja del poder del monarca, que era el único árbitro de todos los procedimientos. La Inquisición española continuó su propia obra a lo largo de los siglos, hasta el XVIII.

Contrariamente a lo que podría pensar, la Inquisición española se ocupó muy marginalmente de perseguir a las brujas. A menudo se consideraban locas o víctimas de ilusiones diabólicas. En efecto, la mujer en la sociedad española era tan despreciada que no se creía que pudiese representar un peligro real. A través de la Inquisición se practicó una auténtica depuración de la sociedad de los elementos que obstaculizaban el poder del rey y de los inquisidores y contra los grupos étnicos sometidos. Así, se daba caza a los herejes, a los musulmanes y a los judíos.

Moriscos y marranos

Gran parte del territorio español había estado mucho tiempo dominado por los emiratos musulmanes y hasta 1492, con la conquista del reino musulmán de Granada, no se completó el dominio de la Península Ibérica por parte de los monarcas cristianos. Esto explica porqué se encontraban en los confines de los reinos cristianos no sólo un número relevante de musulmanes, sino también una fuerte comunidad judía, muy floreciente desde el punto de vista económico y cultural. De hecho, por lo general los regímenes islámicos de la época trataban mejor a los judíos que sus contemporáneos de los reinos cristianos.

Su éxito económico, su carácter emprendedor, el prestigio de muchos exponentes de su comunidad (que llegaron a ser consejeros escuchados en las cortes cristianas y en las musulmanas) habrían terminado por atraer contra los judíos tanto el odio de la plebe como la envidia de la nobleza.

Hacia finales del siglo XIV, la hostilidad popular contra los judíos (llamados despreciativamente *marranos*) se manifestó a través de verdaderos progrom (matanzas). Muchos judíos se salvaron mediante la fuga o la conversión (se les conoció por el nombre de conversos). Pero muchos continuaron practicando su vieja religión a escondidas. Aunque el judío converso estaba siempre bajo amenaza. De hecho, el practicar a escondidas otra religión era una falta gravísima. Un cristiano que abandonaba la propia religión cometía el crimen de apostasía, que podía castigarse con la muerte.

En 1391, en Sevilla, se mató a 4.000 judíos en una sola noche. En 1412 hubo algunos casos de expulsión, aunque a cargo de «conversos». En 1477 dos judíos conversos fueron quemados sobre la hoguera en Llerena.

Una investigación que hizo un dominicano en la época puso de manifiesto que casi todos los judíos habían continuado practicando a escondidas la vieja religión. Este episodio facilitó el pretexto para nuevas persecuciones anti judías y para la reintroducción de la Inquisición en Castilla.

En 1481 se celebró el primer «acto de fe», es decir la primera hoguera aplicada por sentencia de la Inquisición. Seis notables conversos fueron quemados vivos.

En los años siguientes habría no sólo otras hogueras, sino también expulsiones y ordenanzas que impusieron la reclusión en ghettos. En 1482 Sixto IV se opuso a algunos excesos de la Inquisición española, pero sus protestas no dieron resultado. Entretanto, los dominicanos se habían convertido en consejeros de la corte, conquistando una función asumida en otro tiempo por los judíos.

Como consecuencia del homicidio, por parte de algunos judíos conversos, del inquisidor Pedro Arbués, en 1485, la represión se intensificó aún más.

En Zaragoza, entre los años 1486 y 1490, murieron 307 personas en la hoguera.

En Mallorca, entre 1488 y 1499 se aplicaron 347 condenas a muerte.

En Barcelona, en 1491, hubo 129 condenas, de las cuales 126 lo fueron en contumacia, es decir, en ausencia de los interesados.

El 31 de diciembre de 1492 un edicto real impuso a los judíos una elección: exilio o conversión. La medida alcanzó incluso a uno de los que financiaron la expedición de Cristóbal Colón. Un tratamiento similar se reservó a los *moriscos* (es decir, musulmanes conversos). En 1492, el tratado con el último soberano musulmán de Granada preveía, a cambio de su retirada, la garantía de libertad de culto para quienes profesaban el islamismo.

Pero diez años después, la reina Isabel de Castilla puso a los musulmanes frente al mismo dilema que había puesto a los judíos: convertirse o marchar.

Naturalmente, muchos árabes decidieron convertirse, y naturalmente pesó siempre sobre ellos la sospecha de que se trataba de una falsa conversión.

En Granada, entre 1550 y 1580. *780 moriscos fueron condenados a penas de diversa entidad. En Hornachos (pueblo de 7.000 habitantes) en el bienio 1590-1592, se juzgaron 133 causas.* En general, los moriscos fueron condenados a penas relativamente más leves que los judíos conversos. Se trataba como máximo de confiscaciones o decretos de expulsión. En

Cuadro de Eugenio Lucas y Velásquez representando una escena de la Inquisición.

esencia fue una guerra étnica que expropió a todos los árabes y judíos acomodados.

La Inquisición romana

En 1542, el papa Pablo III, ya que la Inquisición española había sido tan eficaz, decidió imitarla. Tenía problemas económicos y quería entorpecer la difusión de las doctrinas protestantes.

Se instituyeron tribunales inquisitoriales territoriales con jurisdicción exclusiva sobre todos los casos de herejía. A la cabeza de éstos se creó un organismo central con sede en Roma, compuesto por seis cardenales y bajo el control directo del pontífice, que participaba en todas las reuniones. El organismo podía indagar incluso sobre el resto de prelados y teóricamente tenía jurisdicción sobre todo el territorio de la cristiandad, pero en realidad se ocupó sobre todo de las cuestiones italianas.

Capítulo undécimo

Caza de brujas

«Dolor sin consejo, saco sin fondo, fiebre continua que nunca termina, bestia insaciable, hoja llevada por el viento, caña vacía, loca incontrolada, mal sin bien alguno, en casa un demonio, en la cama una letrina, en el huerto cabra, imagen del Diablo.»[1]

Cuando oímos hablar de caza de brujas y de la Inquisición, nuestra fantasía vuela de inmediato al medioevo. Nada más falso: la persecución en masa y las matanzas continuaron por mucho tiempo. Desde 1480 a 1520 hubo grandes oleadas represivas contra brujas y herejes, después hubo una cierta calma y una nueva oleada de persecuciones entre 1580 y 1670.

Miniaturas que representan a las bruja en el Sabbat (1451).

---

[1] De un canto popular del medioevo sobre la mujer. Vanna de Angelis, *op. cit.*, pág. 161.

Lo que en el medioevo había sido una guerra abierta contra poblaciones enteras que habían elegido una vida comunitaria (como cátaros y dolcinianos), se convirtió en una persecución policial a gran escala para extirpar la mala hierba de la desobediencia.

Ya en la antigua Roma había leyes que castigaban a los que utilizaban prácticas mágicas para causar daño al prójimo y a los adivinos que abusaban de la credulidad popular. En realidad, también los romanos trataban de castigar a quien no siguiese la religión oficial. Recordemos que, entonces, los ritos matriarcales (el culto a Isis es un ejemplo) eran prohibidos y perseguidos. Pero la «brujería» no era más que un asunto de «Código penal».

La legislación de la era cristiana comenzó a ocuparse muy pronto de la brujería, pero parece que al principio había escepticismo sobre la existencia de los poderes sobrenaturales de brujas y brujos. «*No olvidemos la existencia de desventuradas mujeres que se ofrecieron a Satanás y, seducidas por encantamientos y fantasmas de origen diabólico, sostienen que han cabalgado sobre bestias durante la noche, siguiendo a la diosa pagana Diana, y haberlo hecho en compañía de una multitud de mujeres... Muchos se han dejado engañar por estas cosas y creen que son ciertas y se alejan de la verdadera fe... Pero ¿quién puede estar tan necio para creer que todo eso suceda... y además en grupo?*»[2] Así reza el *Canon Episcopi* un documento eclesiástico del siglo XIX.

Así pues, quien practicase la brujería cometía, seguramente, un pecado, pero no representaba un auténtico peligro para la comunidad.

A partir del año 1000 hasta mediado el siglo XIII, la atención de la Iglesia estaba concentrada sobre todo en herejías como la de los cátaros y los valdenses, y el mundo del ocultismo se dejó un poco de lado. Las cosas cambiaron en cuanto apareció la Inquisición.

El cambio entre las primeras persecuciones más bien benévolas y la Inquisición es fundamental. El demonio se convierte en un ser físico, puede poseer y tener aliados en la Tierra, puede tener un ejército y una Iglesia propios. La batalla entre el bien y el mal se hace así concreta, una auténtica guerra y, como en toda guerra, tiene sus víctimas. El 1258, Alejandro IV condena las prácticas mágicas. En 1320, Juan XXII encarga a los inquisidores de Tolosa que intervengan contra los brujos.

---

[2] J. M. Sallmann, *Las brujas amantes de Satán*, Madrid, Aguilar, 1995.

Durante todo el siglo XIV y el XV se sucederán, en inquietante crescendo, tratados sobre la brujería, bulas papales y intervenciones de juristas sobre el asunto.

Las brujas, en el preciso momento en que aceptan tener relaciones con el demonio, quedan también manchadas del delito de herejía. Incluso prácticas populares en apariencia inocentes, como la recolecta de plantas durante la fiesta de san Antonio o durante la noche de san Juan, se harán sospechosas a los ojos de los inquisidores. En 1451, Nicolás V exhorta a los inquisidores a castigar a los adivinos incluso aunque no sea evidente su condición de herejes: así, la Inquisición puede atacar también la superstición popular.

La brujas, se dirá, son una auténtica secta que lucha por la destrucción de la Iglesia (incluso es muy evidente la similitud con los movimientos heréticos y con los judíos). El objetivo de estos razonamientos es claro: si las brujas son por definición herejes, fácilmente los herejes (y también los judíos) son por definición brujos. Los valdenses de Arras confesaron en 1400 bajo tortura que pertenecían a una secta de adoradores del diablo. Se trasladaban volando a los Sabbat, donde abjuraban de la religión cristiana y blasfemaban de Dios, la Trinidad y la Virgen. De los cátaros se dijo que su apelativo derivaba de Cato, un demonio a quien adoraban. Los templarios fueron acusados de herejía y de adorar a un ídolo llamado Bafumet.

Hacia finales del siglo XV, el obispo de París amenazó con la excomunión a todo aquel que se hiciera leer la mano.

Comienza la caza

La bula papal *Summis desiderante affectibus*, promulgada por Inocencio IV el 2 de diciembre de 1484, marca la fecha del inicio de lo que será un auténtico exterminio en masa de brujas y brujos. En este documento, el Papa alarmado por las noticias que llegan del norte de Alemania, donde parece que los cultos satánicos y las prácticas de brujería tienen muchos adeptos, da a los inquisidores plenos poderes para extirpar el fenómeno.

Dos años más tarde también intervendrá el poder laico. El emperador Maximiliano de Austria promulga una ordenanza donde se invita a todos los buenos católicos a colaborar con los inquisidores en su obra.

Ese mismo año aparece *Malleus Maleficarum* (Martillo de las brujas), un auténtico tratado, reproducido con la nueva técnica de impresión inventada por Gutemberg, que describe detalladamente el mundo de las brujas, sus maleficios, las señales para reconocerlas y el modo de llevar los interrogatorios. La tesis del *Malleus* expone que la brujería existe y es una forma de herejía, del mismo modo que negar su existencia es un comportamiento herético. Los autores, Krämer (llamado Institoris) y Sprenger, eran dos teólogos dominicanos.

Krämer, en especial, es un notabilísimo e incansable inquisidor internacional, que se distinguió por la persecución valdenses, husitas y brujas. Su conducta en Alemania meridional le granjeó la antipatía de los eclesiásticos locales y el odio de la población, que llegó a un paso de la revuelta. Actuó incluso en la diócesis de Bressanone, pero el obispo Georg Golser terminó por alejarlo por causa de su crueldad y arbitrariedad, que había levantado, también aquí, las iras del pueblo.

El Martillo de las brujas, que tendrá reimpresiones hasta 1669, será un auténtico best-seller de la época.

Muchos otros «cazadores de brujas» escribieron sus tratados, entre ellos Jean Bodin encarnizado inquisidor y perseguidor, que después fue a su vez sospechoso de herejía, y Henry Boguet, inquisidor en Suiza, que pasó a la historia por haber condenado a muerte a niños acusados de brujería (no se sabe si lo complacieron).

Las zonas más golpeadas fueron las regiones de Artois, Fiandre, Hinault, Cambrésis, Brabante, Lorena, Renania, las regiones meridionales de Alemania, Borgoña, los Países Bajos, Luxemburgo y el Piamonte. [3]

Una guerra contra las mujeres

La caza de brujas puede ser leída también como una gigantesca guerra del poder masculino contra las mujeres y las últimas formas de matriarcado. El objetivo principal era arrebatar a las mujeres el «poder» de curar enfermedades y asistir a partos. Este poder debía ser confiado al monopolio de la casta masculina de los médicos.

[3] J.M. Salmann, *op. cit.*, pág. 81.

Aguafuerte, por
Jan Luyken, que
evoca la quema
de Anne
Hendriks en
Ámsterdam,
en 1571.

El *Malleus maleficarum* afirma claramente que *«nadie hace mayor daño a la Iglesia que las comadronas».*[4] No hace falta esforzarse mucho para encontrar en la literatura, en la teología y también en los tratados de medicina de la época, afirmaciones de gran odio y desprecio hacia las mujeres. Citamos uno cualquiera, Laurent Joubert, médico del siglo XVI: *«...el semen por sí mismo es indiferente... a menudo degenera en mujer, a causa del frío y de la humedad... y por la sobreabundante presencia de sangre menstrual cruda e indigesta».*[5] Por otra parte, Tommaso Campanella escribía: *«LAS MUJERZUELAS, QUE COMEN ALIMENTOS INDIGNOS, O CONCIBEN EN EL ÚTERO VAPORES PERVERSOS DE LA SANGRE MENSTRUAL O DE EXCREMENTOS RETENIDOS, SE PERTURBAN Y LLEVAN A CABO ACTOS PARA RECIBIR A LOS DEMONIOS.»*[6]

También fueron a la hoguera hombres y personas de alto linaje, pero eso no quita que la gran mayoría de las víctimas fueron mujeres de condición humilde, a menudo marginadas sociales.

A veces la figura de la bruja comadrona/curandera se confundía con la de la prostituta. Y entonces reaparecía un personaje social de gran poder que aún contenía la esencia de las sacerdotisas prostitutas de los cultos matriarcales. No sabemos cuánto de esto era real o fantasía de los inquisidores. Pero es verdad que en algunas zonas (por ejemplo en los territorios eslavos), los cultos matriarcales que se remontaban

[4] Vanna de Angelis, *op. cit.*, pág. 269.
[5] Benazzi, D'Amico, *op. cit.*, pág. 265.
[6] Tomasso Campanella, *Dell senso delle cose e della magia*, de Benazzi, D'Amico, *op. cit.*, pág. 268.

a cuatro o cinco mil años antes de Cristo sobrevivieron mucho tiempo, más allá del siglo XVII, a veces camuflados de ritos cristianos, a veces practicados en secreto por el pueblo (como se realizó durante mucho tiempo para los ritos matriarcales de los esclavos negros de América). [7]

El insensato engranaje de la Inquisición

A finales del siglo XV la Inquisición era ya una máquina bien engrasada y bien rodada para la destrucción de los herejes. Es más, podríamos decir que ya se había convertido en una máquina que «tenía necesidad» de herejes.

Grabado francés del siglo XIX donde se puede apreciar el mecanismo de la tortura de la cuerda.

El éxito y la carrera de los inquisidores dependía del número de los procesos llevados a cabo y de las condenas obtenidas. Además, se pensaba que el pueblo debía estar siempre subyugado por la visión de castigos ejemplares a fin que no osase salir del recinto de la verdadera fe.

Concretando, eso significaba que las hogueras en las plazas y las ejecuciones estaban al orden del día y los cadáveres expuestos eran una advertencia a la población. Imaginad el olor, imaginad el miedo de esta gente. Y la locura de estos sacerdotes inquisidores que, llegados a cierto punto, si no había herejes tenían que inventárselos.

LAS ESTIMACIONES MÁS PRUDENTES DAN UN BALANCE FINAL QUE OSCILA ENTRE LAS SETENTA Y LAS TRESCIENTAS MIL VÍCTIMAS, DESDE EL SIGLO XIV AL XVIII. PERO HAY QUIEN HABLA DE MILLONES DE MUERTOS.

---

[7] Se trata de un tema muy amplio sobre el cual estamos escribiendo un libro con Gabriella Canova y Laura Malucelli.

Hay quien dice no

Por suerte no faltaron personas que se opusieran al clima de la época.

Por ejemplo, el filósofo y matemático Niccoló Cusano, que en 1456 juzgó, en calidad de obispo de Brenassone, el caso de dos mujeres que habían confesado haber sido transportadas a un Sabbat por una misteriosa dama llamada Richella, después de haber abandonado la fe cristiana. Dijo que en el lugar del Sabbat había hombres que devoraban niños sin bautizar.

Cusano liquidó el asunto como un sueño y sostuvo que esta clase de fábulas servían para reforzar en la gente el miedo al diablo, hasta el punto de hacerles creer que era más potente que el mismo Dios, lo que era una blasfemia.

Al final, las dos mujeres fueron condenadas a una simple penitencia.

En 1489, Urlich Müller declaró que las brujas no eran más que pobres mujeres subyugadas por una ilusión diabólica.

A principios del siglo XVI, el hermano Samuele De Cassinis llegó incluso a acusar de herejía a los inquisidores, porque creían en el Sabbat, y luchó para que se restituyera a los familiares de las brujas ajusticiadas los bienes que habían sido confiscados.

También el humanista Andrea Alciato en 1544 afirmó que la persecución de brujas no tenía sentido.

En 1553, el médico Johan Weyer sostuvo que las brujas no eran más que pobres mujeres víctimas de alucinaciones. Por estas teorías fue violentamente atacado por teólogos católicos y protestantes.[8]

En 1594 Reginald Scot publicó un libro contra los excesos en la caza de brujas. Las copias del volumen se quemaron por orden del rey de Escocia.[9]

A principios del siglo XVII, el renano Cornelius Loos trató inútilmente de hacer imprimir una obra donde liquidaba como fantasías el Sabbat, las cabalgatas nocturnas y los tratos con el demonio. Seguramente fue el primero en manifestar que la brujería era una cultura alternativa a la dominante y muy arraigada entre los humildes. Por sus ideas fue condenado a la hoguera, pero murió de peste en la cárcel antes de la ejecución.

[8] Vanna de Angelis, *op. cit.*, pp. 382-383.
[9] Vanna de Angelis, *op. cit.*, pág. 379.

En 1631, el jesuita alemán Friedrich Von Spee, en su tratado *Cautio Criminalis, seu de processibus contra sagas,* afirmó «...*Me avergüenza confesar que, sobre todo en Alemania, entre los católicos y entre el pueblo, existen increíbles supersticiones... que... inciden más sobre las pobres mujeres...*»

«*Si un inquisidor tuviese al Papa entre manos, con la tortura conseguiría que hasta él confesara ser un brujo*» seguía diciendo Von Spee.

Pero hasta mitad del siglo XVII no fueron más que voces aisladas que clamaban en el desierto.

El proceso

El proceso por brujería se parecía al proceso por herejía y se podía instruir sobre la base de una mera sospecha (incluso bastaba «haber sido soñados» por otra persona).

También valían las denuncias anónimas. Incluso se colocaron en las iglesias unas huchas expresas para las denuncias, similares a las de las limosnas.

Apenas comenzada la audiencia, la presunta bruja era invitada a confesar y abjurar del demonio. Si no lo hacía, era torturada.

Entre las pruebas de una posesión diabólica segura estaba la presencia de señales especiales en el cuerpo de la bruja. Podía tratarse de una mancha en la piel, una verruga, un callo o cualquier «imperfección». Aquella era la marca dejada por el Diablo.

Otro elemento de valoración era la ordalía.

En los casos más leves de sospecha, los jueces se contentaban viendo llorar con lágrimas a las sospechosas (puesto que se creía que las brujas no podían llorar, pero el Diablo era capaz de simular las lágrimas). En los casos más graves se recurría a la prueba del agua: la presunta bruja (muy a menudo atada a una gran piedra) era tirada al agua. Si se ahogaba era inocente. Pero si flotaba quería decir que era culpable, puesto que estaba protegida por un sortilegio del demonio. No había modo de salvarse.

Los interrogatorios se desarrollaban por medio de preguntas trampa estudiadas para confundir al imputado. Por ejemplo, a la pregunta: «¿Creéis en las brujas?», responder *no* significaba negar la misma existencia del diablo y por lo tanto

Grabado anónimo, de 1669, que representa el linchamiento de un hereje.

mancharse con el crimen de herejía. Responder *sí* conllevaba otras preguntas por parte de los jueces, como: «¿A cuántas brujas conocéis?», y otras por el estilo.

A menudo las brujas, espontáneamente o bajo tortura, daban los nombres de otras personas que participaban con ellas en los Sabbat, o implicaban a sus propios acusadores, creando así una lúgubre reacción en cadena que podía durar incluso años y alcanzar a cientos de personas.

Pero el proceso por brujería tenía una diferencia muy importante respecto a la herejía. El hereje que hubiera confesado y abjurado de inmediato delante de los jueces, podía ser absuelto enseguida, o como máximo sufrir un castigo leve (quedando claro que reincidir representaba para él una muerte segura). La bruja que hubiese confesado «espontáneamente» quedaba absuelta de herejía, pero los jueces enviaban su caso al tribunal «laico», para los efectos «civiles» de sus actos [10] y se sabe que los tribunales ordinarios de la época eran incluso más severos que los eclesiásticos.

Las penas por brujería variaban desde los castigos corporales hasta la cadena perpetua o la hoguera, en los casos más graves. A veces, como acto de clemencia, la bruja era estrangulada antes de quemarla.

---

[10] La Iglesia se ocupaba de juzgar si una bruja estaba más o menos poseída por el demonio, pero si con sus actos de brujería había perjudicado a propiedades o personas, eso debía se juzgado por un tribunal civil.

Dibujo que representa la tortura del caballete, que se infligía a las mujeres acusadas de haber tenido relaciones sexuales con el diablo y a los sodomitas.

A menudo en la hoguera se quemaban, junto a la bruja, los documentos del proceso como acto de purificación. Es por ello por lo que no es posible documentar, a no ser por defecto, el número exacto de brujas ajusticiadas.

La tortura

Describir las torturas empleadas durante siglos de caza de brujas es como desenterrar un pequeño museo de los horrores.

La primera tortura era la psicológica: la presunta bruja era conducida a la sala de los interrogadores, donde estaban expuestos bien a la vista todos los instrumentos del suplicio. Entonces la desnudaban frente al magistrado, la depilaban y la cubrían con una sábana. La tortura más blanda eran los azotes. Después estaba la «cuerda»: le ataban los brazos estirados hacia atrás con una cuerda atada a una polea; mediante la polea, la víctima era estirada hacia arriba, provocando la dislocación de los hombros. Aún más cruel que la cuerda era el caballete, un trozo de madera triangular con el vértice hacia arriba: «El cuerpo de la torturada era estirado y atado fuertemente sobre la punta del caballete, que le penetraba en la carne desde la vulva hasta los glúteos. Después se colgaban pesos de las manos y las piernas de la imputada, cada vez más grandes; o cuerdas fijas a un rodillo, que giraba con una manecilla. Estirando progresivamente las cuerdas, se estiraba todo el cuerpo, y al cabo de algunas horas se dislocaban los miembros.» [11] Otra práctica era encender un fuego bajo los pies de la víctima. También estaban las tenazas, cuyo uso dejamos que imaginéis, y muchos otros instrumentos que no tenemos estómago para describir.

[11] Vanna de Angelis, op. cit., pp. 28-29.

Teóricamente, la tortura debía durar un tiempo limitado, y un médico supervisaba las operaciones para controlar que la vida o la salud del imputado no corrieran peligro. De hecho, el suplicio continuaba a discreción del inquisidor y no fueron raros los casos de mujeres muertas o lisiadas sin remedio a causa de las torturas.

El caso de Franchetta Borelli de Triora

Franchetta Borelli vivía en Triora, un pueblecito prealpino de la provincia de Imperia, en la frontera con Francia.

Tenía 65 años cuando fue sometida, en 1588, a dos sesiones de caballete. Una sesión duró 15 horas seguidas; la otra casi 23.

A pesar del dolor atroz, la mujer demostró una entereza de ánimo excepcional. En un momento dado, probablemente para distraerse del sufrimiento físico, comenzó a bromear y charlar con el comisario y con los carniceros.

El texto que leeremos a continuación es una transcripción casi integral del segundo día de su interrogatorio:

Se preguntó a la acusada si por fin se había decidido a decir la verdad; ella respondió: «Señor, ya he dicho toda la verdad».

Le preguntaron si eran verdad las cosas que había comenzado a confesar durante el último interrogatorio; respondió: «Entonces tenía fiebre y no sabía lo que decía».

Dada la obstinación y la persistencia de la acusada, entonces se ordenó que la desnudaran y volvieran a vestirla con una túnica de tela blanca, que le afeitaran todos los cabellos y los pelos de las partes pudendas, y que entonces la pusieran sobre el caballete para torturarla.

Entonces ella dijo: «Señor júzgame, ayúdame Dios omnipotente, mándame ayuda y confort, Señor Dios me ayudarás... Bajadme, he dicho la verdad... Señor Dios libérame de los falsos testimonios, Tú sabes quién soy yo, los jueces del mundo no pueden saberlo... aprieto los dientes y entonces dirán que me río... **AH, MIS BRAZOS... AYÚDAME SEÑOR Y NO ME ABANDONES, NO TENGO MÁS CONSUELO QUE TÚ...** *Bajadme, si no he dicho la verdad que Dios no me acepte nunca en el Paraíso. Me falla el corazón. Señor, mándame al ángel del cielo, que me proteja y me defienda... Bajadme, he dicho la verdad. Si no me bajáis ahora, me bajareis muerta; me falta la respiración.*

Señor, mándame al ángel del cielo. Cristo, que puedes más que los falsos testimonios, arráncame el alma del cuerpo y envíala a donde deba ir».

Calló, entonces dijo: «Me estalla el corazón. El Señor no me dejará terminar el día, porque llamará consigo a mi alma. Señor comisario, permita que me den un poco de vinagre o de vino».

Bebió entonces un vaso de vino, y dijo: «Misericordia, os pido misericordia. Bajadme y dadme algo de beber».

Le dieron un nuevo vaso de vino y después dijo: «Señor comisario desearía tomar un huevo».

Y le dieron un huevo. Ya llevaba cinco horas de tortura, y no dijo nada, ni se quejó, más que al cabo de once horas, cuando dijo: «Que me ayude quien pueda». Al cabo de un rato dijo: «Ah, mi corazón; ah, mi cabeza. ¿Quiere hacer que me bajen un rato, señor comisario?».

Y diciéndole el comisario que si declaraba la verdad la bajarían, ella respondió: «Ah, la he dicho».

Y calló. Y al cabo de doce horas dijo: «Estoy descoyuntada... ah, mi cuello».

Y al cabo de trece horas dijo: «Dadme un poco de agua, que muero de sed».

Le preguntaron si quería vino y dijo que no; así que le dieron a beber agua, y calló. Y después: «Ya no veo bien, me duelen las manos y no siento mis ropas».

Y, diciendo el comisario que no venía a cuento preocuparse por las ropas, sino decir la verdad y tener cuidado del alma, respondió: «El alma está antes que cualquier cosa. Entonces haced que me desaten».

Y diciendo el comisario que si la acusada pronunciaba la verdad la haría desatar y bajar, ella respondió: «Ya he dicho la verdad. No puedo contener la orina. La verdad, la he dicho; si pudieras ver mi ánimo...».

Después de catorce horas de tortura, le fueron traídos por su hermano más huevos frescos; ella los sorbió y dijo: «Ya no podré servirme de mis brazos; mirad también como ha quedado mi lengua... ya no puedo más... por el amor de Dios, haced que me bajen un rato, que al menos pueda respirar un poco».

Entonces le ordenaron que dijera la verdad, tras lo cual la bajarían y podría respirar a gusto. Y ella contestó: «Señor, haced que me bajen, ya he dicho a verdad. Que alguien me ayude, si puede ser; no puedo más, siento que me estalla el corazón. Señor, haz que me ayuden; ya he dicho la verdad. Oh, qué crueles sois.

¿Es posible que nadie quiera darme una cuchara que llevarme a la boca? Señor, quemadme los pies, pero sacadme de aquí».

Y diciendo el comisario que, si no declaraba la verdad, seguro que encenderían el fuego, ella contestó: «Pues haced que me quemen; yo ya he dicho la verdad, pero haced que me saquen de aquí, que ya no resisto más, y no me hagáis llegar a la desesperación. Golpeadme la cabeza con una maza, y terminad con mis sufrimientos. Ya he dicho la verdad. Virgen María, haz que me desaten y envíame un poco de ayuda».

Y diciendo el comisario que si decía la verdad haría que la desataran y la bajaran, ella contestó: «He dicho la verdad. Ah, madre, me falla el corazón. En Roma el caballete no se aplica más de ocho horas. Yo llevo ya toda la noche y muchas horas del día. Me lo dijo uno de Triora que vino de Roma anteayer, cuando yo estaba en Génova... Tengo frío en los pies».

Le dijeron que, si declaraba la verdad, el comisario ordenaría que la bajaran. Y ella contestó: «No me atormenten más; ya he dicho la verdad, no necesito decirla otra vez. Me muero de frío en los pies. Por favor, señor comisario, haga traer algunas brasas para calentarme».

Y así, por orden del comisario, se pusieron algunas brasas bajo los pies de la acusada, y ella calló. Al cabo de dos horas dijo: «Mis pies se hielan».

Y de nuevo, por orden del comisario, se trajeron otras brasas y ella dijo: «Señor, haced que me bajen, diez horas más o menos no importan... y además mirad aquí, un ratón...».

Y el comisario miró y no vio nada. Y la acusada se puso a conversar familiarmente con todos, como si estuviese cómodamente sentada en un sillón, diciendo entre otras cosas: «En Triora nacen castañas así de grandes».

Y viendo que uno de los presentes remendaba sus medias, comenzó a decir: «A cambio de los servicios que me hacéis, cuando salga de aquí haré bien en arreglaros las medias».

Y así dijo varias cosas en presencia del comisario y de sus familiares durante casi una hora (...) Y dirigiéndose al comisario dijo: «Señor, ¿permite que me hagan preparar una sopa y que me bajen para comerla?».

Y diciendo el comisario que tendría que comerla sin bajar del caballete, dijo: «la comeré de todos modos, pero no estará muy buena con este tormento (...)».

Calló, porque parecía que se mofase del comisario y quienes la rodeaban (...)

*Al cabo de veintitrés horas de tortura, sin que hubiese solta-
do ni siquiera un suspiro, el comisario le dijo: «Franchetta, no le
importa estar colgada un o dos horas más, ¿verdad?».* Entonces
ella se dirigió al comisario y a los otros y respondió diciendo:
*«Tenía que haberme bajado hace dos horas, creía que no se ha-
bía dado cuenta».*

Después de esta última broma, al fin terminó el suplicio.
Su caso fue enviado al tribunal de Génova, que no pudo hacer otra cosa que absolverla. [12]

En Triora se capturó y procesó a algunas presuntas brujas.
Una de ellas dijo:

**«Si existe el Diablo, sin duda habita en el cuerpo de
aquel juez, que no come y no duerme durante dos días seguidos, y se alimenta de los horrores de la tortura.»**

En 1628 también se acusó de brujería al ex burgomaestre
de Bamberga, Johannes Junius, y le procesaron. Escribió a su
hija lo siguiente:

*Cien mil veces buenas noches, mi adorada hija Verónica.
Inocente, he sido encarcelado; inocente, he sido torturado, inocente debo morir. Porque cualquiera que sea encerrado en la
cárcel de las brujas es torturado hasta que se inventa cualquier
confesión.*

*La primera vez que me torturaron, estaban el doctor Braun,
el doctor Kötzendörffer y otros dos doctores desconocidos. El
doctor Braun me preguntó: «Amigo, ¿por qué estás aquí?» Yo
respondí: «Por falsas acusaciones, y mala suerte».*

*«Escucha», contestó él, «Eres un brujo, ¿quieres confesar es-
pontáneamente? De otro modo, traeremos a los testimonios y al
verdugo».*

*Yo dije: «No soy un brujo, y mi conciencia está limpia en
cuanto a esto; ni siquiera mil testigos pueden asustarme».*

*Y entonces llegó, Dios del Cielo, ten piedad, el verdugo, que
me aplastó los pulgares, con las manos atadas juntas, de modo
que la sangre salía por las uñas y por todas partes, y no pude
emplear mis manos durante cuatro semanas, como puedes ver
por mi escritura. Después me desnudaron, me ataron las manos
a la espalda y me sometieron al potro. Entonces creí que el cielo
y la tierra se habían unido; ocho veces tiraron de mí y me solta-
ron de nuevo, de modo que sufrí terriblemente. Y así hice mi confesión, pero todo eran mentiras.*

[12] J. M. Salmann, *op. cit.*, págs. 146-148.

AHORA, QUERIDA NIÑA, MIRA LO QUE CONFESÉ PARA ESCAPAR DE LOS DOLORES Y LAS TORTURAS QUE NO HUBIESE PODIDO SOPORTAR...

Hube de decir a quién había visto en el Sabbat. Dije que no había reconocido a nadie.

«Viejo bribón, voy a llamar de nuevo al verdugo. Dime, ¿no estaba también el Canciller?» De modo que dije que sí, que estaba allí.

«¿Y quién más?»

No había reconocido a nadie. El dijo: «Sigue una calle y después otra; comienza por el mercado, recorre la calle por completo y después retrocede a lo largo de la siguiente».

Fui obligado a nombrar a muchas personas. Después llegó la calle principal. No conocía a nadie que viviera allí. Tenía que dar el nombre de ocho personas.

Y continuaron así por todas las calles, aunque yo no pudiera o no quisiera decir nada más. Entonces me entregaron al verdugo, le dijeron que me desnudara, me afeitara totalmente y me torturara. Y tenía que contar los crímenes que había cometido. No dije nada.

«¡Duro con ese bribón!»

Y entonces dije que tenía que haber matado a mis hijos, pero que maté a un caballo. No sirvió para nada (...) También había cogido una hostia consagrada y la había profanado.

Una vez dicho esto, me dejaron en paz.

Querida niña, conserva en secreto esta carta, de otro modo sufriré tremendas torturas y mis carceleros serán decapitados (...).

BUENAS NOCHES, PORQUE TU PADRE, JOHANES JUNIUS, NO TE VERÁ NUNCA MÁS.[13]

Una «*Rave Party*» en 1500

Elspet y Caterine eran dos muchachas analfabetas de origen campesino, alegres y «de costumbres ligeras». Trabajaban como criadas en algunas posadas de la región de Orleáns, donde tenían ocasión de conocer a muchos caminantes.

Un día las dos jovencitas conocieron a un joven recitador.

«Ése... había hipnotizado a las muchachas con su inagotable labia. Lo sabía todo sobre los monstruos del Atlántico, que

[13] J.M. Salmann, *op. cit.*, pág. 149.

en primavera salen de los abismos para copular en las playas.
Conocía al detalle la historia de Arturo y del Santo Grial. Pero,
sobre todo, podía pasar horas y horas narrando anécdotas asom-
brosas sobre ciudades y cosas sorprendentes que en ellas sucedí-
an. Contaba también cosas de brujas y de demonios, y fue esto
lo que marcó de inmediato el terrible destino de las dos jóvenes.
Caterine consiguió conquistar al muchacho. Pasó con él la
noche entera. Después contó a Elspet que era moreno y fuerte,
sin ninguna deformidad. Le confió que creía que el recitador era
en realidad el príncipe Negro, digamos el Diablo. Para no ser
menos, Elspet subió la apuesta prometiendo a su amiga que la
llevaría a un Sabbat.» [14]

Dicho y hecho, la joven, animada por una pariente lejana,
una vieja llamada Zita conocida como comadrona y «hechi-
cera», se ocupó de recoger adhesiones y dinero para pagar los
víveres.

El «Sabbat», en realidad sólo un festín algo deslucido, seguramente una réplica de antiguas orgías paganas agrestes,
tuvo lugar en una casa derruida con el recitador en el papel
de príncipe Negro sin cara.

Las voces llegaron hasta la Inquisición, que convocó a las
dos muchachitas.

Frente al juez, las jóvenes hicieron, espontáneamente y sin
ser sometidas a tortura, una extraña confesión: los participantes en el Sabbat habían pagado para entrar una cuota de
ocho sueldos, con excepción de Elspet, Caterine y tres hermosas muchachas, que entraron gratis (una práctica que recuerda mucho las modernas discotecas y clubs privados).

La comida no valía mucho, como lamentaron las dos
«brujas». Todas las ceremonias giraban en torno al príncipe
Negro: un hombre alto y semi oculto que daba órdenes a los
lacayos y hacía correr hostias negras y copas de vino agrio. El
«Diablo» también ofrecía sumas de dinero a los presentes si
eran capaces de dar muerte a un animal o un ser humano, de
la vecindad. En el «Sabbat» también se podían adquirir dia-
blillos hechos con leche y harina y fritos en mantequilla. O
también marionetas hechas de una pasta más dura, dotadas
de poderes mágicos.

Las chicas se jactaron de poder llevar al tribunal dichas
marionetas, y se declararon seguras de que *«podrían embrujar*

---

[14] Vanna de Angelis, *op. cit.*, págs. 143-144.

Xilografía medieval representando a unas brujas que besan al Diablo en sus nalgas.

sin dificultad al señor juez, porque un juez malo siempre termina abandonado por Dios».[15]

El juez les preguntó con insistencia los detalles de un eventual pacto con el Diablo. Y las dos jóvenes terminaron por admitir que, en efecto, el Diablo y sus lacayos se habían desnudado *«y mostraron a los invitados un miembro viril largo como una vela».* Y que, en efecto, muchas adeptas se arrodillaron y besaron al Diablo en sus partes íntimas o en las nalgas.

Pero negaron tajantemente que hubiera habido relaciones sexuales entre el diablo y las invitadas. Ni rastro de aquella *«cópula diabólica»* descrita en los manuales de brujería.

Lo que habían descrito las muchachas más que un Sabbat satánico parecería una parodia, una especie de festín carnavalesco algo deslucido donde los buenos burgueses y campesinos de la zona encontraron una salida a la extrema monotonía de la vida cotidiana, divirtiéndose representando a brujas y diablos, y dándose el lujo de jugar con la trasgresión sexual. Trasgresión tampoco muy lucida ya que, a juzgar por los relatos de las dos muchachas, no hubo una auténtica orgía.

Probablemente se trataba de algo parecido a los actuales *Rave Party* (que se celebran a menudo en lugares abandona-

[15] Vanna de Angelis, *op. cit.* pág. 147.

dos o en situaciones de semi clandestinidad) o a las fiestas de la noche de Halloween.

No podemos saber qué pasó por las cabezas de las dos chicas: quizá se habían dejado sugestionar por el «juego» hasta el punto de creer que habían participado de veras en una ceremonia satánica; o quizá su amenaza de embrujar al juez era sólo una fanfarronada, un gesto de adolescentes rebeldes que quieren darse importancia.

Pero todas estas consideraciones no asomaron por la mente del juez, que en lugar de ello se convenció de tener frente a él dos brujas auténticas. Amenazó con recurrir a la tortura si no colaboraban. De esta forma las dos muchachas cedieron, confesaron ser brujas y abjuraron de sus culpas. Pero, como se negaron a dar el nombre de los demás participantes en la fiesta (sostenían que no los habían reconocido), el juez no mostró ninguna clemencia y las condenó a la hoguera.

«HEREJES CONFESAS, LAS DOS JOVENCITAS FUERON A LA HOGUERA BAJO LAS MIRADAS ESTUPEFACTAS DE LA POBLACIÓN, QUE CONOCÍA LOS HECHOS Y SU AUTÉNTICA NATURALEZA, PERO NO PODÍAN TESTIFICAR POR MIEDO A SUFRIR LA ACUSACIÓN DE COMPLICIDAD... COMO NO HABÍAN DENUNCIADO A NADIE, LA COMUNIDAD PAGÓ GENEROSAMENTE AL VERDUGO... PARA QUE LAS MATARA ANTES DE ENCENDER LA LEÑA. Y ASÍ LO HIZO.*

*Los ojos brillantes y claros de Cate y Else permanecieron grabados en la memoria de los campesinos y de todos los que asistieron al «Sabbat», que por ocho sueldos habían participado en la fiesta de Satanás, comiendo pésima comida, besando algunos el trasero de un guapo jovencito, y otros fornicando con alguna mujer viuda o joven estéril».[16]

Los tribunales ordinarios

Hacia el siglo XV, como ya se ha dicho, la persecución de los reos de brujería pasa a ser cada vez más un asunto de los tribunales laicos. Es más, a partir del siglo XVI en naciones como Francis, donde nunca se instituyó la Inquisición, la persecución de las brujas será iniciativa sólo del poder estatal.

Ha habido quien ha tratado de redimensionar las responsabilidades de la Iglesia en la caza de brujas, enfatizando el

---

[16] Vanna de Angelis, *op. cit.*, págs. 149-150.

Grabado de Alberto Durero de 1501, que representa a una bruja dirigiéndose al Sabbat con una escoba.

papel jugado en las persecuciones por los soberanos laicos. Pero creemos poder afirmar tranquilamente que la institución eclesiástica, católica y protestante, fue siempre y a pesar de todo la promotora, la instigadora, la proveedora de coartadas y la «mandante moral» de las grandes persecuciones entre fines del siglo XV fines del siglo XVII.

Los linchamientos

Aún hoy se habla de «caza de brujas» para definir un clima de hostilidad general contra una minoría política o religiosa.

No **hay que** sorprenderse si, a veces, ciudadanos y habitantes de **comunidades** rurales deciden tomarse la justicia por su mano **matando** con sus propias manos a las presuntas brujas. A menudo **la iniciativa** proviene de los padres de los presuntos «hechizados» o de jóvenes organizados en auténticas bandas. Otras veces las ejecuciones sumarias son llevadas a cabo por auténticos chalados, como aquellos soldados borrachos que en 1644, en Auch, Francia, apalearon e hicieron ahogar a una campesina llamada Eégine, conocida como bruja.[17]

En Francia (pero también en el Friuli de los bienandantes) en el siglo XVII los pueblos eran recorridos por personajes que se jactaban de reconocer a las brujas de un vistazo y provocaban durante su estancia desórdenes y oleadas de odio.

Una pequeña lista

Damos aquí una relación de algunos de los mayores procesos por brujería que seguramente podrán dar una idea de cómo debía ser la vida cotidiana en tiempos de la caza de brujas.

Como, 1416: a lo largo del año, *300 brujas son quemadas en la hoguera.*

Sion, 1420: 700 presuntos adeptos de una secta que adora al diablo en forma de oso o carnero son procesados. *Cien de ellos confiesan bajo tortura y son quemados vivos.*

Rouen, 1430: Juana de Arco muere en la hoguera por herejía y brujería. En su caso son muy evidentes las motivaciones políticas de la sentencia.

Como, 1484: *60 brujas son quemadas en la hoguera.*

Mirandola, 1522-1523: el proceso «de la Mirandola» afecta con dureza a centenares de ciudadanos, hasta el punto de ser recordado como el «pogrom de la Mirandola». La violencia con que son tratados los acusados es tal que hace exclamar a los asistentes a la ejecución: *«No es justo que a estos hombres se les mate de forma tan cruel».*

Ginebra, 1513: en tres meses son quemadas *500 brujas.*

Como, 1514: *300 brujas* son ajusticiadas como «reincidentes e impenitentes». Fuentes de la época hablan de una media de 100 brujas ajusticiadas cada año en los años posteriores, hasta el punto de que el gobierno de la ciudad amonestó al inquisidor por su celo excesivo.

Noruega, 1544: en la luterana Dinamarca, los católicos son equiparados a las brujas. Sólo en este año son ajusticiadas *52 personas.*

---

[17] Benazzi D'Amico, *op. cit.*, pág. 276.

París, 1565-1640: 1.119 personas son llevadas a juicio en 75 años. Se dictan 100 condenas a muerte, casi siempre de personas acomodadas.

Genf, 1571: 21 mujeres son quemadas en mayo.

Lorena, 1576-1606: el juez Nicolás Remy se jacta de haber mandado a la hoguera, durante este período, entre las *2.000 y las 3.000 brujas* (más o menos una media de dos por semana).

Burdeos, 1577: *400 brujas* mandadas a la muerte por la corte soberana de Burdeos.

Alemania *ca.* 1560: los príncipes protestantes procesan, torturan y condenan a la hoguera a algunos centenares de brujas.

Inglaterra 1560-1600: bajo el reinado de Isabel I se queman en la hoguera *314 víctimas*, en gran parte mujeres.

Treviri, 1587-1593: bajo la dirección del arzobispo-elector Johann von Schöneburg, vinculado a los jesuitas, se queman vivas 368 brujas en veintidós pueblos. En dos de ellos sólo quedó viva una mujer. Entre las víctimas del arzobispo hubo también protestantes y judíos, y el catolicísimo rector universitario y magistrado Dietrich Flade. Este último, reo de haber sido demasiado clemente en sus relaciones con las brujas, fue encarcelado, torturado, estrangulado y después quemado.

En esos mismos años la caza de brujas provocará la destrucción de pueblos enteros en Suiza y la ejecución de *311 brujas* en la región francesa de Vaud.

Triora (Liguria), 1588: se atribuye a las brujas la responsabilidad de una gran carestía. En realidad, como no tardará en descubrirse, no hubo tal carestía, sino que los notables del lugar acapararon las cosechas para venderlas a buen precio. Intervino la Inquisición, que hizo encarcelar y torturar a decenas de mujeres y a un presunto brujo, acusados también de relacionarse con los protestantes. 13 mujeres murieron por torturas, seis fueron condenadas a muerte, una se suicidó en la cárcel para escapar de la crueldad.

Val Mesolcina, 1593: el cardenal Carlos Borromeo (santificado en 1610) favorece la condena de diversas mujeres. Ocho brujas son atadas con la cabeza hacia abajo y lanzadas a la hoguera desde lo alto.

Alemania, *ca.* 1600: el cazador de brujas Baltasar Ross comienza su carrera como inquisidor. Llega por sorpresa a los pueblos con su propio tribunal itinerante. Las brujas son arrestadas, procesadas, torturadas con nuevos instrumentos de su invención, condenadas y quemadas. En tres años de trabajo conseguirá matar a unas 250 mujeres y será ampliamente recompensado por el príncipe y las autoridades locales.

INGLATERRA, *CA.* 1600: EL ARZOBISPO DE SAINT ANDREW, AFECTADO DE UNA GRAVE ENFERMEDAD, MANDA LLAMAR A LA CURANDERA ALISON PEIRSOUN. ÉSTA LO CURA Y ÉL COMO RECOMPENSA HACE QUE LA ENCIERREN EN LA CÁRCEL, LA TORTUREN Y LA CONDENEN A LA HOGUERA.

Mantua, 1603: el duque de Mantua dicta un bando donde prevé una recompensa de 50 escudos para quien denuncie a una bruja.

Zagarramudi (País Vasco), 1614: después de un proceso que dura cuatro años y el interrogatorio de 300 testimonios, se condena a *12 brujas*. Siete son quemadas vivas, las otras cinco, muertas durante el procedimiento, son quemadas «*in effige*» (es decir, se quemó su retrato).

Würtzburg 1623-1631: el príncipe católico Felipe von Ehrenburg envía a la hoguera a *900 personas*, entre las cuales se encuentra su sobrino, diecinueve sacerdotes católicos condenados por sodomía, y algunos niños de cinco a siete años acusados de haber tenido relaciones sexuales con el Demonio.

Oppenau, 1631-1632: un proceso manda a la hoguera al *1,8 % de la población*.

Inglaterra, 1645-1647: deambula por ciudades y pueblos el cazador de brujas Matew Hopkins, que se hace pagar una libra esterlina por cada bruja que logra hacer condenar. Sólo en la provincia de Suffolk consigue hacer ahorcar a 98 mujeres. Hopkins dirige él mismo los interrogatorios y se ceba en especial en las mujeres jóvenes, a quienes tortura después de haberlas violado repetidamente.

Polonia, *ca.* 1650 - *ca.* 1700: se calculan alrededor de *diez mil las víctimas de la caza de brujas*.

Salem (Massachussets), 1692: una esclava de color confiesa haber inducido a las muchachas del pueblo a participar en una danza nocturna con prácticas de magia, y da el nombre de algunos notables del pueblo. A partir de aquí se desencadena una histeria colectiva que llevará a la muerte a muchas personas. Ciento cincuenta y cinco personas, casi todas niñas, muchachas, mujeres jóvenes, serán procesadas, *veinte de ellas terminarán en la hoguera*.

Suiza, 1782: se quema en la hoguera a la última bruja.

Xilografía que ejemplifica la creencia de que las brujas podían
transformarse en gatos.

POLONIA, 1793: SE QUEMA EN LA HOGUERA A LA ÚLTIMA BRUJA.
Sólo en el siglo XVI se cuentan al menos 1.000 ejecuciones en Dinamarca, una cifra análoga en Escocia y casi 200 hogueras en Noruega. [18]

Los bienandantes

Hacia finales del siglo XVI, los inquisidores friulianos se encontraron frente a casos de brujería que no encajaban en los esquemas habituales.

Algunos campesinos eran conocidos en los alrededores por su capacidad para curar a las personas perjudicadas por un maleficio. Uno de ellos, como declaró un párroco al inquisidor de la diócesis de Aquilea en 1575, había declarado ser un «bienandante» y se había jactado de *«andar vagabundo por la noche con hechiceros y duendes»*.

La investigación al principio avanzó con gran lentitud (interrumpida en 1575, no se retomó hasta 1580), pero al fin llegó a comprobarse la existencia de una auténtica secta de bienandantes. Como las brujas, los bienandantes durante el sueño caían en una especie de trance durante el cual el alma salía del cuerpo en forma de «humo», de ratón o de cualquier otro pequeño animal.

[18] Esta relación se ha obtenido de los libros de Vanna de Angelis y de Benazzi D'Amico, obras ya citadas.

Como las brujas, alcanzaban volando, solos o con la ayuda de animales, un lugar de reunión (se indicaban algunos puntos del Véneto o del Friuli, pero también el bíblico valle de Josafat) y como las brujas se encontraban con sus iguales para llevar a cabo operaciones mágicas.

Pero a diferencia de las brujas, ellos no empleaban ungüentos u otros artificios para volar, no participaban en orgías, no abjuraban de la fe católica y no adoraban al diablo. Así, sostenían que combatían *«en nombre de la religión y de Cristo»* contra las brujas y los brujos malvados, para defender las cosechas.

Uno no se convierte en bienandante, sino que nace. Todos los niños que vienen al mundo con «camisa», es decir, recubiertos por la película placentaria como si fuese una prenda de vestir, son bienandantes en potencia a condición de que conserven la membrana y la lleven siempre con ellos. A menudo, los futuros chamanes son avisados del futuro que les espera por sus propias madres o por un bienandante «anciano» que los visita en persona o en sueños.

Alrededor de los veinte años, en las noches de los jueves de las cuatro *tempora,* [19] son llamados en sueños por un capitán o por un ángel. Ante la llamada, su espíritu, como ya se ha dicho, abandona el cuerpo y sigue volando. El destino es un campo donde le espera una batalla contra brujas y brujos malvados. Los buenos hechiceros combaten con ramas e hinojo, los brujos malvados con palos. Si ganan los primeros, aquel año le cosecha será buena; si ganan los segundos será un mal año.

Los bienandantes estarían obligados a guardar secreto sobre sus acciones y sobre los nombres de sus compañeros y de sus adversarios brujos, bajo pena de ser apaleados por la noche. En realidad sucede a menudo que hablen por ahí de algo relacionado con su actividad, por ingenua jactancia o para obtener ventajas económicas: se atribuye a los bienandantes la capacidad de curar a personas afectadas por encantamientos, de reconocer a simple vista a las brujas y, sobre todo a las mujeres nacidas con camisa y la capacidad de comunicarse con los muertos. Todas ellas cualidades que pueden explotarse económicamente.

---

[19] Se llaman *tempora* los tres días de ayuno prescritos por el calendario eclesiástico, en la primera semana de Cuaresma (tempora de primavera), en la octava de Pentecostés (tempora de verano), en la tercera semana de septiembre (tempora de otoño) y en la tercera semana del Adviento (tempora de invierno).

Los inquisidores, durante los interrogatorios, tratarán hábilmente de insinuar al sospechoso que «el ángel» visto por los bienandantes no es otro que el Demonio, y de inserir en los relatos de los desdichados chamanes elementos típicos del Sabbat de la brujería, como la presencia de «hermosas sillas» usadas por el Diablo a modo de trono, de danzas y de «divertimentos». Los buenos campesinos continuarán diciendo que quienes se libran a «divertimentos» son las brujas, mientras ellos van a las reuniones sólo para luchar. Pero al final cederán a la presión psicológica y a las trampas de las preguntas insinuantes para admitir, aunque insistiendo en la propia buena fe, haber sido víctimas del Maligno. Las condenas iniciales contra los bienandantes serán muy leves: apenas seis meses de cárcel, acompañados de diversos actos de penitencia, que podían suspenderse con la condicional a cambio de abjurar públicamente de los propios errores. Hasta 1620 no se llevó a cabo ningún proceso contra bienandantes, si excluimos los dos primeros. Muchas instrucciones fueron interrumpidas, muchos presuntos bienandantes, en paradero desconocido, no fueron buscados de forma activa. Probablemente la Inquisición estaba más preocupada por la infiltración de las tesis luteranas, cuyos defensores fueron, en cambio, identificados y perseguidos con eficiencia y celeridad, que por estos extraños hechiceros.

¿Quiénes eran los bienandantes?

Los bienandantes no eran los únicos «hechiceros buenos» presentes en Europa. En 1692 en Letonia, Thiess, un hombre de 80 años, declara a los jueces que es un lobo fantasma y que tres noches al año (santa Lucía, Pentecostés y san Juan), los licántropos se convierten en lobos y van al infierno para disputar a los diablos y a los brujos malvados los brotes de las cosechas que han robado. Los licántropos fustigan a los brujos con picas de hierro, mientras éstos a su vez los golpean con mangos de escoba. El hombre, acosado por las preguntas de los inquisidores, repitió muchas veces que los lobos fantasma son «perros de Dios» que dan caza a los diablos con todas sus fuerzas, y que sin su trabajo el diablo robaría todos los frutos de la Tierra. Los lobos fantasmas alemanes y los rusos hacen lo mismo. Thies, que no se retractó de sus declaraciones, fue condenado a diez golpes de fusta.

Los parecidos con los bienandantes friulianos son evidentes. Podríamos decir que ambos representan los últimos vestigios de un culto chamánico precristiano, difundido antiguamente en vastas áreas de Europa central, y que sobrevivió en algunas zonas marginales, como en el campo friuliano.

En el caso específico de los bienandantes hay quizá un elemento más de originalidad. Según don Gilberto Pressacco (1945-1997), en los ritos de los bienandantes confluirían también elementos de la tradición extática de los terapeutas de Alejandría, llevados a Friuli por las prédicas de Ermagora, discípulo de san Marcos (de origen precisamente alejandrino) y mítico fundador de la Iglesia de Aquileia. [20]

Al igual que los lobos fantasmas, buenos en origen, fueron transformados por la tradición cristiana en seres negativos, también los bienandantes terminaron por ser identificados con los mismos demonios que combatían.

Hemos dicho primero que la Inquisición fue bastante «blanda» con ellos. Sobre 1620, los inquisidores debieron de volver a ocuparse del asunto de mala gana. En efecto, cada vez eran más numerosos los bienandantes que se ponían a denunciar públicamente a los siervos del Mal con quienes habían combatido en los enfrentamientos nocturnos creando, como puede imaginarse, una notable confusión en los pueblos. Esta vez, la máquina de la Inquisición fue más eficiente. Los sumarios de los procesos contra estos chamanes (el último se interrumpió sin condena, en 1676) registran una evolución en el curso de los años. Cada vez más, el retrato del bienandante se aleja del «hechicero bueno» para acercarse al del «brujo malvado», apóstata de la fe y adorador de Satanás.

Pero lo extraordinario es que **LOS BIENANDANTES HABÍAN DE DENUNCIAR A LAS PERSONAS QUE, EN SUS SUEÑOS, HABÍAN VISTO PARTICIPAR EN LA BATALLA CONTRA EL MAL.**

De un solo golpe, se alcanzó el máximo de la arbitrariedad y se inventó el psicoanálisis: la realidad del sueño adquiría primacía sobre la realidad material. ¡La era moderna había comenzado!

Las penas contra los bienandantes fueron en conjunto bastante benévolas. Sólo un bienandante, Michele Soppe, murió

---

[20] Rafaella Paluzzano y Gilberto Pressacco, *Viaggio nella note della Chiesa di Aquileia*, Udine, Gaspari, 1998.

en la cárcel en 1650 mientras esperaba que se concluyera el proceso a su cargo. La bienandante María Panzona, en 1634, fue condenada a tres años de cárcel y a un exilio perpetuo por una ligera sospecha de herejía.

RESULTA DESTACABLE QUE EN LA LEGISLACIÓN INQUISITORIAL HUBIERA INCLUSO UNA SUBDIVISIÓN ENTRE «LIGERA SOSPECHA DE HEREJÍA», «SOSPECHA MEDIA DE HEREJÍA» Y «VEHEMENTE SOSPECHA DE HEREJÍA».

Por lo que se sabe, ninguna de las personas acusadas públicamente de herejía por los bienandantes fue condenada a muerte. Tuvieron la suerte de vivir en un período donde la caza de brujas perdía fuerza. Pero si no fue un genocidio material, la destrucción de los bienandantes fue sin duda una masacre cultural, y representó la destrucción de las vidas de muchos acusados, reducidos a la miseria total y obligados a vivir al margen de la sociedad.

Ordalías

La palabra ordalía deriva del anglosajón *ordeal*, que significa «juicio».

Según el profesor de Historia del Derecho F. Patetta, las ordalías son procedimientos donde *«fuerzas sobrenaturales se manifiestan dando su juicio sobre una cuestión de donde se desprende una consecuencia jurídica».*[21]

Aún hoy no se consigue establecer si la Iglesia llegó a aprobar las ordalías. Algunos críticos dicen que el «juicio de Dios» estaba establecido para ciertos casos en la propia Biblia,[22] mientras otros dicen que las ordalías no fueron nunca aprobadas oficialmente en ningún concilio. Es más, en el cuarto Concilio de Laterano (1215), las ordalías fueron prohibidas del modo más absoluto. Aunque también es verdad que, muchos siglos después del cuarto concilio, las ordalías fueron adoptadas por la justicia contra brujas y hechiceros.

La primera ordalía, nacida en Alemania, es la prueba de la hoguera, que consistía en hacer pasar a una persona vestida con una camisa rociada de cera entre dos filas de ramas encendidas. En

---

[21] C. De Vesme, *Ordalie, roghi e torture*, Flli. Melita, Génova, 1987.
[22] Proverbios XVI, 33.

1098 un campesino provenzal, Pietro Barthélemy, se sometió espontáneamente a la prueba logrando pasar a través de dos filas de olivos en llamas, que sólo distaban entre ellos poco más de un pie.

También el misionero Bonifacio, ante el ejército ruso y alemán, se sometió a la prueba del fuego en nombre de Dios. Los espectadores, viendo que su cuerpo no se quemaba, se convirtieron al cristianismo.

Otra ordalía es la prueba del hierro candente. Consistía en sostener en la mano un hierro candente como si fuera un ramo de flores. En el manuscrito *Saxo Gramaticus* se habla de Poppus, que se sometió a la prueba para demostrar la verdad del cristianismo.

La ordalía del agua hirviendo es parecida. El procesado tenía que extraer un objeto de una olla llena de agua o de aceite hirviendo. Se narra que una esclava teutona acusó a su señora de infidelidad, y ambas se sometieron a la prueba del agua hirviendo. La señora metió la mano y consiguió pescar el objeto, mientras la esclava se quemó, y la mataron con un baño de agua hirviendo.

Xilografía alemana del siglo XVI que ilustra la tortura conocida como la prueba del agua.

Pero la ordalía quizá más absurda es la del agua fría. Se
ataba al procesado el pulgar de la mano con el incide del pie (que a mi parecer causa un dolor cruel), y se le sumergía en una bañera de agua fría.

SI SE AHOGABA ERA INOCENTE, SI FLOTABA (AL MENOS CINCO MINUTOS) ERA CULPABLE.

La última ordalía de que hablaremos es la prueba de la Biblia. Se instalaba al acusado en el plato de una balanza, mientras en el otro se ponía una Biblia, Si el procesado pesaba menos que la Biblia era condenado. Tengamos en cuenta que las biblias en el pasado pesaban un montón (se habla de 25 kg.). Los enanos no tenían escapatoria.

Capítulo duodécimo

La venta de indulgencias (¿Dios es una *slot machine*?)

La doctrina de las indulgencias nació de la convicción de que Cristo, la Virgen y los santos habrían ganado un excedente de méritos durante sus vidas, méritos que la Iglesia puede administrar en la Tierra y que los pecadores pueden adquirir evitando, así una larga estancia en el Purgatorio.

Esta práctica llegó a ser excesiva con el pontificado de Giovanni de Medicis, León X (1513-1521), que, a nuestro modesto parecer, señala uno de los momentos más sobresalientes de la corrupción humana.

LANZÓ UNA POLÍTICA DE VENTA DE INDULGENCIAS TOTALMENTE LIBRE DE PREJUICIOS.

AUTÉNTICOS CORREDORES DE COMERCIO RECORRIERON EUROPA, VENDIENDO «CARTAS DE INDULGENCIA», CASI COMO CHEQUES-GASOLINA, QUE PODÍAN SER COMPRADOS SIN GRANDES FORMALIDADES, LO QUE CAUSÓ ESCÁNDALO A MUCHOS AUTÉNTICOS CREYENTES.

En 1517 se divulgó la T*axa Camarae*, una lista de indulgencias para diversos pecados, con sus correspondientes tarifas, que relacionamos sin más comentarios:

El eclesiástico que incurriere en pecado carnal, ya sea con monjas, con primas, sobrinas o ahijadas suyas, en fin, con otra mujer cualquiera, será absuelto, mediante el pago de 67 libras, 12 sueldos.

Si el eclesiástico, además del pecado de fornicación, pidiese ser absuelto del pecado contra natura o de bestialidad, debe pagar 219 libras, 15 sueldos. **MAS SI HUBIESE COMETIDO PECADO CONTRA NATURA CON NIÑOS O CON BESTIAS Y NO CON MUJER, SOLAMENTE PAGARÁ 131 LIBRAS, 15 SUELDOS.**

El sacerdote que desflorase a una virgen, pagará 2 libras, 8 sueldos.

La religiosa que quisiera alcanzar la dignidad de abadesa después de haberse entregado a uno o más hombres simultánea o sucesivamente, ya dentro, ya fuera de su convento, pagará 131 libras, 15 sueldos.

Los sacerdotes que quisieran vivir en concubinato con sus parientes, pagarán 76 libras, 1 sueldo. (es decir, ¿pagan y siguen viviendo en concubinato?)

Para todo pecado de lujuria cometido por un laico, la absolución costará 27 libras, 1 sueldo; **PARA LOS INCESTOS SE AÑADIRÁN EN CONCIENCIA 4 LIBRAS.**

La mujer adúltera que pida absolución para estar libre de todo proceso y tener amplias dispensas para proseguir sus relaciones ilícitas, pagará al Papa 87 libras, 3 sueldos. En caso análogo, el marido pagará igual suma; si hubiesen cometido incestos con sus propios hijos añadirán en conciencia 6 libras.

La absolución y la seguridad de no ser perseguidos por los crímenes de rapiña, robo o incendio, costará a los culpables 131 libras, 7 sueldos.

La absolución del simple asesinato cometido en la persona de un laico se fija en 15 libras, 4 sueldos, 3 dineros.

Si el asesino hubiese dado muerte a dos o más hombres en un mismo día, pagará como si hubiese asesinado a uno solo.

El marido que diese malos tratos a su mujer, pagará en las cajas de la cancillería 3 libras, 4 sueldos; si la matase, pagará 17 libras, 15 sueldos, y si la hubiese matado para casarse con otra, pagará, además, 32 libras, 9 sueldos. Los que hubieren auxiliado al marido a cometer el crimen serán absueltos mediante el pago de 2 libras por cabeza.

El que ahogase a su hijo, pagará 17 libras, 15 sueldos (o sea 2 libras más que por matar a un desconocido), *y si lo mataran el padre y la madre con mutuo consentimiento, pagarán 27 libras, 1 sueldo por la absolución.*

La mujer que destruyese a su propio hijo llevándole en sus entrañas y el padre que hubiese contribuido a la perpetración del cri-

men, *pagarán 17 libras, 15 sueldos cada uno. El que facilitare el* *aborto de una criatura que no fuere su hijo, pagará 1 libra menos.*

Por el asesinato de un hermano, una hermana, una madre o un padre, se pagarán 17 libras, 5 sueldos.

El que matase a un obispo o a un prelado de jerarquía superior, pagará 131 libras, 14 sueldos, 6 dineros.

Si el asesino hubiese dado muerte a muchos sacerdotes en varias ocasiones, pagará 137 libras, 6 sueldos, por el primer asesinato, y la mitad por los siguientes.

El obispo u abad que cometiese homicidio por emboscada, por accidente o por necesidad, pagará, para alcanzar la absolución, 179 libras, 14 sueldos.

EL QUE POR ANTICIPADO QUISIERA COMPRAR LA ABSOLUCIÓN DE TODO HOMICIDIO ACCIDENTAL QUE PUDIERA PERPETRAR EN EL FUTURO, PAGARÁ 168 LIBRAS, 15 SUELDOS.

El hereje que se convirtiese, pagará por su absolución 269 libras. El hijo de hereje quemado o ahorcado o ajusticiado en cualquier otra forma, no podrá rehabilitarse sino mediante el pago de 218 libras, 16 sueldos, 9 dineros.

El eclesiástico que no pudiendo pagar sus deudas quisiera librarse de ser procesado por sus acreedores, entregará al Pontífice 17 libras, 8 sueldos, 6 dineros, y le será perdonada la deuda.

La licencia para poner puestos de venta de varios géneros bajo el pórtico de las iglesias, será concedida mediante el pago de 45 libras, 19 sueldos, 3 dineros.

El delito de contrabando y defraudación de los derechos del príncipe contará 87 libras, 3 dineros.

La ciudad que quisiera alcanzar para sus habitantes o bien para sus sacerdotes, frailes o monjas, licencia para comer carne y lácticos en las épocas en que está prohibido, pagará 781 libras, 10 sueldos.

El monasterio que quisiere variar de regla y vivir con menor abstinencia que la prescrita, pagará 146 libras, 5 sueldos.

El fraile que por su mejor conveniencia o gusto quisiere pasar la vida en una ermita con una mujer, entregará al tesoro pontificio 45 libras, 19 sueldos.

El apóstata vagabundo que quisiere vivir sin trabas, pagará igual cantidad por la absolución.

Igual cantidad pagarán los religiosos, tanto seculares como regulares, que quisieran viajar vestidos de laico.

El hijo bastardo de un sacerdote que quiera ser preferido para suceder en la parroquia a su padre, pagará 27 libras, 1 sueldo.

El bastardo que quisiera recibir órdenes sagradas y gozar de sus beneficios, pagará 15 libras, 18 sueldos, 6 dineros.

EL HIJO DE PADRES DESCONOCIDOS QUE QUIERA ENTRAR EN LAS ÓRDENES, PAGARÁ AL TESORO PONTIFICIO 27 LIBRAS, 1 SUELDO.

Los laicos contrahechos o deformes que quieran recibir órdenes sagradas y poseer beneficios, pagarán a la cancillería apostólica 58 libras, 2 sueldos.

Igual suma pagará el tuerto del ojo derecho; mientras el tuerto del ojo izquierdo pagará al Papa 10 libras, 7 sueldos. Los bizcos pagarán 45 libras, 3 sueldos.

Los eunucos que quisieran entrar en las órdenes, pagarán la cantidad de 310 libras, 15 sueldos.

El que por simonía quisiera adquirir uno o muchos beneficios, se dirigirá a los tesoreros del Papa, que le venderán ese derecho a un precio moderado.

El que por haber incumplido un juramento quisiera evitar cualquier persecución y librarse de todo tipo de infamia, pagará al Papa 131 libras, 15 sueldos. Además entregará 3 libras para cada uno de los que habían recibido garantías. [1]

Como se ve, no hay ningún delito, ni el más horrendo, que no pueda ser perdonado pagando. El cielo está democráticamente abierto a todos, hombres y mujeres, clérigos y laicos, no importa si han violado a niños y adultos, asesinado a una o más personas, estafado. Basta con pagar.

En aquellos años el dominicano Tetzel recorrió Alemania vendiendo cartas de indulgencia. Así es como describirá Lutero más tarde su obra:

«...LE HABÍAN ESTADO AMPLIADOS POR EL PAPA PODERES Y GRACIA EN TAL CANTIDAD QUE, SI ALGUIEN HUBIESE VIOLADO O DEJADO EMBARAZADA A LA VIRGEN MARÍA, ÉL HABRÍA PERDONADO AQUEL PECADO, APENAS SE HUBIESE DEPOSITADO EN SU FALTRIQUERA UNA SUMA SUFICIENTE DE DINERO...

Redimió más ánimas él con las indulgencias que san Pedro con sus prédicas; cuando ponían en su faltriquera una suma para el purgatorio... el alma se elevaba irremediablemente hacia el paraíso; no había necesidad de experimentar dolor o arrepen-

---

Xilografía alemana del siglo XVI que muestra el juramento de un grupo de
campesinos a la Iglesia protestante de Lutero.

timiento por un pecado, si se podían comprar indulgencias o cartas de indulgencia. Tetzel vendía incluso el derecho de poder pe-
car en un futuro... cualquier cosa podía garantizarse a cambio
de dinero».[2]

[2] Christie-Murray David, op. cit., pág. 180.

Capítulo decimotercero

Dividirse y después matarse.
Martín Lutero

Desafió la autoridad del Papa pero se sometió a la de los príncipes.

Auspició una renovación de la sociedad, pero apoyó el exterminio de los campesinos rebeldes. Tradujo la Biblia al alemán y lanzó un movimiento que dividió irremediablemente el occidente cristiano.

Martín Lutero nació el 10 de noviembre de 1483, y fue ordenado sacerdote en 1507, después de haber cursado brillantes estudios universitarios. Padecía continuos ataques depresivos, y estaba asfixiado por la sensación de pecado. Su ansia lo llevó a elaborar una doctrina de la Salvación original, en contraste con la católica. Para Lutero, la absolución del pecado derivaba de una relación directa entre Dios y el fiel, que sólo podía obtenerla a través de la propia fe, no con las propias obras y tampoco mediante la adquisición de indulgencias o por la intervención de un confesor.

Lutero sostenía además el derecho de todo creyente a leer e interpretar las Escrituras, afirmó que los herejes husitas habían sufrido una condena injusta, negó la autoridad jurisdiccional del Papa dando pie incluso a una vigorosa polémica contra la corrupción de la Iglesia de Roma, y contestó el poder

Lutero en el púlpito, en un cuadro de Lucas Cranach el Viejo (1472-1553). A la izquierda, el frontispicio de la primera edición de la Biblia traducida por Lutero.

temporal del clero. Negó además la validez de algunos sacramentos y el valor del celibato eclesiástico.

El 31 de octubre de 1517 colgó en la puerta de la iglesia de Wittenberg las *«95 tesis para aclarar la eficacia de las indulgencias»* que suscitó grandes polémicas y tuvo una gran difusión en toda Alemania.

El 15 de junio de 1520 una bula papal condenó algunas posiciones luteranas, ordenando que se echaran a la hoguera. En su lugar, Lutero quemó, frente a una turba que aplaudía, la que él mismo había llamado *«la execrable bula del anticristo»*.

Pintura de Lucas Cranach II el Joven, donde aparece Lutero (en primer plano), en compañía de otros reformadores.

En 1521 se presentó en la Dieta de Worms con el salvoconducto del emperador Carlos V. Lutero declaró que no podía someterse a la autoridad del Papa y del clero, porque éstos se habían equivocado a menudo, sino sólo a las de las Sacras escrituras.

Lutero, con toda probabilidad, se salvó de la hoguera por una combinación de factores exquisitamente políticos: el favor de algunos príncipes alemanes, la desconfianza del Papa en sus relaciones con Carlos V cuya influencia en Italia se había hecho preponderante, y había sometido a Roma al saqueo (el famoso Saqueo de Roma), para obligar al Papa a coronarlo emperador; el hecho de que Carlos V estuviera ocupado mucho tiempo en varias guerras, como ocurría habitualmente en la época.

Por otro lado, Lutero pudo contar con la protección del duque de Sajonia, que lo hospedó en el castillo de Wartburg, donde comenzó la traducción de la Biblia al alemán.

Las tesis luteranas eran populares entre los príncipes alemanes deseosos de apropiarse de los bienes de los grandes clérigos, propietarios de latifundios enormes, con masas de siervos de la gleba y que gozaban de amplios privilegios fiscales, casi estados dentro del Estado.

Lutero gozaba de un gran favor incluso entre el pueblo, que veía reconocidas en algunas de sus declaraciones las propias aspiraciones de justicia social. Pero no era tan cierto, ya que cuando estalló una gran insurrección campesina, **LUTERO, DESPUÉS DE HABER TRATADO INÚTILMENTE DE**

MEDIAR, EXHORTÓ A LOS PRÍNCIPES ALEMANES A *«MATAR COMO PERROS»* A LOS REBELDES. Y ELLOS NO SE HICIERON DE ROGAR.

Una de las característcas de la Iglesia luterana fue la implicación de los nobles en la gestión eclesiástica; en la práctica el jefe de un estado era de hecho el jefe de la Iglesia nacional.

Tras la muerte de Lutero, la dirección del movimiento luterano fue tomada por Melanchton, el cual hubo de afrontar controversias doctrinales, casi herejías, de sus propios seguidores.

Las Iglesias luteranas

Los escritos de Lutero tuvieron una amplia difusión en toda Europa con la excepción de Italia, donde se desencadenó una durísima represión.

La predicación luterana también se difundió en muchos países europeos, en algunos casos surtiendo de combustible las hogueras, en otros con éxito, transformando a la Reforma en religión de Estado (que perseguiría a su vez a los católicos).

Dinamarca se hizo protestante con el reinado de Cristiano III (1534-1559). Los obispos católicos fueron arrestados y sustituidos por los luteranos, las propiedades de la Iglesia confiscadas y utilizadas para el sostenimiento del Estado y la financiación de la cultura. El rey era el jefe de la Iglesia. La Biblia fue traducida al danés.

A continuación, Cristiano III extendió su soberanía, y en consecuencia la Reforma, sobre Noruega y Suecia.

Islandia en el siglo XVI dependía de Dinamarca, y el luteranismo llegó con los mercantes y con los doctos que habían estudiado en el continente (la universidad de Wittemberg se había convertido en un importante foco de difusión cultural) pero sobre todo por la influencia de Cristiano III, combatida en vano por un obispo local y por sus dos hijos. El obispo reformador Gudbrand Thorlaksson, que conservaría su cátedra durante cincuenta y siete años, tradujo en la lengua local la Biblia y algunos escritos de Lutero.

En Bohemia el luteranismo se difundió gracias a los estudiantes husitas formados en Wittemberg. Los alemanes de Bohemia se hicieron luteranos. Junto con los eslavos calvinistas elaborarían una confesión de fe unitaria para enfrentarse mejor a los soberanos católicos, lo que suscitó una violenta reacción de los católicos en general y de los jesuitas en particular. Hacia finales del siglo XVI se calcula que el 90 % de los bohemos era protestante.

Incluso en Hungría la Reforma se difundió por medio de directrices «étnicas»: alemanes y eslavos se inclinaron preferentemente por el luteranismo; los magiares, con alguna excepción, por el calvinismo.

La invasión turca de Hungría del siglo XVI favoreció la instauración de la Reforma, ya sea indirectamente (muchos líderes católicos habían muerto en la batalla contra los turcos) como directamente: las autoridades de ocupación turca favorecieron a los protestantes respecto a los católicos, más temidos por su propensión a las cruzadas.

En Transilvania se garantizó mediante los decretos de 1568 y 1571 la igualdad de derechos a católicos, calvinistas, luteranos y unitarios.

Calvino

Juan Calvino (1509-1564), francés, a la edad de veintiséis años publicó la *Institución de la religión cristiana*. Con él se origina la iglesia calvinista, la otra gran confesión reformada que se propagó por Europa, además de la de Lutero, con un éxito quizá mayor que la del reformador alemán.

Según Calvino el pecado original, transmitido por Adán a toda la humanidad, dejó a los hombres incapaces de redención. Sólo los elegidos que han recibido una especial gracia de Dios podrán salvarse, en cambio, el resto está predestinado a condenarse. Nadie que no sea Dios puede conocer con seguridad quienes son los elegidos, aunque la profesión de la fe, una vida recta y la participación en los sacramentos son prueba evidentes de su favor. Existen dos Iglesias: una invisible, compuesta por los elegidos vivos y muertos y conocida sólo por Dios, y una visible, compuesta de hombres indignos, imperfecta, pero con todo mejorable, y los cristianos deben respetar su autoridad.

Obviamente, cuando Calvino habla de Iglesia visible entiende la fundada por él mismo.

Iglesia y Estado forman parte integrante de la misma comunidad sacra. Entre las competencias del Estado se incluye defender la religión y evitar las ofensas contra la misma. La pena capital y, en ciertas circunstancias, la guerra son prácticas legítimas admisibles para un cristiano.

Considerado hereje y proscrito por la Iglesia de Roma, a su vez actuó de forma durísima en las relaciones con los herejes que había en Ginebra, sede de su Iglesia (ver el párrafo sobre Michele Serveto más adelante en este capítulo).

Gracias a su influencia, la república de Ginebra se convirtió en un reino teocrático, que dio un notable impulso al comercio, a las inversiones y a la instrucción. Un consejo eclesiástico vigilaba la moralidad de los ciudadanos imponiendo penas severas incluso para pequeñas infracciones y se ocupaba de los crímenes de herejía.

Los hugonotes (los calvinistas franceses)

El calvinismo se difundió en muchos países, a veces a expensas del luteranismo, como en Estrasburgo, donde muchos reformadores se adhirieron a la nueva confesión empujados por la intransigencia de los luteranos más radicales.

En Francia, la Reforma se difundió sobre todo en el sur del país, donde tres siglos antes predicaban cátaros y valdenses.

Los calvinistas franceses fueron llamados hugonotes. Su disciplina, su rígida moral y sus ideales les permitieron ejercer una gran influencia sobre la vida pública francesa, aunque representasen una pequeña minoría dentro de un país totalmente católico.

Las autoridades francesas adoptaron en sus relaciones con los calvinistas y otras herejías una política que iba de la tolerancia a la represión, con el predominio de esta última. La represión no perdonó ni a los partidarios del obispo reformista de Meaux, Guillaume Briçonnet (1492-1549), confesor espiritual de Margarita, hermana del rey Francisco I, que fueron llevados a la hoguera.

La Sorbona prohibió los libros de los reformistas, el parlamento los declaró proscritos y decretó la destrucción de muchos pueblos habitados por comunidades heréticas.

En 1535, para vengar una presunta profanación de la hostia consagrada, fueron llevados a la hoguera seis herejes, uno por cada una de las seis estaciones de que se componía una solemne procesión de Corpus Cristi.

Grabado de la época que representa las matanzas que sufrieron los hugonotes.

A pesar de esta y otras persecuciones, el movimiento calvinista arraigó y se extendió en territorio francés.

La noche de san Bartolomé

En 1572 se produjo una pacificación de las luchas entre hugonotes y católicos.

De hecho, estaba prevista para el 28 de agosto la boda entre la católica Margarita, hermana del rey de Francia, y el protestante Enrique, rey de Navarra.

Pero la noche de san Bartolomé (24 de agosto) en París, los soldados del rey de Francia entraron en las viviendas de los hugonotes, matándolos a traición.

Muy pocos pudieron escapar, todas las vías de huída habían sido cortadas.

En los días siguientes, la matanza se extendió también a otras ciudades francesas y al campo.

SE CALCULA QUE EN PARÍS Y PROVINCIA SE MATARON ENTRE 25.000 Y 35.000 HUGONOTES.

El papa Gregorio XIII (1572-1585), apenas fue informado de la masacre, ordenó que el acontecimiento se celebrara con solemnes festejos y encargó a Vasari que inmortalizara la empresa con un fresco que puede verse en la sala real del Vaticano.

Los enfrentamientos religiosos, que se habían mezclado a las dinásticas por el trono de Francia, no terminaron hasta 1594, cuando Enrique IV, protestante convertido, llegó a rey de Francia. *«París bien vale una misa»*, el lema que se le atribuye, dice mucho sobre las relaciones entre trono y altar en la época.

En 1598 se promulgó el edicto de Nantes, que garantizaba a los hugonotes la libertad de culto, y la posesión, a título de garantía, de algunas ciudades fortificadas. A pesar del edicto de tolerancia, no cesaron las persecuciones.

En 1621 los hugonotes suscribieron, en la ciudad fortificada de La Rochelle, una auténtica declaración de independencia. La ciudad fue tomada en 1628, después de un largo asedio. Los reformados perdieron así sus ciudades, fueron obligados a pagar importantes tributos y se les excluyó por ley del ejercicio de algunas profesiones.

En 1680 comenzaron nuevas persecuciones (Luis XIV, el rey Sol, no toleraba ninguna forma de autonomía en su propio reino). Algunos protestantes emigraron, otros fueron convertidos a la fuerza por medio de misioneros escoltados por compañías de «dragones» (las más feroces tropas francesas). Se cuenta que en 1684 fueron convertidos al catolicismo en tres días casi sesenta mil hugonotes.

En 1685 el edicto de Nantes fue oficialmente derogado, y eso provocó un nuevo éxodo de protestantes..

En la región montañosa de Cevenas, un grupo de 3.000 reformados, llamados camisardos, dirigidos, parece, por algunos «profetas-niños», venció a un contingente de 6.000 soldados del ejército francés.

El río revuelto de la Reforma

Lutero movió una roca. Teólogos y sacerdotes se adhirieron a la Reforma, incluyendo, quizá, sus propias innovaciones doctrinales; otros dieron vida a Iglesias autónomas; pensadores originales tuvieron el coraje de exponer las propias tesis y las viejas herejías (como la valdense) encontraron nuevo vigor.

Detalle de un cuadro de Arazzo de
Vasari, que ilustra una de las
matanzas que padecieron los
calvinistas franceses (1572).

Huldreich Zwingli

Sacerdote suizo, mostraba fuertes tendencias democráticas y
una gran admiración por el humanismo. En 1520 predicó la necesidad de abolir a los vitalicios e hizo circular los escritos de
Lutero, se declaró contra los monasterios, el celibato del clero,
la intercesión de los santos, la existencia del Purgatorio, y el en-
foque de la misa como sacrificio, pero lo separaban de Lutero

distintos puntos de vista sobre la Eucaristía. El Papa ofreció a Zwingli *«cualquier cosa excepto el sello papal»* a cambio de someterse a Roma, pero el intento de corrupción no resultó.

Zwingli trató de crear una alianza entre los cantones suizos reformados, para obligar a los cantones católicos a cesar en sus persecuciones contra los protestantes, pero el intento falló, precisamente a causa delas divergencias con Lutero. Cuando el cantón católico de Schwyz mandó a la hoguera a un predicador de Zurich, Zwingli no dudó en declararse en guerra y coger él mismo las armas para defender la propia fe. Murió en la batalla de Kappel (1531).

Enrique VIII, todo casa, esposas e Iglesia

La Iglesia anglicana nació gracias a un monarca de vida privada «irreprensible»: Enrique VIII, el de las seis esposas.

Al principio fue un ferviente católico y cazador de luteranos, hasta el punto que la Iglesia católica lo nombró *«Defensor de la fe». Pero después el Papa no le concedió el divorcio y en un abrir y cerrar de ojos Enrique e hizo una Iglesia propia separada.*

Así, además de luteranos quemó a católicos.

La separación de la Iglesia inglesa de la romana acaeció por voluntad de Enrique VIII (1509-1547). Había iniciado su reinado bajo la enseña de la ortodoxia católica: los seguidores de las tesis luteranas, como el estudioso Thomas Bilney y el sacerdote William Tyndale, traductor al inglés del Nuevo y de gran parte del Viejo testamento, fueron a parar a la hoguera. El propio Enrique fue autor de un libelo antiprotestante en 1521 que provocó que el pontífice de Roma le concediera el título de *defensor fidei* (defensor de la fe).

En 1509 se casó con Catalina de Aragón, viuda de su hermano mayor, Arthur, después de haber obtenido una dispensa especial del Papa (las leyes de la época prohibían matrimonios entre cuñados).

En 1529, al no haber sobrevivido ningún hijo varón de su unión, y deseando un heredero para su dinastía, Enrique trató de obtener del Papa la anulación de su propio matrimonio para poder casarse con Ana Bolena. El Papa no aceptó la instancia, probablemente porque temía ofender a Carlos V, sobrino de Catalina, que ya dos años antes no había dudado en someter Roma a saqueo.

Enrique entonces rompió con la Iglesia de Roma. En 1531 una asamblea general del clero lo nombró «*jefe supremo de la Iglesia se Inglaterra*» y donó a la corona una notable suma de dinero. Enseguida el Parlamento decretó que las anonas ya no se pagasen al Papa, sino al rey, y que la Iglesia inglesa podía decidir autónomamente, sobre sus propias cuestiones internas, sin recurrir al Papa.

Cuando el Papa como respuesta excomulgó a Enrique, el Parlamento inglés como respuesta derogó el llamado «*Óbolo de Pedro*», una cuota papal impuesta a todas las familias para la construcción de san Pedro y proclamó al rey como «*único jefe supremo en la Tierra de la Iglesia de Inglaterra*». Se retiró de los misales cualquier referencia al Papa.

Forest, un fraile observante, defensor de la absoluta autoridad del Papa en materia de fe, fue acusado de herejía y quemado en la hoguera junto a un ídolo de madera venerado en Gales, llamado Darvell Gathern. Thomas More y el obispo Fisher serían decapitados por el mismo motivo.

En todas las iglesias había una Biblia en latín y otra en inglés para dar opción a los laicos a leer directamente las Escrituras y verificar que muchas doctrinas y costumbres católicas no tenían nada que ver con los textos sagrados. Los monasterios fueron expoliados y destruidos, y sus propiedades confiscadas y vendidas.

La ruptura con Roma no significó la adhesión inmediata a las doctrinas protestantes. Enrique VIII juzgó personalmente, junto a sus obispos, el caso del luterano John Nicholson, que fue condenado y enviado a la hoguera a pesar de su petición de clemencia.

Bajo el reinado de Enrique y el brevísimo de Eduardo VI, los artículos de fe de la Iglesia inglesa fueron escritos muchas veces, en algunos casos en dirección «protestante», en otros en dirección más bien «católica», a veces con resultados tragicómicos.

En 1539 se promulgaron los *Seis Artículos*, que replanteaban diversos aspectos de la doctrina católica, como el celibato eclesiástico. Las infracciones a los *Seis Artículos* se castigarían con la hoguera o con la horca. El arzobispo Cranmer, que en el entretanto se había casado, tuvo que esconder a su mujer.

En 1543 se ajustició en un solo día a seis personas: tres quemados en la hoguera por herejía; tres ahorcados por haber negado la supremacía del rey.

María, católica y sanguinaria

En 1553 la reacción católica llevó al poder a Maria I (llamada también María la Católica o María la Sanguinaria), hija de Enrique VIII y de Catalina de Aragón.

Durante su cortísimo reinado derogó todas las disposiciones de Enrique y Eduardo, y recuperó, en cambio, las leyes contra los herejes. Muchos protestantes huyeron del país, los obispos católicos tomaron de nuevo posesión de sus cargos. Se instituyeron comisiones especiales con la función de descubrir y procesar a los herejes en todo el territorio del reino. Se ajustició a 282 personas por herejía en cinco años (frente a los veinticinco ajusticiados en el largo reinado de Enrique VIII).

Isabel

Isabel I (1558-1603) eligió la vía del medio, creando una Iglesia autónoma cuyos artículos de fe representaron un compromiso entre instancias católicas, luteranas y calvinistas y así contentaron a gran parte de los cristianos de Inglaterra.

Quedaba la oposición de las franjas extremas: por un lado los jesuitas, que maquinaron diversos complots contra ella.; por otro lado los puritanos, que eran los fundamentalistas de la época.

En 1570, Isabel fue oficialmente excomulgada por Roma (recordamos que este acto, liberando a los súbditos de la obligación de fidelidad, representaba un grave peligro para la autoridad y la propia vida del monarca) a lo que respondió persiguiendo sin dudar a los católicos. De las 187 personas ajusticiadas durante su reinado, 123 ERAN SACERDOTES CATÓLICOS O JESUITAS.

Puritanos y anglicanos

La Iglesia de Inglaterra se dividió en dos: por un lado los puritanos, los integristas de la religión que rechazaban liturgias y jerarquías eclesiásticas pero eran despiadados con los «pecadores»; por el otro los anglicanos, de parte del poder, más tolerantes con los pecadores, pero despiadados con los puritanos.

Los puritanos (etiqueta que en realidad amparaba a una constelación de movimientos muy distintos incluso entre ellos) procesaban el sacerdocio universal, sostenían la igualdad de todos los ministros del culto contra la jerarquía de los obispos, y condenaban con desprecio como «idólatras» la misa y muchas prácticas anglicanas copiadas de las católicas.

El programa «político-social» de los puritanos preveía severos castigos contra los blasfemos, calumniadores, perjuros, fornicadores y borrachos, y la pena de muerte «sin salvedad» para los adúlteros. Lo trágico es que el Parlamento apoyó sus demandas.

Sus adversarios eran la monarquía y el clero institucional. La lucha entre una Iglesia Alta, aliada con el poder real, y una Iglesia Baja, muy influyente en el Parlamento, duraría casi un siglo, entretejiéndose con los diversos episodios históricos del momento («conjura de la pólvora» [1], conflicto anglofrancés, conflicto entre rey y Parlamento, guerra civil).

Los anglicanos hicieron leyes muy severas contra los puritanos: quien no participara en la misa era castigado con el exilio. Quien tuviera «reuniones religiosas privadas» era condenado a penas muy duras (John Bunyan fue encarcelado sus buenos doce años). Los escritores y predicadores puritanos podían ser puestos en la picota, azotados, marcados al fuego o incluso verse cortadas la nariz o las orejas.

Pero la posterior restauración volvió a inclinar la balanza de parte de los anglicanos que volvieron a poner en pie a la jerarquía eclesiástica.

Los católicos fueron los únicos que no tuvieron su momento de triunfo y fueron diligentemente perseguidos durante todo el siglo XVII, acusados de conjuras auténticas (como la de la pólvora) o inventadas, y excluidos de los cargos públicos.

En 1689 un acto de tolerancia garantizó libertad de culto a baptistas, presbiterianos, congregacionistas y cuáqueros, pero no a católicos y unitarios.

---

[1] El rey Jaime 1 de Inglaterra siguió una política religiosa «centrista»: discriminó tanto a los católicos como a los extremistas puritanos y atrajo el odio de ambas facciones. En 1605 algunos notables católicos organizaron una conspiración para matar al rey: una cámara subterránea, que se encontraba bajo la Cámara de los Lores, se llenó de barriles de pólvora y de barras de hierro. La idea era hacer saltar por los aires el edificio cuando entrase el rey Jaime junto a sus herederos. En el último momento, una delación anónima desbarató el plan. Guy Fawkes, que debía haber sido el ejecutor material, no fue advertido por sus cómplices y así, el 5 de noviembre, se dirigió con una antorcha hacia la habitación subterránea y fue arrestado por los agentes reales que estaban allí apostados. Fawkes fue ahorcado en 1606 junto a tres presuntos cómplices. El 5 de noviembre se celebra aún hoy como una fiesta por los católicos irlandeses, y Fawkes es recordado como una especie de mártir.

Fresco de Arazzo de Vasari,
en donde se muestra a Carlos IX
ordenando la extradición
de los hugonotes.

En Irlanda, los católicos se rebelan

A pesar del Cisma de Enrique VIII, los irlandeses se mantuvieron tenazmente agarrados a la Iglesia católica. El arzobispo de Amagh declaró que *«esta isla no pertenece a nadie más que al obispo de Roma, que la entregó a los antepasados del soberano»*.[2] En todas las diócesis se enfrentaban dos obispos rivales, nombrados respectivamente por el Papa y el rey.

La destrucción de los monasterios se reveló como una auténtica catástrofe para el pueblo irlandés, ya que eran los únicos centros de difusión de la cultura y de asistencia. La destrucción de las imágenes sagradas despertó en los creyentes una gran sensación de horror. Obispos y eclesiásticos anglicanos tuvieron un comportamiento de gran arrogancia hacia los irlandeses, y no se preocuparon ni siquiera de convertirlos.

Los isleños, apoyados por los jesuitas a partir de 1542, reaccionaron creando una Liga católica para defenderse de la obligación de frecuentar las iglesias protestantes y para difundir la educación.

---

[2] Christie-Murray, David, *op. cit.*, 221.

La existencia de una oposición católica organizada representaría para la reina Isabel una espina en el costado durante todo su reinado.

Brownistas y Barrowistas

Eran los partidarios de Robert Browne y de su discípulo Barrow. Sostenían que cualquier tipo de estructura eclesiástica representaba una abominación, y que todo el sistema de la Iglesia era falaz. Browne terminó por someterse a la autoridad del arzobispo de Canterbury. Barrow, acusado de ser el autor de algunos libelos anónimos anti anglicanos, fue ajusticiado junto a dos de sus partidarios. En 1583 se condenó a muerte a otros dos barrowistas, por haber publicado los escritos de Browne.

Los llamaban anabaptistas

Para algunos cristianos el bautismo era algo serio, y por tanto sólo podía ser impartido a adultos conscientes que sabían lo que hacían, al igual que sucedía en los primeros tiempos de la Iglesia apostólica. Los más extremistas también pretendían vivir en paz en sus comunidades, donde practicaban la comunión de bienes.

Anabaptistas es el apelativo que se aplica a una serie de grupos y movimientos, a menudo muy diferentes, que rechazaban el bautismo de los niños.

Uno de los más famosos exponentes fue el holandés Menno Simons (1496-1561). Cura católico en un principio, quedó tan afectado por el martirio de un predicador anabaptista que se puso a estudiar la Biblia y se transformó a su vez en pastor anabaptista y fue perseguido por católicos y luteranos. Su movimiento se difundió en Alemania, Países Bajos y Suiza.

Centenares de anabaptistas acabaron ahogados, quemados o decapitados a causa de las persecuciones tanto de católicos como de protestantes.

También llamaron anabaptista al protestante radical Thomas Müntzer, quizá de forma equivocada. Fue condenado a muerte por haber formado parte del levantamiento ciudadano en Alemania (aquél contra el que luchó Lutero).

La ciudad de Münster se rebeló contra el propio obispo-feudatario y se adhirió a la Reforma. Aquí el pastor anabaptista Bernhard Rothmann, ya sacerdote católico, salió ganador de un enfrentamiento público entre católicos y luteranos, donde había defendido el bautismo de los adultos. Desde aquel momento, Münster se convirtió en el refugio de los anabaptistas, que instauraron en ella un régimen teocrático. Para ellos la ciudad era la nueva Jerusalén.

Los luteranos y los católicos hicieron correr los rumores más fantasiosos sobre Münster: que se había abolido la propiedad privada, que los habitantes se habían hecho polígamos, que los anabaptistas mataban sin piedad a los adeptos de otras confesiones...

La finalidad de estos cuentos era suscitar un clima general de desdeño contra los anabaptistas.

AL FINAL LOS LUTERANOS Y EL ARZOBISPO CATÓLICO SE ALIARON PARA RECONQUISTAR POR LAS ARMAS LA CIUDAD, Y LOS JEFES ANABAPTISTAS FUERON AJUSTICIADOS.

Jacob Hutter fundó una secta que practicaba la comunión de bienes. Fue ajusticiado en 1536. Los hutteranos estaban muy difundidos en Moravia, pero sufrieron enormes pérdidas durante la Guerra de los Treinta Años. Los supervivientes se refugiaron en Hungría.

El italiano Bernardino Ochino (1487-1586), ya general de los capuchinos, había recibido el permiso papal para estudiar los libros de los protestantes con el fin de refutarlos. Pero al estudiarlos se convirtió y se adscribió al calvinismo. Después de numerosos trayectos y peregrinaciones, terminó sus días en Moravia, huésped de una comunidad hutterana.

El ex monje benedictino Michael Sattler trabajó en 1527 para crear una federación de congregaciones anabaptistas autónomas. *Fue torturado y lo mataron cruelmente (no sabemos si los católicos o los protestantes).*

Muchísimas congregaciones anabaptistas sólo encontraron refugio de las persecuciones emigrando a América, donde aún existen.

Unitaristas o antitrinitarios

Se llama así a una galaxia de movimientos que negaban el dogma de la Trinidad y la divinidad de la persona de Cristo.

El movimiento antitrinitario de mayor influencia quizá fue el socinianismo, que tomó su nombre del abogado Lelio Socini y de su sobrino Fausto. Lelio repartió su vida entre Italia y Suiza que, gracias a la Reforma, se había convertido en el refugio de los antitrinitarios italianos. Pero también las tesis unitaristas fueron puestas fuera de la ley.

Los socinianos estaban a favor de la libertad de culto y rechazaban tanto la idea de imponer la propia fe a los demás como la búsqueda deliberada de martirio.

El movimiento socinianista hizo adeptos en Transilvania (donde el movimiento antitrinitario era muy influyente), Ucrania, Holanda y Polonia, donde alcanzó gran relevancia. Aquí sufrió la persecución de los soberanos Segismundo III (1566-1632) y Giovanni Casimiro (1609-1672), jesuita y cardenal.

También los unitaristas encontrarían refugio en América.

Uno de sus exponentes fue Miguel Servet, que nació en Villanueva de Sigena, alrededor de 1510. Geógrafo, teólogo, médico, filósofo, astrólogo, filólogo de grandísima cultura clásica, educado en el clima de gran fervor cultural del Renacimiento, Miguel Servet aspiraba a una religión universal que unificase no sólo a los cristianos sino también a los otros «pueblos del Libro», judíos y musulmanes. Para obtener este resultado, propuso una solución muy elegante: la abolición del dogma de la Trinidad, que no está contenido en las Escrituras.

Sus ideas le procuraron el odio tanto de los protestantes suizos como de los católicos. En 1532, la Inquisición española abrió un proceso contra él. A pesar del proceso, que lo condenó y lo quemó en efigie, Servet continuó aún bastantes años viajando por Europa, estudiando y escribiendo.

En 1546 comenzó a cartearse con Calvino, pero no tardaron en intercambiar insultos. Luego, cuando Servet fue arrestado y procesado por el tribunal de la Inquisición de Viena, Calvino enviaría a la institución por medio de un intermediario, el material autógrafo de Servet, muy comprometedor.

Miguel Servet consiguió evadirse, y fue a parar a Ginebra con el nombre de Michelle Villanovanus. Aquí lo reconocieron y, con el propio Calvino como fiscal, padeció un proceso parecido al de la Inquisición. *Condenado a la hoguera, fue ajusticiado al día siguiente de la sentencia.*

Los Arminianos:
predicar la tolerancia podía costarte la cabeza

De todos los herejes, los arminianos eran con mucho los peores. Sostenían que cada uno tenía derecho a profesar la religión que quisiera, sin ser perseguido.

No hace falta decir que estas afirmaciones costaron la vida
a más de uno.

Jaime Arminio (1560-1609), profesor de teología en la
universidad de Leyden, era un defensor del libre arbitrio y de
la tolerancia hacia las minorías religiosas. Un sínodo de reformados, en su mayoría calvinistas, habido en Dort en 1618-
1619, condenó el arminianismo.

Pocos días después, un jefe arminiano fue decapitado, y
otro fue condenado a cadena perpetua.

En Holanda, los arminianos, llamados también remostran-
tes, formarán una Iglesia separada.

Giordano Bruno

(1548-1600) Es quizá el hereje más famoso del siglo XVII. Sacerdote y fraile dominicano, licenciado en teología, en 1575
huyó de la cárcel *angosta y negra del convento* y comenzó
una vida errante por Europa.

Se hizo «mago», astrólogo y escritor. Hizo propia la teoría
heliocéntrica de Copérnico (y la Tierra gira en torno al sol, y
no al contrario) y afirmó que las estrellas del firmamento no

Giordano Bruno en un cuadro
de la época

eran otra cosa que otros tantos soles alrededor de los cuales orbitan mundos afines al nuestro.

Entregado a la Inquisición en 1592, en el curso de un proceso que duró años, en un primer momento abjuró de parte de sus convicciones. Pero después, cuando le fue impuesto que condenara todas sus ideas, incluso las que el tribunal no había examinado como heréticas, Giordano Bruno se reafirmó, resistiendo incluso la tortura y, el 20 de enero de 1600 fue condenado a muerte.

«*¡Seguramente tenéis más miedo vosotros de pronunciar la sentencia que yo de recibirla!*» [3], fueron las orgullosas palabras con que acogió el veredicto.

El 17 de febrero de 1600 tuvo lugar la ejecución. El filósofo fue quemado vivo en Roma en el campo de Fiori. Antes de proceder, le fue aplicada una mordaza, un instrumento de madera que impedía que el condenado hablara, a causa de las «*horribles palabras que decía, sin querer escuchar a quienes iban a confortarlo ni a otros*» [4].

Galileo Galilei

(1564-1642) Fue uno de los padres de la ciencia moderna. Por haber hecho propias las teorías de Copérnico, pero sobre todo por haber afirmado que las Escrituras eran infalibles en las cuestiones de fe, pero no en las científicas, Galileo cayó en el punto de mira de la Inquisición.

Galileo frente al Santo Oficio en el Vaticano, en un cuadro de Joseph Robert Fleury.

[3] Benazzi D'Amico, *op. cit.*, pág. 181.
[4] Benazzi D'Amico, *op. cit.*, pág. 140.

Sometido a cárcel y a tortura, aunque fuese un anciano y gravemente enfermo; al final el científico abjuró de todas sus convicciones.

Paolo Sarpi: enfrentarse a los jesuitas es arriesgar la piel

Historiador y teólogo veneciano. Ingresado en la orden de los servitas en 1566, llegó a procurador general en 1585. Tras una estancia en Roma, donde estuvo en contacto con la curia (1585-1588), se estableció en Venecia.

Consultado en calidad de experto sobre una cuestión jurisdiccional que enfrentaba a la república de Venecia y la Santa Sede, Paolo Sarpi apoyó a Venecia con una serie de escritos que le procuraron mucha fama, pero también la excomunión y un intento de asesinato por parte de los jesuitas.

En 1619 publicó en Londres, con el pseudónimo de Pietro Soave Polano, la *Historia del concilio tridentino.*

La tesis de la obra es que el Concilio de Trento representó el momento culminante de un proceso secular de decadencia moral de la Iglesia, y que sus deliberaciones fueron el resultado de enfrentamientos políticos más que la consecuencia de debates genuinos en materia de fe. Sarpi, por otra parte, acusaba al papado de llevar encima la grave responsabilidad de haber hecho irrevocable el cisma con los protestantes.

Capítulo decimocuarto

Colonialismo y esclavismo

Antes de 1492, los Estados cristianos se mataban entre ellos dentro de una bacinilla más bien angosta: Europa y las tierras bañadas por el Mediterráneo. Tras la empresa de Colón se desparramaron por el mundo entero, con la bendición de varias Iglesias.

El mismo Cristóbal Colón (que, no lo olvidemos, inauguró el descubrimiento del nuevo continente con la captura de algunos esclavos) soñaba que con el oro de las Indias los reyes de España pudieran convocar una cruzada para liberar Tierra Santa.[1]

Y fue un pontífice, Alejandro VI Borgia (1492-1503), quien repartió, con la bula *Inter caetera*, todo el globo terráqueo entre las nacientes potencias coloniales católicas. Una línea dividía en dos un mapa, una mitad estaba reservada a España, la otra a Portugal.

Cuando Colón desembarcó en Cuba la primera vez (1492), la población de la isla se acercaba a los ocho millones de habitantes. Cuatro años después estaba más que diezmada.

Una vez que los cubanos fueron casi exterminados, los españoles comenzaron a importar sus esclavos de otras islas del

---

[1] Tzvetan. Todorov. *La conquista dell'America – Il problema dell'«altro»*, Torino, Einaudi, 1984.

Caribe. De este modo, *«millones de autóctonos de la región ca-ribeña fueron efectivamente liquidados en menos de un cuarto de siglo»* [2].

La obra de conquista, abuso y humillación de las poblaciones del continente americano fue continuada por los *conquistadores*, generales de ejércitos al servicio de los reyes de España y de la fe católica, que tenían junto a ellos a los valientes sacerdotes.

Hernán Cortés, Francisco Pizarro, Hernán de Soto, Pedro de Alvarado y otros centenares, aprovechando la superior tecnología de sus armas, destruyeron civilizaciones como la inca, la maya y la azteca.

Las consecuencias de las conquistas fueron millones de muertos y un estado de postración que aún perdura.

Las Américas

Ya desde el principio la masacre de los nativos americanos se distinguió por estar «bendita por Dios». En *Relatos aztecas de la conquista*, relatos reunidos por el clero franciscano, se lee que Cortés estaba apoyado por el Vaticano: *«ésta era la voluntad del Papa, que había dado su asentimiento a la venida de aquellos»* [3]. Además, hay testigos de que el verdugo español iba a todas partes con un sacerdote a su lado.

Pero ¿cuántos muertos resultaron de la conquista auspiciada por el mismo Dios? *En México, sólo para dar un ejemplo, la población pasó de 25 millones en 1520, a menos de un millón y medio en 1595. Habían exterminado el 95 % de la población local.*

A comienzos del siglo XVI la población del continente americano estaba alrededor de los 80 millones de personas. A mediados del siglo XVII se había reducido a 10 millones.

Esta cifra es aún más sorprendente si se piensa que la población mundial de la época alcanzaba los 400 millones de personas. ¡En un siglo había desaparecido un quinto de la población mundial!

OTROS 80 MILLONES DE NATIVOS PERECIERON EN EL PERÍODO ENTRE EL SIGLO XVII Y EL XX.

---

[2] D. Stannard, *American Holocaust*, Oxford Univ. Press, 1992, págs. 72-73.

[3] Tzvetan Todorov, Georges Baudot, *Racconti atzechi della conquista*, Torino, Einaudi, 1998.

Grabado que ilustra la masacre perpetrada por Alvarado en el templo
de Ciudad de México.

Y en países como Brasil, Guatemala o la región mexicana de
Chiapas, la aniquilación de los «indios» aún continúa hoy.[4]

A menudo los conquistadores no se andaban por las ramas. Si un pueblo se resistía, avanzaban matando a todos los
habitantes que encontraban por el camino. Las crónicas de

[4] AAVV. *Il Libro nero del capitalismo*, Milano, Marco Tropea, 1999, pág. 410.

Dibujo de Théodore de Bry, donde se muestra la crueldad de los españoles
en Sudamérica (1598).

ese tiempo hablan de *«innumerables cadáveres»* esparcidos
por todas partes y de su hedor *«penetrante y pestilente»*.[5]

Nos han llegado muchos relatos sobre la atrocidad de los
mismos misioneros y de los funcionarios imperiales o de los
propios *conquistadores*. Para comprender qué clase de personas eran, baste citar algunos episodios.

Cortés, para domar una rebelión popular, convocó a 60 *caciques*, ordenando que cada uno de ellos llevase consigo a su
propio heredero, entonces los hizo quemar vivos en presencia
de sus parientes, y advirtió a los herederos para que entendie-
ran bien que no podían desobedecer a los españoles.

Un pueblo nativo, dirigido por el jefe indio Hatuey, se sus-
trajo a la esclavitud.

Intentaron fugarse en masa, pero los españoles los captu-
raron de nuevo.

Hatuey fue quemado vivo. *«Cuando lo ataron al patíbulo,
un fraile franciscano le rogó insistentemente que abriera su corazón a Jesús, para que su alma pudiese subir al cielo en vez
de precipitarse en la perdición. Hatuey le contestó que si el cie-*

[5] D. Stannard, *op. cit.*, págs. 72-73.

Dibujo de Théodore de Bry sobre las matanzas perpetradas por los españoles en Sudamérica (1598).

lo es el lugar reservado para los cristianos, antes prefería el infierno.»[6]

Pero también su gente fue asesinada: «A los españoles les gusta ejercitar todo tipo de atrocidades inauditas...

Construyeron patíbulos, de modo que los pies tocaran apenas el suelo (para impedir la asfixia), y colgaron —por amor del redentor y los doce apóstoles— en cada una de ellas grupos de 13 indígenas, poniendo debajo leña y brasas y quemándolos vivos.»[7]

En ocasiones parecidas se inventaron otras distracciones: «Los españoles le arrancaban a uno el brazo, a otros una pierna o un muslo, para abrirle la cabeza a alguien, de forma no muy distinta al golpe con que se descuartizan las cabras para llevarlas al mercado. Seiscientas personas, incluidos los caciques, fueron así descuartizadas como bestias feroces... Después, Vasco de Balboa hizo que los perros despedazaran a 40.»[8]

A veces las matanzas no tenían siquiera una finalidad práctica, sino que eran una pura arbitrariedad. Por ejemplo, en 1517 en las islas caribeñas, «Unos cuantos cristianos se encontraron a una india, que llevaba en brazos a un niño a quien daba leche, y como el perro que llevaba tenía hambre, arranca-

[6] D. Stannard, op. cit., pág. 70.
[7] D. Stannard, op. cit., pág. 72.
[8] D. Stannard, op. cit., pág. 80.

ron al niño de los brazos de la madre y se lo dieron vivo, como alimento al perro, que lo destrozó ante los ojos de la mujer (...). Cuando entre los prisioneros había mujeres que habían parido hacía poco, si los recién nacidos se ponían a llorar, los tomaban por las piernas y los golpeaban contra las rocas o los tiraban entre los arbustos para que acabaran de morir.» [9]

Otro grave episodio fue la masacre de Caonao, en Cuba, al cual asistió el mismo Las Casas, donde un centenar de soldados españoles, *para comprobar si sus espadas estaban bien afiladas*, «*comenzaron a despanzurrar, atravesar y matar cabras y corderos, hombres y mujeres, viejos y niños que estaban sentados tranquilamente allí cerca, mirando maravillados los caballos de los españoles*».

No contentos con la masacre al aire libre, los españoles entraron también en una gran casa y «*...se pusieron a matar, hiriéndolos con la punta y con el filo, a todos los que se encontraban: la sangre resbalaba por todas partes, como si se hubiera sacrificado una manada de vacas... La vista de las heridas que cubrían los cuerpos de los muertos y de los que agonizaban era un espectáculo horrible... Sus golpes sobre aquellos cuerpos completamente desnudos y sobre aquellas carnes delicadas habían cortado por la mitad a un hombre de un solo tajo*». [10]

El viajero Pedro Mártir describe así la expedición de Vasco Núñez de Balboa: «*Igual que los carniceros cortan a trozos la carne de los bueyes y de las cabras para ponerla a la venta colgada de ganchos, así los españoles partían de un golpe a uno el trasero, a otro el muslo, a otro incluso el hombro. Los consideraban como animales privados de razón... Vasco hizo destrozar por los perros a una cuarentena*» [11].

Aún en 1550, el monje Jerónimo de San Miguel denunció que los españoles «*Quemaron vivos a algunos indios, a otros les cortaron las manos, la nariz, la lengua y otros miembros; a otros los echaron a los perros; cortaron los senos a las mujeres...*». El obispo de Yucatán, Diego de Landa, narró que había visto «*... un gran árbol en cuyas ramas un capitán había ahorcado a un gran número de indios; de sus tibias había colgado a sus hijos. (...) Y si, durante un traslado, los indios transportados con una cuerda al cuello no caminaban rápido como sus*

---

[9] Tzvetan Todorov, *op. cit.*, pág. 169.
[10] Tzvetan Todorov, *op. cit.*, págs. 172-173.
[11] Tzvetan Todorov, *op. cit.*, pág. 172.

compañeros, los españoles les cortaban la cabeza para no tener que desatarlos»[12].

Un cronista de 1570 cuenta de un *oidor* (juez) «*El cual afirmaba en público, desde su palco y en voz alta, que si faltaba agua para regar las granjas de los españoles, se utilizaría la sangre de los indígenas*».

La base «legal» de las conquistas era el *Requerimiento*, un documento que los funcionarios españoles leían a los pueblos que ellos pretendían conquistar antes de iniciar los combates. El documento comenzaba con una breve historia de la humanidad, en la cual Jesucristo era la figura central, definido como «*cabeza de la estirpe humana*». Jesús transmitió su poder a san Pedro, y éste a los Papas, sus sucesores. Uno de estos Papas regaló el continente americano a los españoles que, por lo tanto son los legítimos dueños de aquellas tierras.

Si los «indios» se hubieran sometido a los españoles «por las buenas», habrían mantenido el estatus de hombres libres, pero de no ser así serían tomados como esclavos. «*Con esto garantizo y juro que, con la ayuda de Dios y con nuestra fuerza, penetraremos en vuestra tierra y haremos la guerra contra vosotros (...) para someteros al yugo y al poder de la Santa Madre Iglesia (...) habiéndoos todo el daño posible y de que seamos capaces, como conviene a los vasallos obstinados y rebeldes que no reconocen a su Señor y no quieren obedecer, si no es contra su voluntad*».[13] En 1550, el *conquistador* Pedro de Valdivia envió un relato al rey de España sobre la guerra contra los Arawaks, nativos de Chile. Entre otras cosas puede leerse: «*He hecho cortar las manos y la nariz a doscientos, para castigarlos por su insubordinación*».

El conquistador Oviedo llegará a afirmar: «*¿QUIÉN QUERRÁ NEGAR QUE USAR PÓLVORA CONTRA LOS PAGANOS ES COMO OFRECER INCIENSO A NUESTRO SEÑOR?*»[15].

Las guerras de conquista, además de matar directamente por medio de los enfrentamientos armados, provocaban la muerte de inanición de los indios por las carestías que venían a continuación. Durante la guerra por la conquista de la

---

[12] Tzvetan Todorov, *op. cit.*, págs. 172-173.
[13] Tzvetan Todorov, *op. cit.*, pág. 66.
[14] Tzvetan Todorov, *op. cit.*, pág. 179.
[15] Tzvetan Todorov, *op. cit.*, pág. 183.

Ciudad de México, los españoles destruyeron las cosechas hasta tal punto que ellos mismos tuvieron problemas para abastecerse de maíz.

Trabajo, hambre, enfermedades

Los nativos no morían sólo por la espada o la pólvora, sino también por las condiciones de vida inhumanas impuestas por los conquistadores. Turnos de trabajo demoledores, desnutrición, enfermedades traídas por los colonizadores a las que su organismo no estaba habituado; todas estas causas provocaron más víctimas que las guerras y las matanzas juntas.

Gran parte de la población nativa fue reducida a la esclavitud directamente, capturada por los españoles, o indirectamente, al no poder pagar las elevadas cargas impuestas por los nuevos dueños.

Un cronista de la época escribió esto: «*Los impuestos con los que se gravaba a los indios eran tan elevados que muchas ciudades, no pudiendo pagarlos, vendían a los usureros las tierras y los hijos de los pobres; pero como las exacciones eran bastante frecuentes y los indios no podían librarse de ellas ni siquiera vendiendo todo lo que tenían, algunas ciudades se despoblaron completamente y otras perdieron gran parte de su población*».[16]

El gobernador de Ciudad de México, Niño de Guzmán, esclavizó a 10.000 nativos sobre una población de 25.000. Los supervivientes abandonaron el pueblo por temor a sufrir la misma suerte.

A menudo, los que no podían pagar los impuestos eran castigados con la tortura o encarcelados. Ambos castigos se revelaron mortales para muchos.

Los indios esclavizados, sobre todo en los primeros años de la conquista, eran tratados en todos los aspectos como animales de matadero.

Las Casas denunció algunos casos en que los españoles dieron de comer carne de indios despedazados a otros indios; o a sus perros para mantenerlos con vida, de indios descuartizados para extraer la grasa (a la cual se atribuían virtudes medicinales), de nativos horrendamente mutilados de todas sus extremidades (nariz, manos, senos, lengua, órganos genitales).

---

[16] Tzvetan Todorov, *op. cit.*, pág. 163.

El precio de una esclava aumentaba cuando estaba embarazada, y Las Casas cuenta este caso: un «...*hombre indigno se*
jactaba, se vanagloriaba —sin mostrar vergüenza alguna—
frente a un religioso de haber hecho de todo para dejar encintas
a muchas mujeres indias, a fin de poder obtener un mejor precio
vendiéndolas como esclavas grávidas». [17]

La expectativa de vida para quien estaba obligado a trabajar en las minas de oro era más o menos de veinticinco años.

Sin contar los indígenas muertos en los trabajos de construcción de Ciudad de México y de demolición de los «*templos del diablo*», es decir, los templos de su religión tradicional. Hubo quien cayó de los andamios o quien quedó
aplastado por una viga o quedó sepultado bajo los edificios
en demolición.

Los indios empleados en los trabajos de demolición no sólo
no cobraban sino que debían procurarse los materiales por sí
mismos, y como no podían destruir los templos y labrar los
campos al mismo tiempo, iban a trabajar hambrientos, lo que
puede imaginarse que hacía más fáciles los accidentes.

También los servicios de aprovisionamiento de la minas
eran de una dificultad aplastante. Los indios que tenían este
encargo debían recorrer a pie distancias de 60 millas sobre-
cargados de peso. A menudo terminaban las propias provisiones antes de llegar, y cuando llegaban podían ser retenidos
por los que mandaban en la mina, trabajando varios días sin
recibir ninguna ración alimenticia suplementaria. Por eso,
muchos nativos morían de hambre y cansancio en la mina o
en el camino de regreso. Los más «afortunados» conseguían
llegar a casa a duras penas, para morir de inmediato a causa
de las privaciones.

*«Los cuerpos de estos indios y de los esclavos muertos en las
minas produjeron unas emanaciones tan fétidas que se declaró
una peste, sobre todo en las minas de Guaxaca. Hasta media le-
gua de distancia a la redonda, y a lo largo de buena parte del camino, no se hacía otra cosa que caminar sobre cadáveres o sobre
montones de huesos, y las bandadas de pájaros y cuervos que venían a devorarlos eran tan grandes que oscurecían en sol. De
este modo, muchos pueblos se despoblaron, a lo largo del camino y en los alrededores.»* [18]

[17] Tzvetan Todorov, *op. cit.*, pág. 213.
[18] Tzvetan Todorov, *op. cit.*, pág. 168.

Grabado anónimo del siglo XIX que ilustra un ataque español a un pueblo indio.

Como si no hubieran bastado los turnos de trabajo agotadores, los indios tenían que soportar también las vejaciones y las prepotencias de sus vigilantes.

«Durante los primeros años, estos vigilantes maltrataban a los indios de un modo tan absoluto, sobrecargándolos de trabajo, alejándolos de sus tierras e imponiéndoles otras gravosas obligaciones, que muchos indios murieron por su culpa y en sus manos».[19]

Y los traslados en barco de la mano de obra, de un lugar de fatigas y sufrimientos a otro, no se llevaban a cabo sin su tributo de víctimas. *«Cada vez que los indios eran trasladados, durante la travesía morían tantos de hambre que el rastro dejado por ellos hubiera bastado —creemos— para guiar a otra embarcación hasta el puerto. (...) Después de trasladar a más de 800 indios a un puerto de aquella isla llamado Puerto de Plata, esperaron dos días antes de hacerlos bajar de la carabela. Murieron 600, que fueron echados al mar: flotaban sobre las olas como gruesas tablas de madera».*[20]

Obviamente, entre las vejaciones de los españoles en general y de los vigilantes en particular, estaban los abusos sexuales. Hablando de la condición de los operarios en una mina, un cronista destacó que cada capataz *«...había cogido la*

[19] Tzvetan Todorov, *op. cit.*, pág. 166.
[20] Tzvetan Todorov, *op. cit.*, pág. 170.

Grabado que muestra a Francisco Pizarro soltando sus perros de presa contra los nativos.

costumbre de irse a la cama con las indias que dependían de él, si le gustaban. Ya fueran muchachas o mujeres casadas. Mientras el capataz estaba con la india en la cabaña, el marido era enviado a extraer el oro de la mina; por la noche, cuando el desgraciado regresaba a casa, el capataz no sólo lo mataba a palos o lo frustraba porque no había sacado bastante oro sino que, a menudo, lo ataba de pies manos y lo lanzaba bajo la cama como un perro, mientras él se solazaba sobre la cama con la mujer» [21].

Incluso a menudo los españoles llevaban con ellos otros huéspedes desagradables: las epidemias de viruela, infecciones, peste, que mataron a decenas de millones de personas.

Al menos en lo que respecta a las enfermedades se podría objetar que los españoles no lo hicieron aposta, pero por otro lado también es cierto que no hicieron nada por curarlas y evitar la difusión entre los indígenas. Veamos a Todorov: «*...una cosa es cierta: (...) seguramente los conquistadores consideran las epidemias como una de sus armas (...) puede pensarse que, en general, no hemos hecho nada para impedir que se extienda el contagio. El hecho de que los indios mueran como moscas es la prueba de que Dios está de parte de los conquistadores*». En los siglos siguientes, las tribus autóctonas fueron contagiadas incluso a propósito mediante la donación de vestidos u otros objetos infectados.

La matanza del alma

La conquista y la cristianización forzada no mataron a los indios sólo físicamente sino también moralmente.

[21] Tzvetan Todorov, *op. cit.*, pág. 170.

Desde este punto de vista es ejemplar el caso del pueblo de los lucayanos, deportados en masa por los españoles con engaños. Los conquistadores, con la complicidad de los sacerdotes, consiguieron convencerlos de que los trasladarían a una tierra prometida donde encontrarían a todos sus familiares difuntos.

«Cuando los sacerdotes los habían atiborrado de falsas creencias y los españoles se lo confirmaron, abandonaron la patria corriendo tras aquella vana esperanza.

No tardaron en comprender que los habían engañado, ya que no encontraban ni a sus padres, ni a los otros que hubieran querido volver a ver, mientras estaban obligados a soportar duros esfuerzos y hacer trabajos pesados para los que no estaban acostumbrados; cayeron en la desesperación. O se suicidaban o decidían dejarse morir de hambre y perecían de inanición, negándose a cualquier precio a ingerir comida». [22] El obispo de Zumárraga escribió al rey de España que los nativos ***«YA NO SE ACERCAN A LAS MUJERES PARA NO GENERAR ESCLAVOS»*** Las Casas denuncia que *«...marido y mujer no estaban juntos ni se veían durante ocho o diez meses, o un año entero; cuando al fin se encontraban, estaban tan cansados y debilitados por el hambre y los esfuerzos, tan acabados y debilitados los unos y las otras, que poco se preocupaban de tener relaciones conyugales. Así cesaron de procrear.*

LOS RECIÉN NACIDOS MORÍAN DE INMEDIATO, PORQUE LAS MADRES —CANSADAS Y HAMBRIENTAS— NO TENÍAN LECHE PARA ALIMENTARLOS. CUANDO ESTABA EN CUBA, MURIERON 7.000 NIÑOS EN TRES MESES POR ESTA RAZÓN.

Algunas madres ahogaban a sus niños por desesperación; otras, al darse cuenta de que estaban embarazadas, abortaban con la ayuda de ciertas hierbas que hacen parir a los hijos muertos (...)». «Se trata... de un asesinato económico, y los colonizadores cargan con toda la responsabilidad». [23]

Los sacerdotes

Es verdad que hubo misioneros que bendijeron las matanzas y que los reyes de España instituyeron en América, además de a los misioneros, también tribunales de la Inquisición des-

[22] Pedro Mártir en Tzvetan Todorov, *op. cit.*, pág. 166.
[23] Tzvetan Todorov, *op. cit.*, pág. 164.

tinados a castigar a todos los indígenas que se obstinaran en seguir los propios cultos tradicionales. Es más, Felipe II llegó al punto de instituir una inquisición «de las galeras», un tribunal itinerante con la función de descubrir y castigar a los herejes de las naves durante las largas travesías oceánicas. [24]

Ser esclavo y encima acusado de herejía debía ser para un nativo el colmo de la mala suerte.

Por otra parte, no faltaron sacerdotes que se interesaran sinceramente por las condiciones de vida de los indígenas y denunciaran con fuerza los abusos, las atrocidades y las matanzas.

El más famoso entre ellos fue probablemente el obispo Bartolomé de las Casas.

Escribió diversos libros sobre las condiciones de vida de los nativos americanos y defendió la causa de los indios, que estaban en serio peligro de extinción, ante los reyes de España.

Sabiendo que no tenían nada que hacer, De las Casas y otros sacerdotes apelaron no sólo a los sentimientos, sino también a la utilidad económica de una política de clemencia. El obispo afirmó en una memoria que la realización de sus propuestas sería «...de gran provecho para Vuestra Alteza, cuyos réditos aumentarían en proporción». Y el eclesiástico Montolinia escribió: «Los españoles no se dan cuenta de que, si no hubieran estado los frailes, ya no habría servidores en sus casas y en sus tierras, porque los hubieran matado a todos, como se ha visto en Santo Domingo y en las otras islas, donde los indios han sido exterminados».

Pero entonces, si los nativos ya no podían utilizarse para trabajos pesados, ¿quién trabajaría en las plantaciones y en las minas?, ¿quién construiría los edificios de los nuevos amos?

Como dijimos en el primer capítulo, De las Casas propuso, entre líneas, un remedio todavía peor que el mal: importar de África esclavos negros.

Una nueva masacre estaba a punto de empezar.

Instruir a los indios *ma non troppo*

Los sacerdotes «buenos» se preocuparon también de aprender la lengua y las costumbres de los nativos, para hacer más

---

[24] Charles Fair, *Storia della stupidità militare*, Milano, Mondadori, pág. 344.

eficaz su obra de conversión y transformar a los indígenas en perfectos cristianos.

El franciscano Bernardino de Sahún, docente, a partir de 536, en un colegio de Tlatelolco destinado a los vástagos de la antigua nobleza azteca, obtuvo resultados extraordinarios en la enseñanza del latín.

Al principio, como cuenta él mismo, los españoles y los monjes de las otras órdenes se mofaron de sus esfuerzos y los de los demás docentes; los indios se consideraban bestias de carga, *«obtusos como asnos»*. Pero cuando se dieron cuenta de que estos estudiantes habían hecho grandes progresos, se alarmaron: *«pero ¿para qué enseñarles gramática?¿no existía riesgo de que se volvieran herejes? Decían también que, leyendo las Sagradas Escrituras, se darían cuenta de que los antiguos patriarcas tenían muchas mujeres, exactamente como ellos»* [25].

Un funcionario de Carlos V escribió: *«Es bueno que sepan el catecismo, pero saber leer y escribir es tan peligroso como acercarse al diablo».*

En resumen, enseñar a los indios estaba bien, pero hasta cierto punto. Si por una parte no se les permitía seguir las propias tradiciones y la propia cultura, por otro tampoco se les quería dar la oportunidad de integrarse al 100 % en la nueva sociedad y llegar a ser *«iguales»* que los españoles.

EN 1579, EN UNA PETICIÓN A LA INQUISICIÓN, LOS SUPERIORES DE LAS ÓRDENES AGUSTINIANA, DOMINICANA Y FRANCISCANA, PIDIERON QUE SE PROHIBIERA LA TRADUCCIÓN DE LA BIBLIA A LAS LENGUAS INDÍGENAS. [26]

Entretanto, más al norte

La escena se repitió, con pocas variaciones, en el caso de la conquista inglesa del continente norteamericano.

También aquí los colonos justificaron la invasión con la necesidad de llevar el Evangelio y de *«edificar un bastión contra el reino del Anticristo»* [27].

Se empezó enseguida a echar a los nativos de sus tierras, y ello a pesar de que los primeros colonizadores consiguieron sobrevivir a los rigores del invierno gracias precisamente a la

[25] Tzvetan Todorov, *op. cit.*, pág. 269.
[26] Tzvetan Todorov, *op. cit.*, pág. 268.
[27] D. Stannard, op. cit., pág. 235.

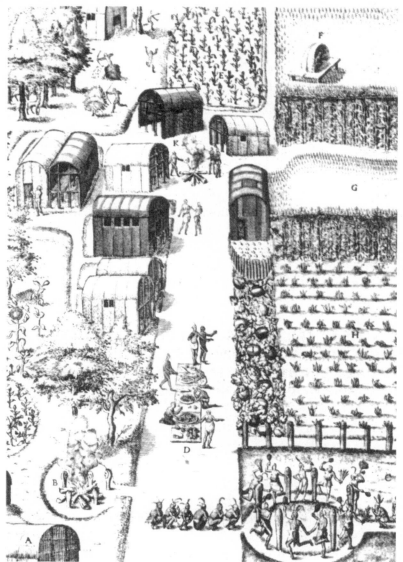

Dibujo que representa el poblado seminola de los Secota, en Virginia.

ayuda de los indios. También aquí las guerras, las matanzas, las vejaciones y las epidemias exterminaron a gran parte de los pueblos nativos.

De los 10 o 12 millones de nativos que vivían en el actual territorio de los EE. UU. quedaban apenas 250.000 en 1900. [28]

---

[28] AAVV. *Il Libro nero del capitalismo, op. cit.*, pág. 410.

La epidemia de viruela, que exterminó casi dos tercios de la población local, fue vista por los colonizadores como un don divino. Esto es lo que escribía en 1634 el gobernador de Massachusset: *«En cuanto a los indígenas, están casi todos muertos, contagiados de viruela, y de este modo el Señor confirma nuestro derecho a nuestras posesiones»* [29].

Los indios y la guerra

Para los nativos de Norteamérica, la guerra no era precisamente un fenómeno desconocido, pero los enfrentamientos entre ellos no alcanzaron nunca la fiereza de los enfrentamientos entre occidentales. Los padres peregrinos (los primeros colonizadores de quienes se hace descender idealmente el origen de los Estados Unidos de América) señalaban con estupor que:

«SUS GUERRAS NO SON NI DE LEJOS TAN CRUENTAS» *COMO LAS EUROPEAS, Y SUCEDÍA INCLUSO* **«QUE PODÍAN LUCHAR DURANTE SIETE AÑOS SIN QUE PERDIESEN LA VIDA 7 HOMBRES».**

Y a menudo los indios no atacaban a las mujeres y los niños de sus adversarios.

Las costumbres de los «civilizadores» cristianos eran muy distintas: *«cuando un inglés acusaba a un indio de haberle robado una taza, y no la restituía, la reacción inglesa era de inmediato violenta: se atacaba a los indios incendiando el poblado entero»* [30].

Citamos una entre las innumerables guerras indias que se sucedieron entre los siglos XVII y XIX: la guerra de los Pequots, antiguos habitantes del actual Massachusset, que se resolvió en una serie de matanzas perpetradas precisamente por aquellos *puritanos emigrados a Nueva Inglaterra para escapar de las persecuciones religiosas en Inglaterra.*

Al principio, los colonos estaban en guerra contra otro pueblo, el de los narragansett, responsables, quizá, de haber matado a un inglés.

[29] D. Stannard, *op. cit.*, pág. 238
[30] D. Stannard, *op. cit.*, pág. 111.

Masacre de Bad Axe en un dibujo de la época.

Pero haciendo camino dieron con la tribu de los Pequot, que también estaban en conflicto con los Narragansett y, en vez de unir las fuerzas contra el enemigo común, los cristianos los asaltaron y destruyeron los poblados. Seguramente pensaron que un indio valía por otro. El jefe de los puritanos, John Mason, describió así una de las matanzas:

«PARA DECIR LA VERDAD, EL OMNIPOTENTE INFUNDIÓ TAL TE-RROR EN SUS ALMAS, QUE HUYERON DELANTE DE NOSOTROS, LAN-ZÁNDOSE A LAS LLAMAS, DONDE MUCHOS PERECIERON... DIOS VO-LABA SOBRE ELLOS Y SE MOFABA DE SUS ENEMIGOS, LOS ENEMIGOS DE SU PUEBLO, HACIENDO BRASAS CON ELLOS... ASÍ EL SEÑOR CAS-TIGÓ A LOS PAGANOS, IGUALANDO LOS CADÁVERES: HOMBRES, MU-JERES, NIÑOS». [31]

«Así le plugo al Señor dar una patada en el trasero a nuestros enemigos, entregándonos su tierra como herencia». [32]

Otro puritano, *Underhill, cuenta cómo «el espectáculo sangriento era impresionante y angustioso para los jóvenes soldados» pero de inmediato nos recuerda: «quizá la Sagrada Escritura decreta que mujeres y niños deban perecer con sus padres».* [33]

Muchos indios cayeron víctimas de campañas de envenenamiento, algo horrorosamente parecido a la actual «desratización».

[31] D. Stannard, *op. cit.*, págs. 113-114.
[32] D. Stannard, *op. cit.*, pág. 111.
[33] D. Stannard, *op. cit.*, pág. 114.

Los colonos también adiestraron perros para que atacaran a los indios, arrancando a los pequeños de los brazos de sus madres y despedazándolos.

Para decirlo con sus mismas palabras: *«perros feroces para cazarlos y mastines ingleses para el ataque».*

La masacre continuó hasta que los Pequot fueron casi totalmente exterminados.

Otras muchas tribus indias corrieron la misma suerte.

Cuando se salvaba a mujeres y niños, sólo era para venderlos como esclavos en los mercados de las Antillas o del norte de África, de donde jamás volvió ninguno, o también para usarlos *in situ.* El empleo de jóvenes indígenas como esclavas era un auténtica marca de estatus. Si alguna desgraciada trataba de escapar era marcada a fuego.

El pastor Roger Williams, por haber osado declarar que a los ojos de Dios la fe de los indios valía igual que la de los blancos y por haber comprado la tierra de los pieles rojas en vez de robársela, fue expulsado de su colonia junto a una docena de incondicionales.

Una inscripción sobre la tumba de un puritano del siglo XVII da una idea del clima de la época:

«A LA MEMORIA DE LYNN S. LOVE QUE, EN EL CURSO DE SU VIDA, MATÓ A 98 INDIOS QUE EL SEÑOR LE HABÍA DESTINADO. ÉL ESPERABA LLEVAR ESTA CIFRA HASTA 100... CUANDO SE DURMIÓ EN LOS BRAZOS DE JESÚS». [34]

Contabilidad de la hecatombe

En New Hampshire y en Vermont, antes de la llegada de los ingleses, la población de los Abenaki contaba 12.000 personas. Menos de cincuenta años después sólo quedaban 250 con vida: diezmada en el 98 %.

El pueblo de los pocumtuck alcanzaba las 18.000 personas. Un par de generaciones más tarde su número había descendido hasta 920.

Los quiripi-unquachog eran al menos 30.000 antes de la llegada de los ingleses. También estos fueron exterminados con el paso de dos generaciones: los supervivientes no sumaban más de 1.500.

[34] Jean Pictet, *L'epopea dei pellirosse*, Milano, Mursia, 1992, pág. 127.

La población nativa de Massachusset, compuesta al principio por al menos 44.000 personas, cincuenta años después se había reducido hasta apenas 6.000 componentes.

Y la lista podría continuar... tengamos presente que la colonización americana sólo acababa de empezar.

Aún no había llegado la gran epidemia de viruela de 1677 y 1678, ni la epopeya del Far West.

PUEDE CALCULARSE QUE ENTRE EL SIGLO XVI Y EL SIGLO XX PERDIERON LA VIDA 150 MILLONES DE PERSONAS.

De estos, dos tercios a causa de epidemias (desde 1750, muchas veces causadas a propósito por medio de regalos infectados) y 50 millones directamente por actos de violencia de los conquistadores, por esclavitud o a causa de tratos inhumanos.

¡Dios lo quiere!

Los exterminadores condimentaban sus partes sobre las carnicerías con entusiásticos boletines de guerra y citas de las Escrituras.

«Es la voluntad de Dios, que al fin nos da motivos para exclamar: ¡qué grande es su bondad!¡Y cuán espléndida es su gloria!» Y hay más: «¡Hasta que nuestro Señor Jesús los obligó a inclinarse frente a él y a lamer el polvo!». [35]

En 1703 el pastor Salomón Stoddard, una de las más prestigiosas autoridades religiosas de Nueva Inglaterra, hace una petición formal al gobernador de Massachusset, a fin de que aumentara las contribuciones económicas que pagaban los colonos para «adquirir grandes mutas de perros y para poder adiestrarlos a cazar a los indios igual que si fueran osos» [36].

En 1860 el religioso Rufus Anderson comenta el baño de sangre, que hasta entonces había exterminado al menos el 90 % de la población autóctona de las islas Hawai, afirmando que se trataba de un hecho natural comparable a la «amputación de los miembros enfermos de un organismo».

Los indios eran considerados menos que seres humanos, como bestias, con los cuales no era necesario respetar la palabra dada.

---

[35] Un relato verdadero de los hechos más destacables que sucedieron en la guerra entre los ingleses y los indios en Nueva Inglaterra, Londres, 1676.

[36] D. Stannard, *op. cit.*, pág. 241.

Los tratados de paz ya se estipulaban con la idea de violarlos.
**POR EJEMPLO, EL CONSEJO DE ESTADO DE VIRGI-
NIA DECLARABA QUE LOS INDIOS «SE HAN TRANQUI-
LIZADO TRAS LA FIRMA DEL TRATADO; TENEMOS NO
SÓLO LA VENTAJA DE COGERLOS POR SORPRESA
SINO TAMBIÉN DE COSECHAR SU MAÍZ»** [37].

*A este propósito recordamos que los indios no rompieron nun-
ca un tratado de paz, sino que las incursiones y traiciones fueron todos por parte blanca.*

Reservas indias

En 1851 se crean las «reservas indias», que al principio son
auténticos campos de concentración donde se encierra a los
pueblos nativos.

Han pasado ya ciento cincuenta años de aquella fecha,
pero en las reservas las condiciones de vida son mucho peores, con relación al resto de los Estados Unidos. *En algunas reservas se registra una tasa de muertes en recién nacidos de 100
muertes por cada 1.000 nacimientos (el 10 %), mientras entre
los blancos la tasa es del 8,1 ‰.* En las reservas muere un niño
de cada tres en los primeros seis meses de vida. También la expectativa de vida media de un «indio» es netamente inferior a
la de un blanco (63 años contra 76). El porcentaje de suicidios
entre los nativos es el doble respecto a la población blanca. Un
74 % de «indios» sufren problemas de desnutrición, y se calcula que un 80 % tiene problemas de alcoholismo. [38]

Los indios que no se rindieron

Los conquistadores no siempre lo tuvieron fácil en su marcha
de conquista.

Por ejemplo, la expedición de Florida, dirigida en 1528
por Pánfilo de Narváez, encontró una feroz resistencia por
parte de las poblaciones indígenas. Apenas tocó tierra, el navegante hizo que los perros destrozaran a la madre de Hirrihigua, jefe de los timucua, ante sus ojos, tras hacer que le
cortaran la nariz.

[37] D. Stannard, *op. cit.*, pág. 241.
[38] AAVV. *Il Libro nero del capitalismo*, *op. cit.*, pág. 411.

Mujeres seminolas en una fotografía de 1917.

Este crimen despertó en los indios un odio implacable contra los españoles; con una serie de enfrentamientos y emboscadas exterminaron casi por completo la expedición.

En 1539, Hernando de Soto lo intentó de nuevo con una flota de 11 naves y un contingente de 1.000 hombres. Tampoco ellos tuvieron la vida fácil. Primero tuvieron que afrontar un ataque de los hombres de Hirrihigua, por lo que trató inútilmente de parlamentar con el jefe Acuera, que le dio esta respuesta: «*Aprendí, de los que llegaron antes que vosotros, quiénes son los españoles... sois vagabundos que viven de homicidios y de robos, perjudicando a gente que no os ha hecho nada. No veo la posibilidad de una paz con individuos de vuestra especie... No os temo y os combatiré mientras estéis en este país*» [39].

Y anunció que había ordenado a sus guerreros que le llevaran dos cabezas de blanco cada semana

Al menos 14 conquistadores murieron a manos de los hombres de Acuera. No fue más que la primera de una larga serie de guerras e incursiones que esperaban a los españoles en su larga marcha en América del Norte, destinada a terminar trágicamente con una gran batalla en el Mississippi en 1542. De los 1.000 hombres de la expedición, sólo 300 lograrían regresar a México.

[39] Jean Pictet, *op. cit.*, págs. 71-72.

La historia de los seminolas

La historia de la colonización española de América presenta una gran *anomalía*. Mientras el continente va cayendo en manos de los conquistadores, hay una zona que se mantiene inexpugnable: La Florida. A lo largo del valle del Mississippi se había instalado una sociedad de agricultores que cultivaba maíz, judías y calabazas, combatían con arcos de dos metros de largo y el espesor de un brazo, cuyo disparo podía alcanzar los 200 metros; iban desnudos y los españoles los describieron como «dotados de potentes cuerpos», «parecían gigantes». [40]

Estos *indios* al principio acogieron fraternalmente a los europeos, quienes en cambio comenzaron enseguida a robarles, violarles y matarlos de las formas más crueles.

Llegados a este punto, los *salvajes* comenzaron a enfadarse y dieron inicio a una lucha sin cuartel contra los invasores.

Estos nativos americanos tienen una organización muy diversa de otras poblaciones del nuevo continente; no son súbditos de grandes imperios esclavistas y sanguinarios (como los incas) y tampoco son una expresión de una cultura de cazadores-guerreros nómadas, como los cheyenne de las praderas de Texas.

Se trata de una sociedad pacífica de campesinos libres que tienen en gran consideración a las mujeres.

Gente práctica que no pierde tiempo en construir pirámides o carreteras ciclópeas, pero dotada de una ciencia médica que no tiene nada que envidiar a la europea del mismo período.

Los españoles no se encuentran frente a ejércitos imperiales enormes pero nada eficientes, que les hacen frente en campo abierto, como en el caso de los incas. Estos *indios* no pierden siquiera el tiempo en rituales guerreros como los cheyenne, que se dejaban matar a golpes de fusil en el combate porque, para ellos, lo más importante no era matar al enemigo, sino humillar su alma tocándolo con el *sagrado bastón de guerra.*

Los pueblos del Mississipi demuestran desde el principio tener una concepción práctica de la guerra y de la fuerza del hombre blanco, de modo que adoptan prácticas de guerrilla. También comprenden que los europeos son unos estafadores, y raramente caen en las trampas de las treguas simuladas, de

---

[40] Alvar Núñez Cabeza de Vaca, *Naufragi*, Einaudi, pág. 26. Hay que tener en cuenta que en aquella época una persona que alcanzaba un metro sesenta ya se consideraba alta. La estatura media del europeo, en realidad no ha aumentado de forma notable hasta la época moderna. Basta observar las armaduras que se habían usado en el pasado.

Grabado de 1841, que representa al jefe seminola Oscila rompiendo el tratado
propuesto por el presidente Jackson.

los regalos pacificadores y de las alianzas con las cuales los
blancos conquistan todo México y buena parte de la costa
nordeste del continente.

Además tienen bastante cordura para no volverse racistas y
comprender que no todos los europeos son carroña. Aceptan
en su tribu a muchos blancos y algunos, molestos por la violencia del colonialismo, se convierten en sus jefes militares.

*De estos blancos buenos aprenden el empleo del caballo y de
las armas de fuego. También logran comprender, gracias a estos
extranjeros, la psicología del hombre blanco. Así oponen a los invasores una resistencia feroz, consiguiendo desbaratar todas las
tentativas de invasión a los largo de dos siglos.*

En 1513, Juan Ponce de León descubre La Florida. En
1521 trata de establecer una colonia, pero lo matan junto a
todos sus hombres. Después de él fue destruida la expedición
de Lucas Vázquez de Ayllón, y después la de su hijo. En 1527
es el turno de Pánfilo de Narváez (de este intento nos informa el libro de Cabeza de Vaca). A continuación, Hernando de
Soto lo intentará de nuevo, dejándose la piel junto a 650
hombres, de un total de 950.

**EL REY DE ESPAÑA, CARLOS I, DESPUÉS DE TANTOS
DESASTRES, DECIDE PROHIBIR CON UN EDICTO
CUALQUIER NUEVO INTENTO DE CONQUISTAR LA
FLORIDA.**

Entonces se intenta por las buenas, es decir, mandando
delante a los misioneros, pero los matan. Hay que esperar
casi hasta 1560 para que Tristán de Luna y Arellano vuelva a
intentarlo: nadie volverá. Entonces prueban los franceses, y
después de nuevo los españoles, dirigidos por Pedro Menén-
dez de Avilés (1564 y 1568).

En el siglo XVII se reanudan las tentativas (muchos se aventuraron en la empresa, incluso Francis Drake), y sólo los franceses consiguen establecer pequeños puertos que no llegarán a ser auténticas posesiones hasta el siglo XVIII. [41] Pero la verdadera conquista de la mayoría de La Florida no llegó hasta el siglo XIX, cuando ya la colonización de Norteamérica era un hecho y los colonos habían pasado de unos pocos miles a millones. Pero aún en 1823 los *indios* seminolas, descendientes de los *indios* que encontraron los españoles en el siglo XVI, controlan con otras tribus el valle del Mississippi, mientras los blancos están confinados a las costas. Aquel año, algunos jefes seminolas venden al gobierno de Washington todo el norte de Florida por 6.000 dólares en especie y una renta anual de otros 5.000 dólares.

En 1832 otro grupo de jefes seminolas cede, por 15.000 dólares, la mitad de su territorio. Así, se deportó a buena parte de ellos al oeste, donde ya de había trasladado a cherokee, creek, choktaw y chickasaw. Estos repetidos traslados forzados (primero a Georgia en 1830, y después, con otra deportación, a Oklahoma en 1835) costaron a los *indios* miles de muertos por carestía. Este grupo de jefes seminolas traidores firmó con la venta una cláusula secreta que decía que todos los esclavos negros que se habían refugiado con sus tribus serían restituidos *«junto a sus hijos»* a sus *«legítimos propietarios»*.

LOS SEMINOLAS SIEMPRE HABÍAN ACOGIDO A LOS ESCLAVOS NEGROS QUE HUÍAN.

Al contrario de las tribus de nómadas guerreros del norte (como los creek) que capturaban a estos hombres y los convertían de nuevo en esclavos, los seminolas los aceptaban gradualmente como miembros de su pueblo y se celebraban matrimonios mixtos. Entregar a una parte de su pueblo como esclavo era algo que los seminolas no podían concebir. Así estalló la primera guerra contra Washington. *El jefe Osceda, hijo de un sueco y de una seminola, dirigió una guerra espantosa que estalló en 1835.* Cerca de Fort Brook, Osceda ataca a 112 hombres dotados de un cañón. Los 180 guerreros sólo tienen tres muertos y cinco heridos, dejando en el campo de batalla a 180 enemigos muertos y cuatro heridos.

El general Clinch, con 200 soldados regulares y 500 voluntarios, parte para vengar la derrota. Osceda y Alligator,

---

[41] Cabeza de Vaca, *op. cit.*, págs. 135-137.

con 200 guerreros (entre los que hay 30 negros) le hacen
frente el 31 de diciembre, mientras trata de atravesar el río
Withlacoochee con una sola barca. Los blancos pierden 63
hombres entre muertos y heridos, y tienen que retirarse.

En 1836 vuelve a intentarlo el general Scott, con 4.800
hombres, pero la guerrilla seminola y una epidemia diezman
la expedición.

El mando pasa entonces al general Call, que intenta con
casi 2.000 hombres, entre los cuales hay 776 creek, entrar en
el pantano de Wahoo, sufriendo grandes pérdidas. Animados
por el éxito de los seminolas, los creek de Georgia se suble-
van, aprovechando el hecho de que el grueso de las tropas había ido a ayudar a los soldados que luchaban en Florida.

La fuerza anti-seminola llega a contar con 10.000 hombres, y aún así estos *indios* consiguen vencer algunas escara-
muzas, siendo ellos un total de 2.000 guerreros. Sólo con una
propuesta de armisticio fingida y con algunas negociaciones,
el general Gesup consigue capturar a Osceda y a otros 108 *indios* (Osceda moriría en prisión pocos meses después). Algunos seminolas abandonan la lucha y aceptan una compensación económica por emigrar al oeste.

Pero la guerra continua. Aún están vivos y armados unos
400 guerreros, al mando de Wild Cat (Gato Salvaje), uno que
tenía los huevos de acero. Entonces los atacan 600 perros sar-
nosos y los destrozan (88 muertos, entre los cuales un coro-
nel). Lo intenta de nuevo Taylor, que salió con 26 muertos y
112 heridos. Después el general Armistead; después, en
1841, el general Worth desencadena una guerra de la «tierra
quemada», tratando de vencerlos de hambre.

Así, otra mitad de los seminolas supervivientes se ve obligada a emigrar al oeste.

*La guerra duró siete años, y dio que hacer a 40.000 blancos,
costó al gobierno de Washington 19 millones de dólares (de los
de entonces) y la muerte de casi 3.400 hombres entre soldados y
voluntarios. Los indios perdieron, entre hombres, mujeres y niños, casi 2.000 personas.*

Los seminolas aceptan la deportación, pero de todas formas rechazan firmar la rendición con el gobierno de Washington.

Todavía quedan en los pantanos de Florida 360 guerreros
irreductibles con sus familias. Estos no bajan la guardia. Con
ellos están todos los negros y sus hijos.

La guerra sigue dando que hacer a casi 2.000 soldados. Llegan a ofrecer 800 dólares a cada seminola, y 10.000 a su jefe Bowlegs, a condición de que abandonen los pantanos.

Más de la mitad de los guerreros mueren o son capturados, o bien acceden a la oferta.

En 1859 se declara terminada la *tercera guerra* contra los seminolas, durante la cual se trasladaron 3.900 indios. Pero en los pantanos aún quedan atrincherados, sin nada más que las armas para defenderse, 150 seminolas, que nunca cederán a la presión de los 17 millones de europeos que entonces habitaban Norteamérica.

En 1906, incapaz de reducirlos, el gobierno de los EE. UU. reconoce a los descendientes de los seminolas de los pantanos la ciudadanía americana y la propiedad de aquellas tierras que nunca nadie consiguió quitarles.

Los seminolas de Florida son en la actualidad alrededor de 1.500, se consideran una nación independiente, [42] usan un alfabeto propio y en aquellos pantanos se ha encontrado petróleo. Recientemente han abierto incluso algún casino donde despluman a los blancos. ¡Puaj!

Bien, esta historia de los seminolas ya es increíble. Pero no es la única. Hay alguien más que nunca fue doblegado por los europeos. En el siglo XVIII comenzó la explotación masiva de las minas de plata del Brasil. Los portugueses deportaron a centenares de miles de negros de sus colonias africanas. Los esclavos consiguieron, en muchas ocasiones, organizar fugas en masa. Escaparon a zonas inexploradas del interior, y allí construyeron pequeños estados independientes. Algunos de estos, en el siglo XVIII, alcanzaron una población de 20.000 personas.

Los portugueses lanzaron campañas militares para destruir estas comunidades, masacrando a millares de ex esclavos. Pero la represión no consiguió doblegar la resistencia de los rebeldes.

Sobre las colinas de la región de Palmares, estado de Cojas, Brasil, estas comunidades negras continuaron prosperando, protegidas por la vegetación casi impenetrable.

DURANTE 250 AÑOS EL PUEBLO KARUNKA HA VIVIDO EN SUS *KILOMBOS*, DONDE LA TIERRA ES DE PROPIEDAD PÚBLICA, Y LA CULTIVAN ENTRE TODOS REPARTIENDO LAS COSECHAS. EL DINERO ERA DESCONOCIDO HASTA HACE UNOS DECENIOS.

---

[42] Jean Pictet, *op. cit.*, pág. 369 y siguientes. Para una investigación más detallada, ver también Mc Reynolds, *I seminole. Il popole che non si arrese mai all'Uomo Bianco*, Rusconi.

Lámina del siglo XVI que ilustra una ceremonia chamánica de los seminolas.

Elaboraron una religión muy particular, una mezcla de cultos africanos y adoración de san Juan. Todavía hoy, estos *kilombos* están en guerra contra el hombre blanco, que trata de exterminarlos empleando auténticos «cazadores de negros»; aquellas tierras despiertan la avaricia de muchos. Entre otras cosas, quieren transformar parte de sus valles en un inmenso embalse con su correspondiente central hidroeléctrica. [43]

¿Lo conseguirán?

África

Pasamos pues a África. La primera conquista colonial del Imperio africano se obtuvo en 1344, cuando el almirante De la Cerda conquistó las Islas Canarias. La empresa se había llevado a cabo por orden del papa Clemente VI.

Después, hacia fines del siglo XV, los portugueses comenzaron a penetrar en las costas de Angola y Guinea. Lo consiguieron gracias a «tratados» con las poblaciones locales, estipulados de modo engañoso por los misioneros. Todas las

[43] Emisión televisiva *«L'Arca di Noè»*, del 15 de junio de 1993, a las 02.00 horas, en el canal 5 italiano.

penetraciones posteriores se verificaron del mismo modo, con los misioneros haciendo de avanzadilla a la conquista europea. Y si los africanos se negaba a ceder, eran los propios misioneros los que decidían informar a los conquistadores de que había llegado el momento de destruirlo todo.

Así sucedió, por ejemplo, en Kilwa en 1505. Los habitantes de aquella ciudad no permitieron que se fundaran misiones en sus proximidades, porque sabían muy bien que aquello de las misiones era una excusa para la instalación de una avanzadilla militar.

ENTONCES LOS MISIONEROS FRANCISCANOS INFORMARON A LOS PORTUGUESES, LOS CUALES DESTRUYERON TOTALMENTE LA CIUDAD.

Por lo tanto, eran los misioneros, junto a los conquistadores, quienes bendecían las matanzas. Pero no tardaron en darse cuenta de que no podía compararse la riqueza que los portugueses lograban llevarse de África con las migajas que se llevaba el Vaticano.

Así que los valientes sacerdotes se arremangaron y organizaron, ya desde inicios del siglo XVI, una trata de esclavos por su cuenta.

EL PAPA INTENTÓ INCLUSO CONQUISTAR DIRECTAMENTE AFRICA CON UN EJÉRCITO (por ejemplo, en 1540 el ejército de Dios atacó el entonces reino etíope) pero después juzgó que era más conveniente ser los intermediarios de la conquista, los latifundistas y los tratantes de esclavos. Así fue cómo se intensificó el tráfico de esclavos. En 1650 la Compañía de Jesús poseía tal cantidad de esclavos que impresionaba incluso a los portugueses y una flota propia, dedicada exclusivamente a su transporte.

EL COMPORTAMIENTO DE LOS MISIONEROS PROTESTANTES NO ERA MUY DISTINTO.

Muy pronto, los nativos iniciaron verdaderos alzamientos anti-misioneros, y los sacerdotes se vieron «obligados» a demostrar su determinación. Cuando los esclavos se sublevaban los torturaban públicamente.

Es de todos conocida la sublevación de los esclavos en Madagascar (1707). *Éstos intentaron fugarse y los misioneros, calvinistas en este caso, despedazaron a los rebeldes en la plaza, con la tortura de la rueda, y estrangularon con sus manos a una esclava.*

También en Sudáfrica, la Iglesia se puso siempre al lado de los Boers (colonizadores blancos de origen holandés). Tanto

Dibujo de 1844 que representa la captura de nativos africanos para hacerlos esclavos.

que cuando en 1837 los zulú se rebelaron contra el expolio de sus tierras, los misioneros ayudaron a los blancos a acercarse a los poblados zulúes. Se asesinó a 400 africanos, sobre todo mujeres, viejos y niños.

A cambio de la activa e imprescindible participación misionera en la conquista de África, las potencias coloniales donaron a la Iglesia inmensos latifundios, y entregaron a los misioneros el monopolio de educación y sanidad. El primer concordato oficial se firmó en mayo de 1940 entre Portugal y el Vaticano.

África, antes de la llegada de los blancos, tenía un propio sistema de asistencia sanitaria, muy extendido. No había ni un solo pueblo sin un terapeuta tradicional que pudiera curar a quien se lo pidiera, con preparados de hierbas o de minerales, cuya eficacia hoy está probada científicamente. Todas estas prácticas y estos remedios se pusieron fuera de la ley, para garantizar el monopolio sanitario de las misiones. Pero como éstas no tenían un sistema ramificado en todo el territorio, la mayor parte de los pueblos africanos se quedó sin posibilidad de cuidados médicos. Fue un desastre.

En lo que se refiere a la educación, se borraron de un plumazo milenios de historia africana, para educar a los negros en la superioridad blanca. Las misiones enseñaban la historia de Europa y la palabra de Dios. Se anuló la cultura de un continente y, no hace falta decirlo, para hacerlo no se utilizó la palabra, sino el palo y el látigo.

Desde que África es independiente, el papel de las misiones no ha cambiado mucho. Todavía detentan un poder enorme sobre la gestión de los fondos «humanitarios», sobre la educación y sobre la sanidad.

¡Dale al negro!

En 1341 una expedición italo-portuguesa se dirigió a las islas Canarias. Estaban habitadas por una población de origen africano, los guanches; su número se calcula aproximadamente en ochenta mil individuos antes del desembarco de los europeos.

EN 1344 EL PAPA CLEMENTE VI ORDENA AL ALMIRANTE FRANCÉS DE ORIGEN ESPAÑOL LOUIS DE LA CERDA LA CONQUISTA DE LAS CANARIAS.

Éste es el primer acto conocido de protocolonialismo europeo después de las cruzadas. Los guanches fueron el primer pueblo que se exterminó totalmente.

En 1496 una indígena hizo señales al enemigo para que se acercara, y las palabras que la mujer dijo pasaron a la historia: «Ya no hay nadie que combatir: están todos muertos». Los guanches se habían extinguido.

En 1441, Antonio Gonsalves, regresando del río de Oro, ofrece diez esclavos africanos a Enrique, infante de Portugal. Éste, a su vez, los ofrece al papa Martín V. El pontífice concedió a Portugal la «soberanía» sobre África, al sur de Cabo Blanco.

De la aceptación de los esclavos por parte del pontífice y de la posterior concesión, Enrique obtiene la prueba del consenso papal en el tráfico de esclavos.

En 1460 los jesuitas persuaden a Ngola, rey angolano-congolés de la etnia kimbundu, para que conceda a Díaz de Novais, el navegante, permiso para capturar esclavos y llevarlos a Lisboa. Los reinos de Angola-Congo comienzan a disgregarse a causa del tráfico de esclavos.

Entre 1480 y 1500, los portugueses consiguen penetrar en Guinea gracias a «tratados» negociados por los misioneros de modo engañoso con los jefes de tribu de Guinea y Angola.

En 1490 Uoulof anima a los jefes de tribu a expulsar a todos los misioneros. Los soldados portugueses lo matan por ello. Pero la resistencia continúa e impide el asentamiento de posteriores misioneros.

En 1505 Kilwa se resiste a los misioneros y a la conquista. La saquean y la arrasan totalmente, mientras los misioneros bendicen la masacre.

EN 1508, LOS MISIONEROS ENVIADOS AL CONGO ORGANIZAN SU PROPIA TRATA DE ESCLAVOS.

En 1529 los portugueses incendian y saquean Mombasa como represalia por las sublevaciones populares contra los invasores y los misioneros. El tráfico de esclavos ha despoblado las regiones del Congo.

En 1534 Sao Tomé, sede principal de la trata, se declara ciudad y centro arzobispal bajo control de los misioneros blancos.

En 1540 el Vaticano trata de colonizar militarmente el entonces reino etíope de Ambara-Galla-Harar.

En 1553 una nueva misión jesuita llega a Mbanza, en el Congo, donde sigue ocupándose del tráfico de esclavos.

En 1600 Francisco de Almeida, los jesuitas y los colonos son los señores absolutos de las costas de Angola. Pero todavía no lo son del interior. En este período, el tráfico de esclavos representa el 1,80 % de las exportaciones de Angola.

En 1628 los misioneros amplían su propia influencia y toman la delantera a la resistencia africana. Se conquistan nuevas tierras en África oriental.

En 1633 el cardenal Richelieu concede durante diez años el monopolio para el comercio de los esclavos a una compañía de Rouen, la «Compañía Senegalesa de Diette y de Rouen».

En 1650 los misioneros de «Zambesia» están desmoralizados por la prolongada resistencia africana. Los dominicanos disponen de enormes propiedades de tierra y de mano de obra de esclavos negros. Los jesuitas intensifican su propia participación en la trata de esclavos en Angola, y se hacen latifundistas como en Mozambique. La Compañía de Jesús tiene una flota de naves privada para el comercio de esclavos.

En 1660 los capuchinos establecidos en las colonias portuguesas hablan de una difundida hostilidad de los africanos con respecto a ellos. Sólo de Goréé, en los doscientos años que siguen, serán «exportados» 20 millones de esclavos.

Grabado anónimo de 1800.

En 1676 los alzamientos contra los misioneros latifundistas y esclavistas obligan al arzobispado portugués a abandonar San Salvador, en la Angola septentrional.

En 1694 la mayor parte de las iglesias de Angola son derribadas por la resistencia africana contra la esclavitud.

En el siglo XVIII, se exterminó a 25 millones de africanos desde el inicio del tráfico de esclavos. La trata de esclavos y los misioneros vuelven a apropiarse de Angola, pero la parte septentrional del país y San Salvador están prácticamente desiertas, despobladas a causa de la trata. Los misioneros, que lo han entendido, atribuyen el declive de África a la resistencia africana.

En 1707, en Sudáfrica, un esclavo encabeza una insurrección. Los misioneros holandeses, a modo de ejemplo, despedazan a cuatro esclavos con la tortura de la rueda y estrangulan a una esclava con sus manos.

En 1721 los misioneros holandeses obligan a los niños indígenas a bautizarse, pero prohíben a los esclavos presenciar la ceremonia en calidad de padres.

En 1781 los bantús khosa y los khoi-khoin se resisten al robo de su ganado y sus tierras, con la reina Hoho a la cabeza. Resisten algunos años, pero después un ejército enemigo de considerables dimensiones los aniquila. En 1792, los supervivientes son llevados a la misión de Baviaanskloof, desde donde se distribuyen como esclavos a los granjeros blancos.

En 1800 el misionero Van der Kemp funda la misión de Bethelsdorp, que sirve como base militar para los ingleses.

En 1805 los hermanos Albrecht, misioneros alemanes anglicanos, despejan el camino para la conquista alemana, fundando una misión en Warmbad, en África sudoccidental.

En 1815 el misionero alemán Schnelen, de acuerdo con la Iglesia y con su gobierno, funda la misión de Betani, en el territorio de Nama, destinada a jugar un papel fundamental en el período de la conquista.

En 1818, con la ayuda de los misioneros, los ingleses del Cabo atacan a Makanda, general de los ndlambe.

En 1819 en Ciudad de El Cabo, el misionero segregacionista John Philip propone la formación de una «cadena de Estados». Su gobierno debería tener como base las misiones. El pueblo se rebela, pero los misioneros se ponen de acuerdo con el gobierno y los militares apaciguan los desórdenes con sangre. El fuego de los cañones ingleses abate a 3.000 xhosa que luchaban para defender su propia tierra.

En 1823 los misioneros ocupan los territorios Baralong y crean hombres de paja para llevar a la guerra a Moshesh y a los rebeldes.

En 1828 John Philip (*Researches in South Africa*) revela los planes de los misioneros anglicanos que pretenden seguir criterios segregacionistas para las escuelas, poblaciones y reservas y beneficiarse de un «*sistema de tratados*» que permita someter y conquistar a los africanos.

Una joven africana en el mercado de esclavos. Grabado de 1800.

En 1829 la misión de Philipton es una base militar británica junto a la misión de Glasgow de Balfour. El misionero metodista Shaw arma e instala grupos de blancos en Albany y en la zona oriental del Cabo. Los colonos de Albany atacan a los negros para ampliar los propios latifundios.

En 1834 el misionero Philip aconseja al gobernador que anexe Xhosaland y recurra al gobierno indirecto por medio de hombres de paja. Pero los xhosa resisten el ataque combinado de 20.000 hombres que comprende a ingleses, boers, y misioneros católicos, anglicanos y wesleyanos...

**EN ENERO DE 1835 LOS XHOSA SON DERROTADOS POR LAS
TROPAS DEL MISIONERO PHILIP.**

Los demás misioneros seguirán el ejemplo de Philip.

En 1837, gracias al apoyo misionero de católicos y wesleyanos, los boer acabaron en Mosera con 400 zulúes, exclusivamente mujeres, viejos y niños.

**EN 1884 LOS MISIONEROS FRANCESES «PADRES DEL ESPÍRITU
SANTO» FUNDAN LA MISIÓN DE SANTA MARÍA DE GABÓN Y
ARRANCAN «TRATADOS» A LOS JEFES DE TRIBU QUE PERMITEN A
LOS FRANCESES INSTALARSE EN EL ESTUARIO DEL GABÓN.**

En 1853 David Livingstone atraviesa África desde Luanda hasta Quelimane. Funda una misión a orillas del lago Niassa para convertirla en una base contra los africanos y prepara el terreno para la llegada de los colonialistas ingleses.

En 1868 el canciller alemán Bismarck pide a Inglaterra que proteja a los misioneros de África sudoccidental. El gobernador del Cabo, Sir Philip Wodehouse, responde a la llamada del Imperio Prusiano y, ayudado por la misión del doctor Hahn, ataca a los nama. Los nama resisten mientras pueden, pero al final son prácticamente exterminados. El castigo de su jefe se confía a los misioneros.

En 1894, el 6 de enero, en la Drill Hall de Ciudad del Cabo, Rhodes agradece públicamente a las misiones anglicanas y católicas, al Ejército de Salvación, al Movimiento de Jóvenes Exploradores de Baden-Powell y a la «Sociedad Abolicionista», su contribución a la «liberación» de Rhodesia de los rebeldes africanos.

En 1914 el 90 % de África pertenece a las potencias coloniales europeas, que confían el control de la educación a los misioneros cristianos.

**EN 1920 LA ALIANZA DE LAS SOCIEDADES MISIONERAS DE
KENIA PIDE A LA COMISIÓN DE ÁFRICA ORIENTAL QUE NO PERMITA LA LIBRE CONTRATACIÓN ENTRE DEPENDIENTES Y PATRONES.**

En 1921 en el Congo Belga, Kimbangu, considerado un «profesional» está al frente del movimiento anticolonialista. Seguidor de Gandhi, predica la no violencia. Se crea también otro grupo dirigido por Simón N'Tualani. Los misioneros católicos piden al gobierno belga que persiga a los dos líderes y a sus grupos porque se niegan a pagar los impuestos a los colonizadores y a trabajar. Kimbangu es encarcelado, torturado y asesinado. N'Tualani consigue huir, pero los misioneros conspiran con la administración colonial para capturarlo. De

Litografía abolicionista impresa en las Antillas.

modo que es capturado, con 38.000 personas, torturado y encarcelado hasta su muerte.

En 1926 la Conferencia Misionera Internacional condena
a las Iglesias africanas «etíopes» separatistas.

En mayo de 1940 se firma un concordato entre Portugal y
el Vaticano que incluye una «orientación» misionera católica
en las colonias portuguesas.

En 1946 se funda en Uganda el partido Bataka, cuyo programa incluye la reclamación de tierra para los campesinos y los
derechos de ciudadanía para los negros. Los misioneros impi-
den el acceso a las iglesias a los miembros del partido Bataka.

En 1950 se funda el movimiento nacionalista ugandés cuyo
programa es contrario a las misiones; prevé la redistribución
de la tierra y el autogobierno.

En 1953 los misioneros, dirigidos por Crey, lanzan una campaña racista en Kenya contra la población kikuyu y los mau mau (término despectivo para designar a los guerrilleros keniatas). Se establece la pena de muerte para quien preste el juramento mau mau.

En 1955, gracias a la enseñanza monopolizada por las misiones, en el Congo no hay ni un misionero ni un abogado africano.

En 1960 en las colonias portuguesas existen más de 100 misiones católicas. Las actividades «didácticas y educativas», gestionadas por estos misioneros y por otros 500 misioneros protestantes, son de tipo segregacionista: no existen universidades para negros y el ochenta por ciento de los niños en edad escolar no frecuenta los cursos. Incluso la asistencia sanitaria, dirigida por los misioneros, es sólo para blancos; en Angola la mortalidad infantil es del 50 %, hay un médico por cada 10.000 habitantes y, casi exclusivamente, a disposición de los europeos. Cuando la población de Sudáfrica se revuelve contra la segregación, incendia muchas iglesias católicas.

EN 1964, DESPUÉS DE LA INDEPENDENCIA Y LA SUSTRACCIÓN DEL MONOPOLIO DE LA ENSEÑANZA A LAS MISIONES, EL ANALFABETISMO EN GHANA DESCIENDE DE GOLPE DEL 85 AL 25 %.

En 1977 en Sudáfrica, por primera vez en todo un siglo, las escuelas «blancas» católicas, anglicanas y metodistas admiten a no-europeos con criterio selectivo y limitado y con el tácito consenso del gobierno, a fin de «neutralizar» la situación post-Soweto.

Cuando el rey de Inglaterra era un narcotraficante

Las potencias coloniales (España y Portugal, pero también Holanda, Inglaterra, Alemania, etc.) extendieron su propio dominio por todas partes: de las Américas hasta Asia, desde Asia a Oceanía.

Por todas partes hubo guerras para imponer los propios monopolios comerciales. Por todas partes los misioneros primero y las sociedades comerciales después, como la mítica «Compañía de las Indias», hicieron de avanzadilla a los conquistadores. En todas partes, si tenían la ocasión, los misioneros trataron de destruir la cultura autóctona de las poblaciones sometidas y de inculcarles el concepto de *«superioridad del hombre blanco».*

La suerte de los aborígenes austrálianos no es distinta de la de los nativos americanos.

Sobre todo en el siglo XIX a la coartada de la cristianización se sobrepuso la de la *«libertad de comercio»*. Las potencias coloniales entraban en guerra con las naciones que impedían la entrada de sus mercancías.

¿Sabéis qué originó la primera de las tres «guerras del opio»?

EL GOBIERNO CHINO HABÍA PROHIBIDO LA IMPORTACIÓN EN SU PROPIO TERRITORIO DEL OPIO CULTIVADO EN BENGALA POR LA COMPAÑÍA DE LAS INDIAS, UN VÁSTAGO DEL GOBIERNO INGLÉS. Y EL GOBERNADOR CHINO DE CANTON HABÍA SECUESTRADO UNA CARGA ENTERA DE LA PRECIOSA SUSTANCIA (QUE LOS CONTRABANDISTAS INGLESES CAMBIABAN POR EL TAMBIÉN PRECIOSO TÉ). ENTONCES LOS INGLESES NO AGUANTARON MÁS Y DECLARARON LA GUERRA A CHINA, QUE SE VIO OBLIGADA A CAPITULAR.

En 1842 se firmó el tratado de Nanchino, que abría cinco puertos chinos a las importaciones extranjeras y cedía Honk Kong a los ingleses.

Siguieron otras dos guerras, una en 1956 y otra en 1958 con la alianza de Francia, que obligaron a China a ceder otros once puertos.

«Las potencias capitalistas se habían comportado como gángsters de la droga y habían sacrificado miles de vidas chinas». [44]

En definitiva, los reyes de Inglaterra, los jefes de la Iglesia anglicana, no eran más que vulgares narcotraficantes.

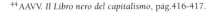

[44] AAVV. *Il Libro nero del capitalismo*, pág.416-417.

Capítulo decimoquinto

Y Dios dijo: «¡Dejad de lavaros!»

La Iglesia católica comenzó hacia 1200 un esfuerzo poderoso de moralización tratando de meter en la cabeza de la población, aún muy apegada a la concepción pagana de la vida, un poco de sano horror por el sexo.

Como habíamos dicho, el blanco principal de esta tentativa fueron los baños públicos. Estos lugares tenían bañeras de agua caliente, saunas y habitaciones donde se cortaba el cabello, se arrancaban dientes o se daban masajes. En los baños públicos medievales (a diferencia de lo que ocurría en la antigua Roma) cada domingo hombres y mujeres se bañaban juntos. Todos iban vestidos con trajes toscos y viejos, tanto los pobres (que no tenían otros) como los ricos, que temían que alguien les robase sus mejores prendas (tejer requería un tiempo enorme, por lo que los vestidos eran muy preciados).

A esta promiscuidad social y sexual se añadía que en ciertas regiones *todos se bañaban juntos mientras se servían bebidas y alguien cantaba cancioncillas probablemente un poco obscenas*.

Los curas estaban preocupados por si en el agua turbia alguien, aprovechando la escasa iluminación, alargaba las manos más de lo debido (obviamente las prostitutas se aprovechaban del clima sobreexcitado del baño para hacerse publicidad y cerrar algún asuntillo).

No fue fácil convencer a los europeos de que las termas públicas eran algo malvado. La idea de la Iglesia fue sencilla. Impedir a las mujeres honestas frecuentar los baños, transformándolos en auténticos burdeles. De forma que se pudiese separar limpiamente el bien del mal.

Hicieron falta al menos tres siglos para transformar una buena parte de los baños en burdeles y cerrar el resto. Pero al final lo lograron. Por fin las termas sólo eran frecuentadas por las prostitutas y sus clientes; así los europeos se convirtieron en unos guarros y comenzaron a lavarse (cuando se lavaban) sólo por Pascua y Navidad. Dejarse ver desnudos se hizo cada vez más vergonzoso.

Y finalmente la Iglesia logra lo que predicaba desde hacía un milenio. En efecto, *ya en el 300 san Jerónimo aconsejaba a una joven noble que no fuera a los baños cuando se hiciera adulta, y que no fuera con eunucos o mujeres embarazadas, por cuanto los primeros conservarían el instinto masculino y las segundas ofrecerían un espectáculo obsceno.* Y una vez adulta, la joven renunció totalmente a los baños, tenía vergüenza de sí misma y no soportaba verse desnuda [1].

Resistieron indómitos sólo los pueblos nórdicos, para los cuales renunciar a la sauna era impensable a causa del frío. Así los escandinavos permanecieron impúdicos y limpios.

Los primeros frutos de este invento papal se recogieron enseguida: aumentaron la prostitución, las enfermedades venéreas y todos los males que la suciedad procura. La plaga de la peste escribió una carta de agradecimiento al Papa. La suciedad y la promiscuidad, aún más que la desnutrición [2], fueron las auténticas causas de que se difundieran las epidemias de peste negra que a partir de 1347 causaron estragos en Europa con una cadencia cíclica hasta la segunda mitad del siglo XVII. El balance estimado es de una pérdida de la población europea del 30-40 % sobre un total de aproximadamente 80 millones de habitantes.

Hasta el siglo XVI, la población no recuperará la cifra que tenía en 1340.

Y cuando la peste desapareció, fue sustituida por otras enfermedades como el tifus.

---

[1] Mariella Carpinello, *Libere donne di Dio – figure femminilli nei primi secoli cristiani*, Milano, A. Mondadori, 1997.
[2] Livi Bacci Massimo, *Storia minima della popolazione del mondo*, Bologna, Il Mulino, 1998.

El sortilegio de amor, cuadro de Platzi.

El clero cochino

Obviamente, mientras la Iglesia moralizaba al mundo, iba mal encaminada.

Una vez que estuvo oficialmente prohibido casarse a los curas, podían esperarse siglos antes tener un aspecto de castidad.

Para comprender mejor cuál era la situación basta leer a Bracciolini.

Secretario apostólico del papa Bonifacio IX, Poggio Bracciolini (1566-1645) fue un personaje importantísimo, encargado, entre otras cosas, de escribir los discursos del pontífice.

Cuando quería relajarse, Bracciolini iba con sus colegas a una sala del palacio apostólico que se llamaba *Bugiale**, donde se contaban los últimos chismes del clero. Hete aquí que nuestro Poggio se tomó la molestia de apuntar algunas historietas y, habiéndose retirado al campo en 1450, reunió un volumen de «historietas» que se traduciría en toda Europa. Se trata de 273 anécdotas que cuentan hechos y rumores de trasfondo sexual.

Prácticamente el volumen es una especie de «estupidiario eclesiástico». Por ejemplo, un predicador de Tívoli, hablando del adulterio, tomado por el calor del sermón gritó desde su púlpito que e*ste pecado era tan grave que prefería el amor con diez vírgenes al de una sola mujer casada.* Bracciolini concluye, con algo de malicia: *«muchos de los presentes le dieron la razón».*

Después está la historia del hermano Paolo, que en una de tantas prédicas contra la lujuria, dijo escandalizado que hay muchos maridos que, para sentir mayor placer en el coito, ponen una almohada bajo el trasero de sus mujeres: *«ni que decir tiene que la cosa, ignorada por algunos, agradó, y en casa fue probada de inmediato»*[3], comenta Bracciolini.

La historias de Bracciolini demuestran que el clero del Renacimiento estaba más atento a las cuestiones políticas que a la lucha contra la lujuria. Los ricos prelados que residían en el Vaticano tenían mujer, hijos y una considerable cantidad de amantes, y nadie se escandalizaba demasiado.

Por no hablar de lo que sucedía en monasterios y conventos. Se narran historias increíbles y dignas inspiradoras de Boccaccio.

Y CUANDO SE HACEN EXCAVACIONES EN LOS CONVENTOS, NO ES EXTRAÑO ENCONTRAR CEMENTERIOS DE ESQUELETOS DE RECIÉN NACIDOS. LOS HIJOS DE LA CULPA SE HACÍAN DESAPARECER DE ESTE MODO.

Se habla, además, de grandes monasterios que se convertían en comunidades orgiásticas, como la abadía de Monte-

---

* N. de la T.: De «*bugia*», mentira. Vendría a ser un mentidero.
[3] Poggio Bracciolini, *Facezie di Poggio Fiorentino*, Città di Castello, Carabba, 1911.

l'Abate, cerca de Perugia, donde poco después del año 1000 monjes y monjas vivían en tal promiscuidad que el Papa mandó a más de un prelado para tratar de apaciguar la situación. *Pero algunos se unieron a la orgía,* otros fueron echados a bastonazos de la comunidad de los vividores.

Al fin, el Papa nombró a un prior con autoridad de obispo y una dotación de hombres armados. Así se restableció el orden, pero el prior-obispo tuvo que construir un castillo y mantener una guarnición para garantizar el control de la situación. Una vez sometidos monjes y monjas, le quedaron soldados y dinero bastantes para decidirse a plantar cara a Perugia, contra la cual llegó a mantener una pequeña guerra.

Este episodio, del que se sabe poquísimo, forma parte de una historia menor, que no puede contarse porque es demasiado vasta. Los libros de historia no recuerdan millones de pequeñas guerras, todas hechas en nombre de Dios, que dieron millones de muertos.

Pero en el siglo XVII, con la Contrarreforma, la música cambia. Monasterios y conventos dejan de ser lugares donde suceden cosas de todos los colores. Se sabe muy poco de cómo se logró esta moralización interna, porque la Iglesia no dejó traslucir nada de nada, pero ciertamente dio sus frutos, ya que los excesos, de norma pasaron a excepción.

También influyó sobre este exceso la locura de la Inquisición. Convertidos en feroces represores de los comportamientos satánicos paganos, los sacerdotes en un momento dado se encontraron volviendo su celo contra sus propios colegas.

Así, LAS ORGÍAS CON CENTENARES DE NIÑAS Y NIÑOS QUE EL PAPA BONIFACIO VIII ORGANIZABA EN EL MEDIOEVO, A PARTIR DE 1600 SON IMPENSABLES.

Capítulo decimosexto

Homosexualidad

Como se ha dicho, el papa Julio III (1550-1555), amante de los banquetes, de las fiestas, de la caza y de las representaciones teatrales, hizo cardenal a un joven «vicioso» de diecisiete años. Ello provocó las vehementes protestas de algunos altos prelados. [1]

El gesto de Julio III representaba seguramente un caso límite, tanto más cuanto sucedía durante aquel Concilio de Trento que hizo aún más rígida la moral sexual de la Iglesia; pero es un hecho que en el interior de la Iglesia siempre han convivido diversas posiciones.

Pero, ¿de dónde deriva la actitud punitiva hacia los homosexuales?

La opinión de la gente sobre lo que es «secondo natura» o «contra natura» siempre ha cambiado dependiendo de las épocas y de los lugares. Lo que se condenaba en una cultura era admitido en otra, y viceversa.

Según el mito griego, tal como lo expone Platón en el Simposio [2], en origen la humanidad estaba formada por tres tipos de seres completos: el primero estaba formado por dos hombres fundidos uno con otro, el segundo por dos mujeres y el

[1] Italo Mereu, *op. cit.*, pág. 75.
[2] Platón, *Simposio*, Rusconi Libri.

tercero por una mezcla hombre-mujer. Los dioses dividieron a estos seres superiores como un castigo, dando vida así a la actual humanidad, formada por hombres y mujeres que vagan incompletos en perpetua busca de la propia «mitad».

Según esta visión de la naturaleza humana, pues, las elecciones heterosexuales son tan legítimas y «naturales» como las homosexuales. En rigor, el único comportamiento «contra natura» sería el celibato.

En realidad, tanto en la sociedad griega como en la romana, el papel «pasivo» en el acto sexual entre hombres se consideraba «inferior». [3]

El desprecio hacia la homosexualidad del cristianismo deriva de la religión judía. También la cultura hebrea (como la griega y la romana) era el resultado de una sociedad patriarcal y guerrera, hostil a las mujeres, que se consideraban seres inferiores, y a la feminidad.

El varón homosexual, que se comportaba «como una mujer», se consideraba digno de un profundo desprecio y atentaba al orden del Universo querido por el mismo Dios (*Dios creó al hombre a su imagen... varón y hembra los creó* [4]).

Cuando, a finales del siglo IV, el cristianismo se convirtió en la única religión de Estado del Imperio Romano, uno de los primeros efectos de la nueva época fue una ley del 390, *que preveía la muerte en la hoguera para quien practicase la homosexualidad.* [5]

Pero la persecución de los «sodomitas» se hizo cruel cuando la Iglesia católica, después del año 1000, reafirmó con vigor el principio del celibato eclesiástico.

Se trataba de «desexualizar» las relaciones entre los hombres de Dios en una sociedad (la Iglesia) totalmente machista. En efecto, si la Iglesia hubiera impuesto el celibato sin castigar la sodomía, eso hubiera representado para la feligresía la demostración de que la Iglesia estaba compuesta por misóginos homosexuales.

De todos modos, dentro de la Iglesia convivieron, durante siglos, diversas posturas sobre la homosexualidad.

EL EMPERADOR DE ORIENTE JUSTINIANO HIZO CASTRAR PÚBLICAMENTE A LOS HOMOSEXUALES.

---

[3] Rane Eisler, *Il piacere é sacro*, Milán, Frassinelli, 1996, pág. 129-130.
[4] *La Sagrada Biblia*, Génesis 2, 27.
[5] Uta Ranke-Heinemann, *Eunuchi per il regno dei cieli*, Supersaggi, Biblioteca Universale Rizzoli.

Grabado de Gustav Doré que evoca la escena bíblica en que Lot huye de Sodoma y Gomorra en llamas, y Sara se transforma en una estatua de sal.

NO ERA NECESARIA UNA PRUEBA, LA SOSPECHA EN SÍ MISMA ERA PRUEBA SUFICIENTE. [6]

POR OTRA PARTE, EL PENITENCIARIO DE GREGORIO III (SIGLO VIII), IMPONE UNA PENITENCIA DE CIENTO SESENTA DÍAS POR LESBIANISMO, DE UN AÑO POR SODOMÍA Y DE TRES AÑOS PARA UN SACERDOTE QUE VAYA A LA CAZA. [7]

Aún después del año 1000 se enfrentaron dos tendencias opuestas sobre el asunto. Por una parte, san Pier Damiani se empleó a fondo contra los clérigos que se abandonaban a las prácticas homosexuales y se batió (inútilmente) para que fueran separados de la Iglesia. El abate Aelred di Rievaux, por su parte, intentó defender el amor entre hombres (si bien terminó por recomendar la castidad). Por otra parte, un texto de Ildeberto de Lavardin, arzobispo de Tours, deja entender claramente lo muy difundida que estaba la homosexualidad en la Edad Media:

[6] Dario Fo, *op. cit.*, pág. 315.
[7] Jean Verdon, *Il piacere nel Medioevo*, Milano, Baldini & Castoldi, 1999, pág. 62.

«Muchos Ganímedes honran muchos altares
y Júpiter llora por no recibir
más el obsequio acostumbrado.
El joven, el hombre ya hecho, el viejo,
se infectan de aquel vicio
y nadie queda excluído.» [8]

La moral sexual de la Iglesia tomó una dirección más neta en el Concilio Laterano de 1179, que sancionó la reducción al Estado laico o la reclusión en un monasterio para el clérigo homosexual, y la excomunión si se trataba de un laico.

De todos modos, no hubo nunca una cruzada contra los homosexuales, ni una persecución sistemática por parte de la Inquisición, como sucedió con las herejías.

La Iglesia no reconoció jamás a los homosexuales como grupo, sino que se limitó a condenar los comportamientos homosexuales, pero pidiendo que el castigo fuera impuesto por los gobiernos «laicos».

A partir del siglo XIII muchos países europeos adoptaron legislaciones muy severas contra las prácticas homosexuales.

Por ejemplo, en Francia un código de la época prevé la castración la primera vez que se cometa la falta, la amputación de un miembro la segunda y la hoguera la tercera. Para las mujeres está prevista la misma pena, pero no se entiende bien qué pasaba las dos primeras veces.

También estaba la pena accesoria de confiscar los bienes a favor del soberano, lo que en muchos períodos animó a los monarcas a aplicarse con fuerza contra la homosexualidad.

A menudo el cargo de sodomía se mezclaba en un único potaje con los de herejía y brujería (el hereje, por su propia naturaleza, era un discípulo de Satanás, de modo que iba contra el orden natural querido por Dios, de modo que también mantenía relaciones «contra natura»...)

Por todos estos motivos, no es posible reconstruir el número exacto de víctimas.

Un estudio reciente [9] sobre los procesos por sodomía habidos en Bolonia en el siglo XVI ha desvelado datos muy interesantes.

---

[8] Jean Verdon, *op. cit.*, pág. 63.
[9] Ugo Zuccarello, *Processi per sodomia a Bologna tra XVI e XVII*, tesis doctoral en Historia moderna, Universidad de Bologna, 1998..

Una enmienda honorable, cuadro de A. Legros.

SOBRE OCHO PROCESOS POR SODOMÍA, QUE VIERON A ONCE ACUSADOS, CINCO ERAN ECLESIÁSTICOS: CASI LA MITAD. DE LOS OCHO IMPUTADOS LAICOS, TRES FUERON CONDENADOS A MUERTE (POR AHORCAMIENTO O DECAPITACIÓN), CINCO FUERON EXILIADOS DE POR VIDA.

DE LOS CINCO ECLESIÁSTICOS, SÓLO UNO FUE CONDENADO A SER CONFINADO EN UN CONVENTO POR TRES AÑOS. PARA LOS OTROS CUATRO, EL PROCESO NI SIQUIERA SE DESARROLLÓ, O SE CONCLUYÓ SIN CONDENAS.

La verdad, no podía admitirse en el seno del clero, tan rígido a la hora de regular las costumbres sexuales de los demás, que hubiese «sodomitas».

Y por otro lado, si el poder sagrado del clero se basaba en la castidad, ponerla en duda amenazaba su propio poder y su legitimidad.

Las cosas no hubieran cambiado mucho, ni siquiera en nuestros días, si hemos de creer a las fuentes internas de la propia Iglesia católica.

Por ejemplo, Stefano Federici, docente de Teología en la Universidad de Lecce y sacerdote homosexual, durante un reciente debate televisivo sobre el «orgullo gay« de Roma, durante el Jubileo, llegó a firmar que al menos el 60 % de los religiosos y las religiosas son homosexuales.

Si este dato fuese verdad, la broma del propietario de la biblioteca gay de Milán que, en esa misma emisión, definió el debate entre el Vaticano y el movimiento gay como una «guerra entre pillos», sería algo más que paradójica.

Capítulo decimoséptimo

Bienaventurados los malos

Al escribir este libro decidimos no ocuparnos de los crímenes de los cristianos del último siglo, para no parecer sectarios. Nos parecían bastantes los cometidos en los siglos precedentes. No nos interesaba entrar en un asunto tan «fresco». Cuando se pasa de la historia a la crónica, es fácil dejarse llevar por las emociones y perder la objetividad histórica.

Sin embargo, la reciente idea de beatificar al papa Pío IX y (quizá) al papa Pacelli, Pío XII, nos ha decidido a añadir algunas líneas.

Pío IX fue el último Papa rey. Administró Roma con puño de hierro, oponiéndose a cualquier democratización, impuso la pena de muerte a los rebeldes, promulgó el *Sillabo* (1864) donde condenaba los movimientos liberales, prohibió a los católicos hacer política, mantuvo a los judíos encerrados en su ghetto. Total, un auténtico cristiano.

¿Y qué decir de Pío XII? ·

Antes de ser Papa ocupó su cargo en Alemania (y por lo tanto sabía muy bien quiénes eran los nazis). Firma la orden de disolución de todas las organizaciones políticas católicas alemanas, allanando el camino a Hitler. Y no se da cuenta de que los nazis comienzan a matar judíos, homosexuales y gitanos.

Pero impide la difusión de la encíclica de su antecesor, Pío XI, precisamente centrada en la condena del racismo.

Y después no se da cuenta de que deportan a los judíos romanos, no se da cuenta de las matanzas ni de las torturas. No se da cuenta de los curas franciscanos que gestionan, mitra en mano, uno de los campos donde los nazis eslavos masacran a más de un millón de serbios.

Era un tipo algo distraído.

A favor suyo hay que decir que los cristianos deberían haber condenado a demasiada gente en los siglos pasados.

Y en vez de eso eligieron callar.

Sin embargo, hubiesen habido tantas cosas que decir...

El apartheid en EE. UU., que duró hasta los años sesenta. El apartheid en Sudáfrica, que duró hasta finales de los años ochenta, y no se condenó más que en el último momento. El exterminio de los nativos australianos, el secuestro generalizado de sus hijos, educados a la fuerza en la fe en Dios y en los blancos.

La bendición a los generales sudamericanos que torturan, violan y hacen desaparecer a sus oponentes. El apoyo a algunas de entre las peores dictaduras de África y del Extremo Oriente.

Y qué decir del hecho de haber echado tierra sobre millares de casos de violencia sexual contra niños, fenómeno que ha alcanzado dimensiones de locura, por ejemplo, para algunas tribus de nativos americanos en Canadá.

En resumen, Woytjla, con estas beatificaciones, nos ha decepcionado un poco.

Tendremos que esperar al próximo Papa (que será negro, gay y mujer) para ponernos en paz con las jerarquías del cristianismo (el próximo rey de Inglaterra y Papa anglicano será Mick Jagger).

Apéndice 1

Mujeres y esclavos en el período post-Jesús

Los primeros misioneros cristianos llegaron a Roma con la oleada de la emigración judía. Ya desde el primer momento resultaron sospechosos, porque su espera de un mesías y de un «nuevo rey», aunque fuese celeste, parecía una amenaza subversiva de cara al rey terrenal, el «césar» de Roma.

Así, era obvio que las primeras comunidades se agruparan y se ligasen con vínculos de solidaridad y de mutuo socorro. Estas comunidades estaban dirigidas por predicadores, que no pocas veces se hacían acompañar por chiquillas (más tarde llamadas *virgines subintroductae*) que eran compañeras de trabajo, de vida y predicadoras símbolo de una nueva libertad femenina. Éstas dieron más tarde grandes preocupaciones a la jerarquía, hasta que se les retiró el derecho a la confesión y les prohibieron predicar. Pero, de todas formas, los jefes de la comunidad (más tarde los obispos) estaban casados, y sus mujeres tenían un papel para nada despreciable en la difusión del nuevo mensaje.

POR OTRA PARTE, EN LA PRIMERA EPÍSTOLA A TIMOTEO SE PEDÍA EXPLÍCITAMENTE EL MATRIMONIO DE LOS OBISPOS. [1]

[1] *La Sagrada Biblia*, primera carta a Timoteo, III, 2.

Esta nueva libertad femenina fue una innovación increíble para aquellos tiempos. *Era un mensaje de revolución, y las mujeres verdaderamente necesitaban una revolución.*

Después llegó san Pablo, la Iglesia fue organizada y centralizada, se comenzaron a construir catedrales y cerraron las puertas a las mujeres.

El cristianismo había nacido como un movimiento religioso de las mujeres y de los pobres. Las masas estaban encantadas con las palabras de Jesús.

El cristianismo les daba dignidad, igualdad y esperanza...(es más fácil que un camello...). Además, el cristianismo no pedía que se privaran de lo poco que tenían para pagar a los sacerdotes. En el cristianismo primitivo había sacramentos y ritos que debían comprarse, pero Jesús se había hecho bautizar con el agua del río, que es gratis, precisamente para condenar el mercado de las bendiciones y de los ritos que enriquecía a los rabinos.

Las mujeres en los tiempos de Jesús

Cada mañana el judío daba gracias a Dios por no haber nacido mujer (y algunos judíos integristas lo hacen hoy todavía).

Esto para dar una idea de cómo debía ser la condición femenina en el país de Jesús.

Tampoco en Roma era distinta la situación, posiblemente era peor. Los cultos matriarcales resistían, pero sufrían una represión feroz, que podía alcanzar a miles de mujeres en cada golpe. Las leyes, en tiempos arcaicos, condenaban a muerte a la mujer que fuese sorprendida bebiendo un vaso de vino o que hubiese traicionado al marido. En algunos casos la castigaban aunque hubiera sido violada, porque había sido débil. *Y si la condenaban a muerte, la ejecución de la condena se hacía en casa, ya que la mujer era un objeto propiedad del varón y por lo tanto le tocaba a él eliminarla. Si le molestaba, podía hacer de ella lo que quisiera.*

Las mujeres que se dedicaban al culto de Isis (divinidad matriarcal egipcia) eran crucificadas, la misma pena reservada a quien se rebelaba contra el Imperio. El infanticidio femenino era una práctica de cada día.

La palabra de Jesús llega para perturbar toda esta situación. Las mujeres adquieren poder. *En la nueva religión, Jesús detiene la lapidación de la adúltera («quien esté libre de pecado que tire la primera piedra»). En un país donde no se dirigía la palabra a las mujeres Él tiene una disputa verbal con la mujer cananea y le da la razón...*

En resumen, Jesús trastorna las «antiguas leyes», aunque esta parte de su prédica se perderá enseguida.

Pero no fue tan fácil hacer callar a las mujeres. No se rindieron nunca al domino patriarcal y dieron siempre mucha guerra.

La batalla contra las mujeres alcanzó notables proporciones en el Medioevo.

Para entender lo que sucedió debemos recordar que, aunque el cristianismo fuese religión de Estado, habían sobrevivido, sobre todo en el campo y en las zonas apartadas, muchos de los rituales paganos y matriarcales.

Y no se trataba sólo de una cuestión ritual y religiosa. Las mujeres mantenían en los pueblos un antiquísimo rol social. Eran ellas quienes hacían de comadronas y se ocupaban de la curación de muchas enfermedades. Junto a los chamanes, distribuían hierbas medicamentosas y hacían ritos mágicos, quitaban el mal de ojo, propiciaban los amores, combatían contra los demonios que amenazaban las cosechas y provocaban la sequía, se ocupaban de garantizar la fertilidad del terreno.

La Iglesia y el poder masculino estaban preocupados por estas formas primitivas de religiosidad popular, muy arraigadas.

En el Medioevo la Iglesia católica decidió lanzar una gran cruzada con la intención de extirpar estos comportamientos. Un primer objetivo fue moralizar las ciudades.

ERA ABSOLUTAMENTE NECESARIO DEJAR DE LA-VARSE.

Había que erradicar la tradición de ir los domingos a los baños públicos porque en estos lugares hombres y mujeres se ven desnudos, quizás se tocan, y esto es insano y excitante *(así comienzan las grandes epidemias de peste, millones de muertos).*

Otro objetivo fue eliminar los comportamientos obscenos durante las fiestas. En efecto, lo que sucedía era que los ritos cristianos se habían unificado de alguna manera con los anteriores ritos paganos. Por eso, durante el carnaval, como durante las fiestas para asegurar buenas cosechas, la gente se dejaba ir bailando desnuda, manteniendo relaciones sexuales sobre los campos labrados, y las procesiones tenían a menudo contenidos altamente sexuales.

Cuando se trataba de ceremonias profundamente sentidas por la población, la Iglesia no osó prohibirlas totalmente, trató de camuflar el rito sustituyendo algunos valores e intentando dar nuevos nombres a los comportamientos, borrando cualquier alusión a la sexualidad.

A veces no fue fácil.

Especialmente cuando el pueblo no quería saber nada de renunciar a llevar en procesión enormes falos pintados con colores realistas y elocuentes.

Hicieron falta siglos para transformarlos en «cirios» negros y geométricos, con estatuas de santos encaramadas sobre ellos.

PERO, AÚN EN EL SIGLO XII, EN MUCHAS PARROQUIAS SE MANTENÍA LA TRADICIÓN DEL *RISUS PASCALIS* [2] EN LA MISA DE PASCUA. ES DECIR, PARA QUE TUVIESE LUGAR EL MILAGRO DE LA CONSAGRACIÓN DE LA HOSTIA, ERA INDISPENSABLE QUE LOS FIELES RIERAN. Y PARA CREAR EL AMBIENTE ADECUADO A LA RISA, EN LA IGLESIA SE TOCABA, SE CANTABA, SE BAILABA, ENTRABAN LOS BUFONES, SE CONTABAN CHISTES VERDES, EL SACERDOTE HACÍA MUECAS, GESTOS OBSCENOS Y A VECES LLEGABA A MOSTRAR EL TRASERO.

Las jerarquías de la Iglesia lucharon denodadamente contra estos comportamientos. Ellos, una vez convertidos en dignatarios del Imperio Romano, perpetuaron el machismo existente. Pero hicieron más. Tratando de extirpar los ritos paganos, matriarcales, heréticos, eligieron como «fundamento de la fe» un sentimiento de rechazo de la sensualidad, del placer y del cuerpo. El cristianismo del año 1000 ya no es una religión solar y positiva. Es un culto de la muerte y del dolor. Una especie de paranoia que trastornó a pueblos debilitados mentalmente por milenios de guerra.

En Europa, sobre todo en la mediterránea, se desarrolla una sexofobia de masa, fenómeno único en el mundo. Los romanos eran violentamente machistas pero para ellos el sexo, la desnudez, la limpieza del cuerpo, la pornografía eran absolutamente naturales y normales.

La Iglesia del año 1000 está lista para crear una ideología, una psicosis, basada en el sentido del pecado.

Se trata de un nodo focal de la cultura europea. Un acontecimiento que considero misterioso por muchos aspectos. La

---

[2] María Caterina Jacobelli, *El Risus Pascalis y el fundamento teológico del placer sexual*, Barcelona, Planeta, 1991.

Xilografía alemana que muestra
el baño en una tinaja.

idea que me viene a la cabeza es la de una estratificación del dolor que se convierte en deseo de autodestrucción colectiva. [3]

Para volver al tema de la investigación que estamos llevando a cabo sobre el cristianismo, debemos preguntarnos qué costes humanos trajo esta desgraciada elección de poner en el centro de la fe el enfrentamiento entre el bien y el mal. Y localizar en el cuerpo y en el placer la sede del poder del demonio. Esto fue un crimen mayor que cualquier otro. Todavía hoy las poblaciones cristianas viven la existencia con especiales niveles de sufrimiento, de capacidad de cultivar el sufrimiento, a causa de este horrible mensaje subliminal: sufrir está bien. Frases como: *«Ofrece tu dolor a Dios»*, pueden llegar a ser mortíferas si se introducen en una cultura de represión sexual. *De aquí nació el cilicio: una tablilla de madera llena de agujas o clavos, con la cual los fieles martirizaban sus carnes. A veces se la colocaban encima y la llevaban durante horas o días.* [4] Locura. La casta religiosa se ocupó de todas las formas posibles de crear marginados, locos, endemoniados, parias.

Las prostitutas hasta aquel momento tenían un cierto respeto y un cierto rol social, a veces mejor que el de las mujeres casadas. Fueron transformadas en intocables.

Con la excusa de la virginidad se crearon rituales absurdos.

En algunos países europeos, aún a principios del siglo xx, se exponía tras la primera noche de bodas la sábana ensangrentada como prueba de la desfloración acaecida (demolición del himen).

---

[3] William Reich, *Psicologia di massa del fascismo*, Sugarco.
[4] Añádase que estos actos de «autocastigo» ya estaban presentes en las religiones mistéricas paganas.

Una verdadera locura ya que el diez por ciento de las mujeres apenas tienen himen y otro diez por ciento lo tiene tan frágil, que hiriéndolo no sangra. Esto es como amargar la vida al 20 % de las mujeres.

¿Y qué decir de las «A» de adúlteras marcadas a fuego sobre la cara de las mujeres presuntamente infieles como se acostumbraba a hacer en algunas zonas del norte de Europa? ¿O del derecho que justificaba al marido traicionado que mataba a su mujer?.

Al enumerar los crímenes del cristianismo, lo que ha infligido más dolor a la humanidad en los últimos mil años, es precisamente su obsesiva persecución del placer y de lo diferente.

La lenta, constante humillación de la vida de las personas que no podían adaptarse a la paz carcelaria de los sentidos, pudo mucho más que los millones de muertos de las guerras y de la Inquisición.

Apéndice 2

Iconoclasia

La iconoclasia (del griego *eikon*, imagen, y *klaein*, romper) consistió en un vasto movimiento que se desarrolló en los territorios del Imperio Bizantino, como consecuencia de la predicación de Serantipico de Laodicea (*ca.* 723). Los iconoclastas hacían referencia a las Sagradas Escrituras y en particular al segundo de los diez mandamientos: «*no te construirás ídolos, ni imagen alguna de lo que hay allá arriba en el cielo, ni de lo que está aquí abajo sobre la tierra, ni de lo que está en las aguas bajo la tierra...*»[1].

Los emperadores de Constantinopla sostuvieron inmediatamente este movimiento, para ganarse la simpatía de las comunidades orientales, en los confines con el invasor musulmán, y para limitar el poder de los monasterios.

En el 725, el emperador León III se declaró contrario a la veneración de las imágenes y promulgó algunas disposiciones que limitaban su culto. Numerosos obispos orientales se adhirieron a las directivas imperiales, pero la oposición de los monjes provocó en Constantinopla y en otras ciudades sublevaciones populares que fueron sangrientamente reprimidas.

---

[1] *La Sagrada Biblia*, Deuteronomio, 2, 8.

La política iconoclasta de los emperadores de Constantinopla seguiría otros sesenta años. Una sesentena durante la
cual los fieles del culto de las imágenes serían depuestos, perseguidos, torturados y matados sin piedad, y en durante la
cual la cuestión de las imágenes daría incluso el pretexto para
una sangrienta guerra civil.

En el 786, la emperatriz Teodora convocó un concilio en
Constantinopla, con la aprobación del Papa, para restaurar el
culto de las imágenes. Pero la asamblea tuvo que disolverse
ante el alzamiento de algunas tropas iconoclastas.

Después el concilio se reunió en Nicea, donde confirmó la
validez del culto de las imágenes (787). La iconoclasia tuvo
también otras reapariciones destacables, primero con el brevísimo reino de Constantino IV (depuesto inmediatamente y
cegado por orden de su propia madre, Irene) y después más
establemente con el emperador León V, coronado en el 813,
y con sus sucesores. El culto de las imágenes fue restaurado
definitivamente en el 843.

La iconoclasia también provocó un grave deterioro de las
relaciones entre el Imperio Bizantino y la Iglesia de Roma.
Los Papas contradijeron duramente esta doctrina y se resistieron a las presiones de Constantinopla, que intentó en vano
someter a la Iglesia latina, mediante conjuras, golpes de
mano y expediciones militares. El enfrentamiento entre Papa
y emperador terminó por provocar el absoluto desapego de la
ciudad de Roma del control de la administración bizantina.

Una pequeña cronología [2]

723 – Alrededor de este año se desarrolla entre los árabes
una doctrina que condena el culto de las imágenes sacras
como consecuencia de la prédica de Serantapico de Laodicea:
pronto la iconoclasia se propagará a Constantinopla.

726 – El emperador León III se pronuncia contra el culto
de las imágenes y hace retirar la imagen de Cristo que había
sobre la puerta de bronce del palacio imperial. Aplicó una
dura represión a la protesta popular generada. En Roma, el
papa Gregorio II condena el edicto de León III e invita a los
fieles a la Iglesia de Roma para que no lo observen.

[2] Datos obtenidos de la Cronología Universale, Torino, UTET, 1979.

Grabado del siglo XVI que ilustra la destrucción de reliquias en las iglesias de los Países Bajos.

727 – Aprovechándose del abierto enfrentamiento entre Gregorio II y León III, y de las rebeliones populares en curso en numerosas ciudades bizantinas, el longobardo Liutprando ocupa Sutri y Rávena haciendo que huyera el gobernador escolástico. Después, Sutri fue cedida al Papa. Esta donación se considera a menudo el acto de nacimiento del Estado pontificio.

En Roma, soldados fieles a Bizancio tratan de matar a Gregorio II pero son derrotados por el pueblo romano; un intento del gobernador Paolo para capturar al Papa termina del mismo modo por oposición de las milicias romanas.

728 – El gobernador Paolo ataca Roma pero es derrotado y muerto por los anti-iconoclastas. El mismo año Roma se rebela contra el nuevo gobernador Eutichio, nombrado por el emperador León III, separándose definitivamente de Bizancio. Mientras, los bizantinos consiguen reconquistar Rávena y tratan de ocupar Bolonia, pero son derrotados por los longobardos. A su vez, el rey longobardo Liutprando, erigiéndose en de-

fensor de la fe ortodoxa y del Papado, conquista a los bizantinos la ciudad de Classe y varias localidades de la región Emilia.

729 – Acuerdo entre el gobernador Eutichio y el rey longobardo Liutprando. Eutichio ayuda a Liutprando a someter a los duques de Spoleto y Benevento que, hasta entonces, disfrutaban de una autonomía casi completa, a cambio de la ayuda para reconquistar Roma. Después, los dos ejércitos se dirigen a Roma, pero antes del asalto decisivo, el papa Gregorio II consigue convencer a Liutprando para que desista de la empresa.

730 – Después del resultado negativo de las negociaciones con el clero contrario a la iconoclasia, el emperador bizantino León III promulga un edicto por el que se ordena la destrucción de todas las imágenes de culto, deponiendo al patriarca Germano que se niega a aprobarlo. Para boicotear a la Iglesia itálica anti-iconoclasta, sometió también a Sicilia y Calabria a la jurisdicción del patriarcado de Constantinopla.

731 – El papa Gregorio II se niega a reconocer a Germano, sucesor iconoclasta del patriarca de Constantinopla, pero muere al cabo de poco tiempo. Le sucede Gregorio III, que inmediatamente condena la doctrina iconoclasta; pero los mensajeros encargados de llevar la decisión a Constantinopla son encarcelados en Sicilia por el estratega Sergio.

742 – El nuevo emperador Constantino V, durante una campaña contra los árabes es atacado y vencido por su cuñado Artavasde. Artavasde se hace proclamar emperador, presentándose como campeón del culto de las imágenes y se hace coronar en Constantinopla. Mientras en Constantinopla se restaura el culto de las imágenes, Constantino V huye y obtiene el apoyo incondicional de anatolios y tracios.

743 – Constantino V toma de nuevo el poder por las armas, hace cegar a Artavasde y a sus hijos y se venga de sus partidarios.

753 – El rey longobardo Astolfo impone un tributo personal a los romanos, a título de protectorado. Ante la negativa de Astolfo de suspender la demanda del tributo, el Papa pide ayuda a Constantinopla para defender Roma, pero el emperador Constantino V se niega a intervenir. Entretanto, los longobardos, rota la paz, atacan a Roma desde muchas direcciones para acortar cualquier vía de acceso a la ciudad. Frente al peligro longobardo, el Papa manda un peregrino a ver al rey franco Pipino para pedirle ayuda. Pero Pipino no

interviene. Entonces el Papa abandona Italia y en los primeros días del año siguiente se reúne con el rey franco en
Vetry.

754 – En el palacio imperial de Hieria, en la costa adriática del Bósforo, se reúne un concilio de obispos favorable a la
iconoclasia («sínodo acéfalo»), que condena el culto de las
imágenes. Después del concilio, las imágenes sagradas se des-
truyen en todas partes y se sustituyen por pinturas de argu-
mento profano. Los disidentes son perseguidos sin tregua.

756 – Astolfo asedia nuevamente Roma. El Papa invita a
otros embajadores de Pipino para pedir ayuda. Él vuelve otra
vez a la península, desafía al ejército longobardo e impone a
Astolfo un nuevo tratado. El rey longobardo dona al Papa la
Pentápolis y Comacchio y acepta pagar un tributo al rey de
los francos. Pipino entrega al pontífice los territorios, que se
convertirán oficialmente en el «patrimonio de san Pedro»,
negándose a aceptar las peticiones de los embajadores bizantinos para que devuelva Rávena y Esarcato.

760 – Trescientas naves bizantinas llegan a Sicilia para
agredir la península itálica mientras la diplomacia de Constantinopla se aplica diligentemente para aislar al Papa.

767 – En Constantinopla, la oposición a la iconoclasia se
alinea alrededor del abad Stéfano de Auxentios, que acaba
siendo asesinado por el pueblo instigado por el emperador.

768 – Sergio, hijo de Cristóforo, a la cabeza de los longobardos, acampa en el Gianículo. El papa Constantino es apresado y en su lugar erigen al sacerdote Filippo. Pero Cristóforo interviene y hace que el pueblo romano eche a Filippo;
entonces lleva a cabo una nueva elección regular de la que
sale elegido Stéfano III. La elección es seguida por nuevos
desórdenes y una serie de venganzas.

775 – El emperador oriental Constantino V muere durante una expedición contra los búlgaros. Le sucede su hijo León
IV, más moderado. Su mujer Irene, partidaria del culto a las
imágenes, ejerce una fuerte influencia sobre él.

780 – La muerte prematura de León IV lleva al trono a su
hijo Constantino VI de apenas diez años. La madre, Irene,
asume la regencia y se opone con éxito a un intento de usur-
pación de los tíos paternos de Constantino, obligándoles a
hacerse sacerdotes.

784 – En Constantinopla, tras conseguir convencer al patriarca Paolo para que dimita, la emperatriz Irene convoca al

pueblo en el palacio Magnaura y es elegido Tarasio, secretario de la emperatriz, como nuevo patriarca.

786 – En la iglesia de los Santos Apóstoles en Constantinopla, se abre un concilio para restaurar la veneración de las imágenes, pero la intervención de los soldados de la guardia dispersa la asamblea. Entonces, la emperatriz Irene aleja a las tropas iconoclastas de la capital con el pretexto de una campaña contra los árabes y hace rodear Constantinopla con tropas tracias, fieles al culto de las imágenes.

787 – Finalmente se celebra en Nicea el concilio que deseaba la emperatriz bizantina Irene, que restituye definitivamente -no sin oposición- el culto de las imágenes.

790 – En Constantinopla estalla un duro enfrentamiento entre el emperador Constantino VI y su madre Irene, influido por una conjura de iconoclastas contra la emperatriz que, sin embargo, logra sofocarla. Después Irene trata de legalizar su propio poder absoluto, apoyada por las tropas de la capital, pero la decidida intervención del ejército de Asia Menor proclama único monarca a Constantino VI.

797 – El emperador bizantino Constantino VI, que entretanto ha perdido todos los apoyos de ortodoxos e iconoclastas, muere después de haber sido cegado por orden de su madre Irene, la cual queda como única señora del Imperio. Irene es la primera mujer emperatriz de Bizancio y, para conservar la simpatía de la población, concede desgravaciones fiscales, especialmente a favor de los monasterios, con la consecuencia de precipitar en la confusión al sistema financiero del Estado.

802 – Para resolver el problema del reconocimiento de la coronación del emperador Carlo por parte de Bizancio, son enviados a Constantinopla embajadores del Papa y del emperador de occidente, para pedir la mano de la emperatriz de oriente, Irene, con el fin de reunificar oriente y occidente. Pero poco después de la llegada de los embajadores, una conjura de palacio depone a Irene, que es deportada a Prinkipos y después a Lesbos, donde muere.

815 – Después de Pascua se abre en Constantinopla un sínodo que desautoriza el segundo Concilio de Nicea y rehabilita la iconoclasia. Retoman las persecuciones contra los fieles al culto de las imágenes.

820 – El emperador de Bizancio León el Armenio, es asesinado por los partidarios de su viejo compañero de armas,

Decoración de una cúpula con motivos estilizados y geométricos. Período iconoclasta en un monasterio rupestre de la Cappadocia.

Michele el Armoriano, que sube al trono con el nombre de Michele II. Bajo su reinado las disputas religiosas tienen un momento de tregua, puesto que prohíbe cualquier discusión sobre el culto a las imágenes.

829 – Sube al trono de Bizancio el hijo de Michele II, Teófilo, último exponente de la iconoclasia. Bajo su reinado florecerá notablemente el arte bizantino.

837 – Giovanni Grammatico, maestro del emperador Teófilo y jefe de los iconoclastas, se convierte en el patriarca de Constantinopla e inicia una dura persecución de los veneradores de imágenes.

842 – Muere el emperador de Bizancio Teófilo, y la iconoclasia, que ahora se ha hecho impopular, se hunde definitivamente.

843 – El patriarca iconoclasta Giovanni Grammatico, es depuesto en Constantinopla. En su lugar eligen a Metodio, y en marzo, un sínodo proclama solemnemente la restauración del culto de las imágenes.

Apéndice 3

Carlomagno y los Papas

Ya hemos hablado del viaje de Carlo a Italia a petición del Papa, amenazado por el rey longobardo Desiderio. Con una primera campaña, Carlo derrota a los longobardos. Como consecuencia directa de la derrota militar, los súbditos del duque longobardo de Spoleto y los habitantes de Ancona, Osimo, Fermo y Città di Castello se declararán súbditos del Papa.

En el 774 Carlo se dirigió a Roma por Pascua, recibido triunfalmente por el Papa y el pueblo. En los años sucesivos fue otras dos veces a Italia para sofocar la rebelión longobarda. Con las nuevas campañas dominó el Friuli y sometió al duque de Benevento, destruyendo definitivamente el dominio longobardo en Italia.

En el 795 muere el papa Adriano I, íntimo de Carlo, y le sucede León III. Y es el propio León III, pontífice odiado por la nobleza, quien hace dar un paso definitivo a la Iglesia en su intervención en el poder temporal.

En el 799 León III, herido gravemente por un atentado, se refugia en la corte de Carlo, que lo devuelve a Roma escoltado por un ejército. En el 800 Carlo va a Roma, y es recibido triunfalmente por el clero. Aquí, durante la misa de la nochebuena, León III corona a Carlomagno como emperador del Sacro Imperio Romano.

Nacían así los dos grandes mitos que después impregnaron toda la historia medieval, los de un Imperio y una Iglesia universal.

Carlomagno emperador

El cerco se cerraba: el emperador tenía, de hecho, las riendas de la Iglesia en su mano, con poder para influenciar el nombramiento de los Papas, pero al mismo tiempo aceptaba el principio de que la Iglesia debía legitimar el poder temporal.

Carlo (como hizo Constantino antes que él) había comprendido muy bien la formidable función amalgamadora y de instrumento de dominio espiritual que el cristianismo podía tener en una Europa todavía desunida y amenazada en los confines por las poblaciones «bárbaras» paganas.

Por este motivo, ya antes de ser coronado emperador, Carlo había emprendido una decidida política de evangelización de los pueblos sometidos a él.

Carlo, que de todos modos se consideraba el mayor guía de la cristiandad, se inmiscuyó incluso en los asuntos internos de la Iglesia (como ya había hecho Constantino cinco siglos atrás). Por ejemplo, convocó tres concilios por iniciativa propia (en Ratisbona, 792; en Frankfurt, 794 y en Aquisgran, 798) para condenar las tesis del obispo hereje Felice de Urgel, a quien capturó y obligó a retractarse.

La compenetración de Estado e Iglesia, manifestada por la estrecha asociación entre deberes religiosos y obligaciones civiles, era el fundamento de la concepción carolingia del imperio. Todos los súbditos, desde la edad de doce años, prestaban juramento de fidelidad al emperador: en el mismo quedaba precisado que el fiel tenía que servir a Dios, obedecer los mandamientos de la Iglesia, someterse al servicio militar, y según la propia disponibilidad económica, pagar los impuestos.

Para administrar y controlar mejor el Imperio, Carlo dividió su propio dominio en reinos a su vez fragmentados en una serie de pequeños distritos llamados condados, cada uno de ellos confiado a un conde que reunía en sus manos los poderes militar, judicial y económico. En las regiones fronterizas, por motivos militares, esos distritos se reagruparon en muchas unidades bajo el gobierno de duques o marqueses.

Miniatura bizantina del siglo VI que representa la Sagrada Figura. Se aprecian claramente las raspaduras de los iconoclastas.

Un gran número de funcionarios imperiales, los *missi do-minici*, a menudo eclesiásticos, viajaban de un condado a otro llevando las órdenes del emperador y controlando el trabajo de los vasallos.

La cuestión del Filioque

También el Imperio de occidente tuvo su herejía de Estado. Pero para contarla bien hay que ir en orden: volvamos al credo niceno-constantinopolitano que, entre otras cosas rezaba: *«Creo en el Espíritu Santo, señor y dador de vida, que proviene del Padre, con el Padre y el Hijo adorado y glorificado...».*

En el 589 se celebró un concilio local en Toledo, que aña-dió al credo una frasecita que lo hacía sonar así: *«Creo en el Espíritu Santo, señor y dador de vida, derivado del padre y del Hijo (en latín Filioque), con el Padre y el Hijo adorado y glori-ficado...»).* No se trataba de un formalismo. En la época, Es-paña estaba dominada por los visigodos arrianos, que además tendían a negar la divinidad de Cristo, y los obispos católicos pensaron que así reforzaban el concepto de la divinidad de Cristo, «de la misma sustancia que el Padre».

Está claro que los prelados del concilio cometieron una herejía, aunque de buena fe. En efecto, únicamente un con-cilio ecuménico hubiera tenido autoridad para manipular aquello que de hecho era un dogma de fe.

De cualquier modo, el credo con el *Filioque* tuvo mucho éxito en occidente. De España se extendió a Francia y Alemania, donde Carlomagno incluso lo usó para formalizar una acusación de herejía contra los griegos. En el 1014 el emperador Enrico II hizo que el Papa incluyera la expresión oficial y definitivamente en el Credo católico.

En cambio, los griegos se mantuvieron fieles a la fórmula original, y no faltaron los roces con la Iglesia occidental. Ya en el 867 el patriarca de Constantinopla, Fozio, rompió con Roma también a causa de la cuestión del *Filioque* y del celibato eclesiástico.

A continuación el *Filioque* sería uno de los pretextos, si no una de las causas, del Cisma de Oriente (1054), cisma que separó la Iglesia de oriente (ortodoxa) y la de occidente (católica), que se ha mantenido hasta nuestros días.

Apéndice 4

La Guerra de los Treinta Años

La Reforma de Lutero divide Europa en dos: de una parte, los Estados católicos, y de la otra parte, los protestantes.

LAS DIVERGENCIAS RELIGIOSAS DARÁN EL PRETEXTO PARA UN CONFLICTO ESPANTOSO CON MILLONES DE MUERTOS, COMPARABLE A LAS DOS GUERRAS MUNDIALES.

La de los Treinta Años fue, en cierto modo, la primera guerra moderna. El número de víctimas civiles fue mucho mayor que el de las militares.

La Reforma de Lutero en la práctica había dividido a Alemania y a los países de habla alemana.

La mayor parte de los Estados alemanes septentrionales se alinearon con Lutero, mientras los meridionales permanecieron junto a Roma.

Los príncipes católicos pretendían que se garantizase a sus correligionarios la libertad de fe incluso en los territorios dominados por los luteranos, pero no se les pasaba por la cabeza conceder la misma libertad a los propios súbditos protestantes.

Nacieron así dos coaliciones de Estados contrapuestas: la liga de Ratisbona (católica) en 1524, y la alianza de Torgau (protestante) en 1526. Durante diversos años, los dos partidos se enfrentaron alternando rupturas y tentativas de conciliación, hasta que en 1530 el emperador Carlos V ordenó a los príncipes luteranos que se sometieran a la religión católica. Éstos respondieron formando la liga de Smalcalda, una alianza político-militar que negoció acuerdos incluso con Francia y otras potencias hostiles al emperador.

Siguieron años en que las hostilidades y las treguas se alternaban, hasta que en 1555 Carlos V, derrotados por una coalición que deseaba unir a la católica Francia con los Estados luteranos, fue obligado a alcanzar pactos con sus adversarios.

Cada uno manda en su casa

En 1555 Carlos V y los príncipes luteranos firmaron la Paz de Augusta. Por primera vez desde su nacimiento, se aceptaba la idea de que en el sacro Imperio Romano pudiesen coexistir dos confesiones cristianas diferentes.

Aunque el tratado contenía dos principios restrictivos:

Il cuius regio eius religio: los súbditos de un Estado debían acomodarse a la religión de su propio príncipe, ya fuera éste católico o protestante; en caso contrario, debían emigrar.

Il reservatum ecclesiasticum: la Iglesia católica habría renunciado a reivindicar los bienes eclesiásticos confiscados antes de 1552; en compensación deberían restituírsele los que hubieran sido sustraídos después de aquella fecha (los príncipes luteranos se guardaron mucho de respetar este compromiso). Por otro lado, los prelados católicos que se hubieran convertido al luteranismo deberían haber renunciado a todos los beneficios y posesiones disfrutados en virtud del propio cargo, y restituirlos a la Iglesia católica.

Al poco tiempo de aquello, Carlos V abdicó dividiendo en dos sus inmensas posesiones.

A su hermano Fernando I le asignó el Imperio y la Bohemia; a su hijo Felipe II, España, los Países Bajos, Italia y las posesiones del Nuevo Mundo.

Hacia la guerra

La pacificación duraría poco tiempo. Había demasiados elementos que contribuían a agrietar el edificio del Imperio y a revolucionar en general los órdenes europeos.

Retrato del cardenal Richelieu de Philippe de Champaigne.

El empuje expansionista de los turcos otomanos, que amenazaron directamente los dominios familiares de los propios Augsburgo y que durante su momento de mayor expansión llegaron a asediar Viena.

La insurrección de los nobles de los Países Bajos, que habría llevado, a principios del siglo XII, al nacimiento de una república protestante holandesa, independiente de España.

Las nuevas rutas comerciales a través el Atlántico hacia América y Asia, que habrían favorecido a naciones como Inglaterra, Holanda y Francia, en perjuicio de las repúblicas marinas desmembradas en aquel Mediterráneo que ahora se había convertido casi en un mar periférico.

La aparición en la escena europea de nuevas monarquías agresivas, como la sueca, que impuso su propio predominio en el Báltico (controlar los mares significaba controlar las rutas comerciales y el transporte de materias primas).

La grave crisis económica y política de España.

Entre los elementos de disgregación, no era el último el hecho de que la Contrarreforma, por un lado, y la propagación de la Reforma calvinista por otro, habían dividido a Europa en dos bloques contrapuestos: uno católico y otro protestante. Naturalmente se trataba de dos bandos en absoluto homogéneos en su interior (por ejemplo, en Alemania había un marcado enfrentamiento entre príncipes luteranos y calvinistas), pero esto no quita que la tendencia general fuera buscar alianzas, acuerdos dinásticos, apoyos, comunidades de intereses, preferiblemente con Estados donde estaban en vigor confesiones religiosas afines. Con el objetivo de redimensionar el poder de los Augsburgo, tanto los soberanos protestantes como el reino de Francia, no hubieran dudado en aliarse incluso con «el infiel» por definición: el Imperio Turco Otomano.

La división entre católicos y protestantes amenazaba con poner en crisis la propia sucesión dinástica de los Augsburgo a la cabeza del Imperio. De hecho, en aquella época el cargo de emperador no pasaba automáticamente de padre a hijo, sino que era asignado por un colegio de grandes electores, compuesto, entre otros, por altos prelados y nobles católicos como el rey de Bohemia o protestantes como el duque de Sajonia y el conde del Palatinado.

En 1608 los Estados del Imperio se reagruparon en dos coaliciones contrapuestas: la Liga Católica, dirigida por Maximiliano de Baviera (que en realidad respondía más a los intereses de la Santa Sede que a los del emperador) y la Unión Evangélica, dirigida por el calvinista Elettore Palatino (y que fue boicoteada por los príncipes luteranos).

La guerra (1618-1648)

El pretexto para la guerra lo dio Bohemia, donde la mayoría de la población, que pertenecía a confesiones protestantes, estaba oprimida por un monarca católico.

En 1618 los bohemios se revelaron, tiraron por la ventana a los lugartenientes del emperador (fue la famosa defenestración de Praga) y llamaron en su ayuda al príncipe palatino.

Rendir cuenta de todas las alianzas, contraalianzas, cambios de frente, intereses económicos y geopolíticos en juego, dentro de un conflicto que duró treinta años y que implicó de

un modo u otro a todos los países europeos, es una empresa
que va mucho más allá de los propósitos de este libro. [1]

Aquí sólo nos interesa subrayar el hecho de que casi no hubo ningún país europeo que no estuviera afectado, durante una u otra fase del conflicto, directa o indirectamente por la guerra.

Eran muchos (desde los holandeses a Inglaterra, a los diversos reinos protestantes del norte de Europa, hasta el catolicísimo reino de Francia) los que consideraban ahora al Imperio de los Augsburgo un obstáculo para las propias miras de expansión económica o territorial, cuando no un peligro para la propia existencia.

Estas potencias habrían aprovechado, en diversos momentos, lo que en un principio había nacido como un conflicto interno del Imperio, para redimensionar el poder de su gran enemigo común, lo que explica, en parte, la duración y el alcance de la guerra.

La Paz de Westfalia (1648)

Con la Paz de Westfalia termina finalmente la guerra. Suecia, Francia y Brandeburgo obtuvieron importantes concesiones territoriales. España reconoció la independencia de Holanda. Los príncipes alemanes, católicos y protestantes, obtuvieron la independencia de hecho, mientras la autoridad imperial se convertía en poco más que una formalidad.

Teóricamente se reconoció a todos los súbditos de los distintos principados que practicasen de forma privada la religión que prefirieran, pero esta cláusula sería durante mucho tiempo letra muerta.

Estas son las consecuencias en el plano político-diplomático.

El balance del exterminio

EN 1618 ALEMANIA CONTABA CASI 21 MILLONES DE HABITANTES. EN 1648 ERAN APENAS 13 MILLONES.

«En un período en que los índices de la población en toda Europa marcaban en general un ritmo ascendente, la tierras situa-

---

[1] Josef V. Polisensky, *La guerra dei Trent'anni*, Il Mulino.

Grabado de Jacques Callot, mostrando una ejecución durante la Guerra de los Treinta Años.

das al este del Rhin perdieron más de una tercera parte de su población como consecuencia de las matanzas, las carestías, las privaciones y las enfermedades».

Algunas de las zonas más afectadas, como Bohemia, perdieron incluso el 50 % de la población.

Según Polisensky, calculando la alta mortalidad infantil y la poca duración media de la vida en la época, en total resultaron afectados por el conflicto ¡no menos de 100 millones de personas!

La pobre gente continuó sufriendo las consecuencias de la guerra aún muchos años después de su final.

Aldous Huxley nos ofrece un retrato muy vívido de aquel período: *«En el siglo XVII no había una producción en masa de explosivos, y los que había no eran muy eficaces (¡y menos mal!)... se destruyó por lo tanto sólo lo que podía quemarse con facilidad, y eso eran las viviendas y, sobre todo, los frágiles tugurios de los pobres. Ciudades y campos sufrieron la guerra casi en igual medida: los ciudadanos fueron despojados de su dinero y perdieron su comercio; los campesinos fueron despojados de sus productos y perdieron sus casas, las herramientas, las semillas y los animales. La pérdida de los bovinos, de los ovinos y de los porcinos fue particularmente grave... un patrimonio zootécnico depauperado requiere mucho tiempo para reconstruirse. Pasaron dos o tres generaciones antes de que la vía de natural crecimiento llenara los vacíos dejados por las depredaciones...».*

Las ciudades y los Estados se habían endeudado con los banqueros, y estas deudas gravarían bajo la forma de impuestos y confiscaciones a los súbditos todavía durante muchos años.

Apéndice 5

La maravillosa Iglesia rusa

En el siglo XVII en Rusia había que estar muy atentos a cómo se hacía el signo de la cruz. Quien se equivocaba terminaba en la hoguera.

El período entre 1598 y 1613 es conocido en la historia rusa como «el tiempo de los turbios». En el breve espacio de quince años se sucedieron alzamientos populares, invasiones, guerras civiles, carestías. La misma Iglesia ortodoxa rusa estaba amenazada por el proselitismo de los misioneros católicos y luteranos.

Los «turbios» se acabaron con un levantamiento popular que liberó Moscú de los ocupantes extranjeros y con la subida al trono de la dinastía de los Romanov.

En 1619 fue nombrado patriarca de la Iglesia de Moscú (es decir, jefe de la Iglesia rusa) Filaret, padre del propio zar Maichail Fëdorovic, que se ocupó de la reorganización administrativa de la Iglesia.

Esta centralización familiar del poder político y espiritual no era fortuita. De hecho, era la propia concepción de la religión y de la sociedad rusa, que pretendía un Estado y una Iglesia unidos en simbiosis. «*El Estado moscovita -vale decir su soberano, el zar- era inconcebible fuera del marco eclesiástico, sin la compañía de la jerarquía de la Iglesia y en grado sumo de su patriarca*».

Los años sucesivos a los «turbios» vieron también el nacimiento de un nuevo movimiento religioso, el de los «Amigos de Dios», dirigidos por el pope Ivan Neronov. Los «Amigos» eran un grupo de sacerdotes que predicaban en ruso incluso fuera de las iglesias, y se esforzaban en la moralización del clero y de la vida pública y contra las costumbres importadas del extranjero y los divertimentos «paganos».

La confraternidad quería imponer *un cristianismo de una austeridad monástica que ... dejaba a un lado cualquier alegría y cualquier distracción. En vez de adaptar el servicio divino de los monjes a las necesidades de los laicos, éste imponía a militares, a campesinos, a toda una población, de estancias en la iglesia de cuatro a cinco horas».*

Los Pope que pertenecían a la confraternidad de los «Amigos», tuvieron a menudo reyertas con las autoridades locales, absolutamente adversas a su obra de moralización. El propio Avvakum cuenta, en su *Vita*, cómo un poderoso le disparó porque estaba exasperado por la excesiva duración de la liturgia.

También el pueblo llano se sintió exasperado por el rigor de los Pope, y más de una vez los echaron de sus parroquias.

Pero los «Amigos» se salvaron siempre, especialmente porque podían contar con la amistad y la protección tanto del zar como del patriarca de Moscú.

En 1652 fue elegido patriarca de Moscú Nikon, aunque en parte gracias al apoyo de los «Amigos». Pero éstos vieron desilusionadas sus expectativas en un breve plazo de tiempo.

Los reformadores soñaban una regeneración espiritual de Rusia que implicase a todo el clero y a los grupos sociales.

En cambio Nikon (a quien los historiadores han comparado con una especie de Inocencio III ruso) quería crear una Iglesia teocrática, sometida a la voluntad del patriarca, que impusiera la propia autoridad sobre el mismo zar y extendiese su propia influencia sobre otras Iglesias ortodoxas de oriente.

Y quizá fue precisamente para dar a la propia Iglesia una imagen más «ecuménica» y «creadora», que decidiera «limpiar» la liturgia rusa eliminando algunos elementos «nacionales» y hacerla más parecida a la de otras Iglesias de rito griego, en particular en Jerusalén.

Nikon cultivó buenas relaciones con el patriarca de Jerusalén Paisios, a pesar de que en la corte se supiese que estaba implicado en el asesinato de un rival.

La diferencia más vistosa entre las costumbres griegas y las rusas estaba en la señal de la cruz (los rusos la hacían con tres dedos, los griegos con dos), en el bautismo (los griegos lo impartían por infusión, como los latinos; los rusos en cambio por triple inmersión) y en la forma de contar los años a partir de la creación del mundo (5500 para los griegos, 5508 para los rusos).

Nikon decidió hacer propios los ritos griegos, condenando a los rusos sin mediación alguna.

Se introdujeron otros cambios, como por ejemplo la grafía del nombre de Jesús, que mudaba de *Isus* a *Iisius*. Muchos no aceptaron este cambio, incluso les parecía que de esta forma Cristo era sustituido por otra divinidad, incluso por el Anticristo.

La reformas de Nikon provocaron un gran revuelo en Rusia: los lugareños vieron cómo de un día para otro les prohibían lo que para ellos eran las formas «naturales» de religiosidad, para sustituirlas con costumbres totalmente ajenas a su cultura y tradición.

Naturalmente los «Amigos de Dios» fueron los primeros en protestar contra estas innovaciones, pero Nikon respondió con la represión.

En 1653 fueron arrestados más de sesenta opositores a las reformas, entre los que estaban Neronov y Avvakum. Avvakum fue encerrado en el monasterio de San Andrónico, en Moscú, en donde trataron de atraerlo por medio del hambre, sin obtener resultados. En cambio, Neronov cedió al suplicio y abjuró.

Entonces Avvakum (gracias a la intercesión del zar que le ahorró penas peores) fue exiliado con toda su familia en Siberia durante diez años.

En 1654 Nikon convocó un concilio en Moscú para ratificar su reforma. El arzobispo de Kolomna, Pavel, que había protestado contra las conclusiones del concilio, fue depuesto, hecho arrestar en secreto y, según parece, quemado en la hoguera.

En el mismo año del concilio se había desatado en Rusia una epidemia de peste, que muchos fieles tradicionalistas interpretaron como un castigo por la auténtica traición de la cual se había manchado el clero ruso.

En 1655 Nikon prohibió el signo de la cruz con dos dedos y al año siguiente castigó con el anatema a quien hubiera continuado practicándolo. *«Ahora aquel signo de la cruz que la gran mayoría de rusos había visto hacer a los propios padres y abuelos era tachado de herejía, y los que insistían en seguir empleándolo, eran alejados de la Iglesia».*

Fue precisamente en aquellos años cuando nació en la Iglesia rusa el Cisma de los «Viejos creyentes», que ha perdurado hasta hoy.

Una Iglesia popular, cercana a las clases humildes y con apego a las tradiciones, se contraponía a una Iglesia autoritaria y servidora de las clases altas.

En 1657 los artesanos de Rostov, enemigos de las innovaciones, fueron torturados y después exiliados por orden del zar.

Muchos «Viejos creyentes», que ahora rechazaban tanto la autoridad del Estado como de la Iglesia, huyeron de los pueblos y las ciudades para establecerse en los espacios casi deshabitados cercanos al Bajo Volga, el Don, los Urales y Siberia. Algunos extremistas, convencidos de que el mundo estaba dominado por el Anticristo, se dejaron morir de hambre, o se inmolaron.

Los monjes del monasterio de Solvki se rebelaron contra la nueva liturgia y fueron atacados por las tropas del zar, que sin embargo consiguieron expugnar el convento, pero sólo tras un asedio de ocho años.

«En general la reforma de Nikon tuvo el efecto de distanciar a una parte considerable del pueblo ruso de la Iglesia».

En 1666, un nuevo concilio depuso a Nikon, pero confirmó todas sus innovaciones doctrinales (que tenían de todas formas la aprobación del zar).

Avvakum, que había asistido a las sesiones del concilio para defender la causa de la «verdadera» fe rusa, fue declarado depuesto y encarcelado. A tres de sus discípulos les fue cortado un pedazo de lengua.

Las sesiones terminaron el 2 de julio con la condena solemne de la vieja fe y de sus defensores.

En 1667 Avvakum fue exiliado a Pustozёrsk junto con algunos de sus partidarios. Desde allí siguió dirigiendo a los «Viejos creyentes» que habían quedado en Rusia.

En 1670 comenzaron otras persecuciones sangrientas. Algunos discípulos de Avvakum fueron ahorcados, su mujer y sus hijos (a quienes no veía desde hacía cuatro años) fueron encarcelados en un subterráneo. *A tres amigos suyos que compartían con él la experiencia del exilio les cortaron otro pedazo de lengua y después fueron encerrados en un subterráneo junto a su padre espiritual.*

En 1682 se celebró el enésimo concilio, que ordenó a las autoridades civiles y religiosas que buscaran activamente a los «Viejos creyentes» y reiniciar las persecuciones. Por otra parte, se dio la orden de quemar vivos a los cuatro sacerdotes irreductibles.

Y así el 14 de abril de 1682 los cuatro creyentes, Avvakum, Lazar´, Epifanij y Fëdor sufrieron martirio por haberse obstinado en hacer el signo de la cruz con dos dedos en vez de con tres.

Apéndice 6

Horcas y ejecuciones

¿Qué iban a ver a las ciudades los viajeros del siglo XVII? ¿Cuáles eran los atractivos turísticos de las localidades? A continuación reproducimos algunos pasajes del libro *Viajes y viajeros en la Europa Moderna*, de Antoni Maczak.

«Al cuadro de peligros reales o imaginarios, de temores constantes y de sufrimientos, sirven de fondo las horcas, que son un motivo imaginable en las vistas que representan las ciudades y los caminos. Jacques Callot dedicó uno de sus más famosos aguafuertes a un árbol. Situado junto a un camino, cargado de ahorcados, ilustra las miserias de la guerra, pero podría muy bien estar en numerosos libros de memorias de viajeros, sobre todo del siglo XVII. Son pocos los turistas que no hablan de este asunto, así que no tarda en surgir la pregunta sobre si, por casualidad, no nos las tendremos con un estereotipo, con un tema del «horror story» tan en boga entonces, o en cambio se trata de verdadera observación.

Como siempre, la verdad está en el centro. Las noticias acerca de los ahorcados y las horcas, por lo general no son genéricas, como por ejemplo: durante todo el viaje he visto en todas partes horcas llenas. Al contrario, a menudo conocemos lugares concretos, localidades, bosques, situaciones donde un verdugo

de profesión o soldados de compañías de pacificación tienen tra-
bajo hasta el cuello. En otro capítulo hablamos de espectáculos,
destacando también la importancia que para la vida del viajero
representaba tener un asunto más que observar y recordar. Por
lo general, estaba prohibido retirar el cadáver del instrumento
de suplicio; tenía que servir como advertencia. En aquel enton-
ces los crímenes eran muchos y las situaciones que podían lle-
var a la pena capital eran variadas; el pillaje por los caminos
no era más que uno de estos casos. Pero si tal fenómeno, en al-
gunos lugares de Europa, representaba entonces una plaga ge-
neral, al menos en las zonas periféricas de dichos territorios los
órganos del poder estaban en situación de perseguir a los mal-
hechores y, como se decía a menudo, de abonar los árboles con
sus cadáveres. El estado de guerra también juega, indudable-
mente, un gran papel en todo este asunto. No es por casualidad
que se ven más horcas en las imágenes de las ciudades húnga-
ras, donde se libraba sin descanso una guerra entre los Augs-
burgo austríacos y los turcos, y la relación entre la Guerra de
los Treinta Años y una actividad represiva de este tipo parece
más que obvia.»

El paisaje suburbano

«Antes de entrar en Hamburgo, a una milla de la ciudad, se ven
horcas fabricadas con maestría.

Están situadas sobre un montículo, alrededor del cual hay un
jardincillo ceñido por una fosa, y para pasar por encima hay un
puente levadizo, hecho de piedra y cuadrado, y los malhechores
se ahorcan en los cuatro lados; desde el puente se accede a una
escalera de piedra bien hecha, y allí hay otras horcas más abajo
que las primeras, y encima de esas, en un lugar altísimo, hay
otro par de horcas de madera, en las cuales ahorcan a los que se
consideran más merecedores de tal justicia por su delito.

Bajo las horcas había algunas ruedas, cada una puesta sobre
un palo, sobre las cuales habían rodado algunos asesinos de ca-
minos, a los cuales atan vivos, con los dedos rotos entre los ra-
dios, y a los cuales rompen los brazos, las piernas y los muslos
del malhechor, los cuales son troceados por el verdugo, partidos
y aplastados con una maza, el cual martirio es muy usado en to-
das estas partes de Alsacia y Pomerania, máxime con los asesi-
nos del camino, el cual por otro lado es muy seguro ya de por sí.

Grabado de Gustav Doré que ilustra el momento en que Jesús echa a dos
mercaderes del templo.

Cerca de estas ruedas había un desagradable espectáculo de
un empalado, o fijo en un gran palo de hierro, que no eran muchas semanas, por haber matado al padre tiránicamente»[1].

El viajero era fiel al testimonio de todo esto. Las horcas llenas
de ahorcados congelaban la sangre en sus venas, porque le hacían
temer encuentros con ladrones, así como llenarlo de confianza en
un aparato represivo eficiente. Pero las observaciones sobre el
asunto están exentas del horror que indudablemente hubiera cau-
sado en un espectador europeo de hoy. Si queremos buscar por fuerza las analogías, las podemos encontrar en las memorias de las dos

[1] G. Fantuzzi, *Itinierario da Ravenna nel partire da Polonia* del 1652» cc. 112-113, Archivo Se-
greto Vaticano, Miscellanea Armadia XV, 80.

guerras mundiales de nuestro siglo: el hombre, también el hombre moderno y más parecido a nosotros, se acostumbra más bien fácilmente a las imágenes de la muerte, incluso la que se ha aplicado cruelmente, sobre todo si concuerda, o al menos no contrasta de forma estridente, con sus aspiraciones y su sistema de valores.

También los turistas acostumbrados a mirar a la muerte a la cara consideraban la visión del suplicio, si no una distracción, seguramente un espectáculo interesante. Sus competentes y concretos comentarios traen a la mente los comentarios que se oyen hoy entre los entendidos en toros. De los ingleses, por ejemplo, se decía que sabían ir a la muerte alegremente, de la mano del verdugo, y era ésto, por lo que parece, lo que se esperaba del condenado, era éste el verdadero estilo. Peter Mundy ilustró cuidadosamente las diversas técnicas europeas y orientales para matar con solemnidad. Pocos entre los que escriben de diarios olvidan describir las formas particularmente interesantes de causar la muerte, o las ceremonias, quizá pomposas, que acompañaban a las ejecuciones. Los lugares de suplicio estimulaban la imaginación. Cuando un turista visitaba la Piazzeta de Venecia, su jerarquía de importancia de los objetos a admirar era distinta de la actual, y parece que el lugar más interesante era el espacio entre las columnas de san Marcos y san Teodoro, porque precisamente allí se desarrollaban las ejecuciones capitales, sobre todo las de gente de buena familia. William Lithgow recuerda bien este lugar, y las circunstancias son extraordinariamente características, porque toda la historia contiene todos los elementos indispensables para un acontecimiento del que había de complacerse un protestante en Italia. Mientras navega de Ancona a Venecia, él y sus compañeros ven mucho humo en la orilla. Preguntaron que sucedía, y así supieron que se estaba quemando en la hoguera un monje de la orden de los Reformados, un confesor que en un año había pecado carnalmente con quince monjas. «A lo que yo salté en medio de la multitud, mis compañeros detrás de mí, y tuvimos tiempo de llegar delante del palo en el preciso momento en que la mitad de su cuerpo y el brazo derecho caían en el fuego». El condenado tenía cuarenta y seis años, y la mayoría de las monjas provenía de familia noble; dos de ellas eran jovencísimas («apenas habían llegado a conocer la virtud y sin embargo cayeron en el brasero de la corrupción»). Pero nada puede darnos una idea mejor de la forma de sentir de este inglés, en 1632, que la siguiente frase extraída de sus memorias: «Y no consigo olvidar cómo después de todo esto, hambrientos pero saciados de contento, entramos por casualidad en el "Sombrero Rojo", la pensión más grande de Venecia, no lejos de la cual ardían todavía los huesos del monje; pedimos una habitación y fuimos majestuosa y suntuosamente servidos». Pero quizá el diablo habitaba de verdad en aquel monje, ¡ya que por su culpa fueron a parar a un sitio carísimo!

Es interesante constatar cuántos turistas se apretujaban en una ejecución espectacular; se tiene la impresión de que había tantos como los que vinieron a Venecia cuando el duque celebró el rito de los esponsales del mar. Villamont admiró entre las dos columnas la ejecución de un malhechor que por diez ducados compraba las almas de los condenados a muerte «y de otros desesperados». Apenas uno de estos miserables había cogido el dinero y firmado con su propia sangre, era inmediatamente envenenado, antes de que tuviese tiempo de gritar «¡pequé!». Pero una de las víctimas había logrado avisar a la Signoria, y el socio de Satanás fue decapitado. Murió valientemente, concluye con estima Villamont, invocando incluso a Dios cuando el primer golpe le hubo cortado la mitad del cuello.

Lithgow, aún no recuperado de las fuertes impresiones habidas en Venecia, hizo su viaje de Ginebra a Dijón con prisa, para estar presente en la ejecución de otro cura, que había cometido pecados parecidos al fraile veneciano. Las seis cómplices del cura francés, tres madres y sus tres respectivas hijas, todas visiblemente encintas, estaban presentes y «era penoso soportar sus corazones doloridos y sus lágrimas». Si alguno de mis lectores ha perdido la simpatía por William Lithgow, seguramente le gustará saber que también él cayó en manos de los malhechores de Moldavia, y que en otra ocasión fue encerrado en una prisión española donde fue torturado según la costumbre local, algo por lo que se interesará nuestro testimonio, Lord Fountainhall.

Una insólita ejecución y lo que vino después

Jakub Sobieski, que el primer día de la muerte de Enrique IV ya las había pasado moradas cuando se difundió que el asesinato era una conjura de polacos, cuando llegó el día del suplicio de Ravaillac, se dio que hacer para estar cerca del patíbulo de Place de Grève. «Toda aquella plaza estaba tan llena de gente, que sólo entonces me pareció verdadero el proverbio polaco que dice que sobre las cabezas podría hacerse rodar una manzana como sobre una mesa; pero también sobre los tejados y en las ventanas

Degollamiento de santa Margarita, detalle de
una pintura del siglo XII.

*había una espantosa masa de gente, de modo que por una sola
ventana pagaban un precio increíble, sobre todo los extranjeros,
y yo también alquilé una ventana con los príncipes Radziwill, y
la pagamos muy cara. Debido a la gran multitud, a duras penas
consiguieron abrir espacio donde aplicarle el suplicio; cuando los
caballos tiraron, murió. Entonces saltaron como locos de sus caballos una quincena de caballeros y ensangrentando las espadas lo
cortaron a trozos (...) Fueron muchísimos los que envolvieron en
pañuelos pedacitos del cuerpo de Ravaillac y se los llevaron a
casa. Había un encuadernador de libros tan rabioso contra Ravaillac, que al verlo parecía un hombre tranquilo y serio con una bar-
ba mullida, y él también se llevó algunos pedazos del cuerpo de
Ravillac y por su enorme desprecio y odio los hizo freír con huevos revueltos y se los comió, cosa que vieron mis ojos y los del
ilustre señor Braniki; tuvo incluso la intención de invitarnos, a
nosotros dos, a su banquete, a fin de que le ayudáramos a comer,
pero nosotros, después de escupirle en los ojos, nos fuimos.*

Para ver una ejecución insólita, valía la pena alargar el camino. Aprovechando la ocasión, se interesaban naturalmente
también por las costumbres locales, por ejemplo: la moda del lugar, la arquitectura, la forma de vestir y las riquezas. John Lau-
der, futuro Lord Fountainhall, hombre muy sistemático, en su
diario de viaje dedicó un capítulo especial a las singularidades
penales de Francia.

A quien cometía un pequeño hurto en el Pitou, anota nuestro
escocés, le hacían pasear por las calles de la ciudad, azotándo-
lo, y a continuación lo marcaban con un hierro candente en el
brazo o la mejilla; la siguiente ocasión sería ahorcado.

Bibliografía

Atlas del mundo bíblico, Grupo Anaya, S.A., 1998

Il libro nero del capitalismo, trad. De M. Caviglione, Marco Tropea Editore, Milán, 1999.

Jesús – Historia de la Iglesia, vol. 3, ed. SAIE, 1977, p.196-197.

La Sacra Bibia, versión oficial de la Conferencia Episcopal Italiana (CEI).

La sagrada Biblia, Barcelona, Carroggio, 1999.

La sagrada Biblia, Barcelona, Editors S. A., 1986.

Albaret, Laurent, *La inquisición, ¿baluarte de la fe?*, trad. E. Da Fiesole, Universale Electa/Gallimard, Trieste, 1999.

Anagnine, Eugenio, *Dolcino y el movimiento herético a principios del s. XIV*, la Nueva Italia Editrice, Florencia, 1964.

Angelis, Vanna de, *Las brujas – Hogueras, procesos, ritos y pociones*, Edizioni Piemme, Casale Monferrato (AL), 1999.

Carpinello, Mariella, *Mujeres libres de Dios – Figuras femeninas en los primeros siglos cristianos*, Edizioni Mondadori, Milano, 1997.

Christie-Murray, David, *Los recorridos de las herejías – Viaje al disenso religioso de los orígenes hasta la edad contemporánea*, trad. M. Buzzoni, Rusconi editore, Milán, 1998.

Cortés, Hernán, *Cartas de la conquista de Méjico*, Grupo Axel Springel, S.L., Madrid, 1990.

Donini, Ambrogio, *Storia del cristianesimo – dalle origini a Giustiniano*, Milano, Teti Edizioni, 1977.

Donini, Ambrogio, *Enciclopedia de las religiones*, Teti Editore, Milán, 1977.

Dué, Andrea, *Atlas histórico del cristianismo*, texto de Juan Maria Laboa, trad. T. Schenardi, Jaca Book, Milán, 1997.

Fo, Dario, *La vera storia di Ravenna*, Modena, Franco Cosimo Panini, 1999.

Fo, Jacopo et. al., *La verdadera historia del mundo – Sexo, mierda, generales y profesores imbéciles*, Demetra editore, Sommacampagna (VR), 1993.

Fo, Jacopo y Malucelli, Laura, *Jesús amaba a las mujeres y no era rubio (Todo lo que no te dicen en el Catecismo)*, Edizioni Nuovi Mondi, Gubio, 1999.

Francesco, Gabrieli (a cargo de), *Storici arabi delle Crociate*, Einaudi Editore, Turín, 1987

Gheerbrant, Alain, *El Amazonas, un gigante herido*, Aguilar S.A: de Ediciones, Madrid, 1989.

Ginzburg, Carlo, *I Benandanti - Stregoneria e culti agrari tra Cinquecento e Seicento*, Torino, Piccola Biblioteca Einaudi, 1966.

Jacobelli, Maria Caterina, *El Risus Paschalis y el fundamento teológico del placer sexual*, Editorial Planeta, Barcelona, 1991.

Jacquin, Philippe, *El ocaso de los pieles rojas*, Aguilar, S.A. de Ediciones, Madrid, 1990.

Livi Baci, Massimo, *Población y alimentación – Ensayo sobre la historia demográfica europea*, Editorial Ariel, Madrid, 1988.

Livi Bacci, Massimo, *Historia mínima de la población mundial*, Editorial Ariel, Madrid, 1990.

Mereu, Italo, *Historia de la intolerancia en Europa*, Bompiani Editore, Milán, 1988.

Meyer, Jean, *Esclavos y negreros*, Aguilar, S.A. de Ediciones, Madrid, 1990.

Orioli, Raniero (a cargo de), *Fra Dolcino – Nacimiento, vida y muerte de una herejía medieval*, Europa-Jaca Book, Novara, 1983.

Pia, Pera (a cargo de) *Vida del arcipreste Avvakum escrita por él mismo*, Edizioni Adelphi, Milán, 1986.

Sallmann, Jean-Michel, *Las brujas amantes de Satán*, Aguilar S.A. de Ediciones, Madrid.

Shirer, William L., *Historia del Tercer Reich*, Océano Grupo Editorial.

Todorov, Tzvetan, *La conquista de América – El problema del "otro"*, trad. A. Serafín, Giulio Einaudi Editore, Turín, 1984.

Verdon, Jean, *El placer del Medievo*, trad. A. Spetrino, Editore Baldini & Castoldi, Milán, 1999.

Vesme, C. de, *Ordalías, hogueras y torturas*, Fratelli Melita Editori, Génova, 1987.

Villari, Rosario, *Storia Medievale*, Edizioni Laterza, Roma, 1974.

El libro prohibido del cristianismo, de Jacopo Fo,
fue impreso en febrero de 2008, en Q Graphics, y
terminado en Encuadernaciones Maguntis ambas
en Iztapalapa, México, D.F Tel.: 56 40 90 62.